법원을
법정에
세우다

법원을 법정에 세우다 : 영원한 내부고발자의 고백

초판 1쇄 발행 | 2018년 9월 20일

지은이 신평
발행인 이대식

편집 김화영 나은심 손성원 김자윤
마케팅 배성진 박상준 **관리** 이영혜
디자인 모리스

주소 서울시 종로구 평창길 329(우편번호 03003)
문의전화 02-394-1037(편집) 02-394-1047(마케팅)
팩스 02-394-1029
홈페이지 www.saeumbook.co.kr
전자우편 saeum98@hanmail.net
블로그 blog.naver.com/saeumpub
페이스북 facebook.com/saeumbooks
인스타그램 instagram.com/saeumbooks

발행처 (주)새움출판사
출판등록 1998년 8월 28일(제10-1633호)

ⓒ 신평, 2018
ISBN 979-11-89271-26-8 03300

신평 지음

법원을 법정에 세우다

영원한 내부고발자의 고백

새움

일러두기

• 꼭 필요한 경우 외에는 모두 가명을 썼습니다. 이 책은 한 사람 내부고발자의 처절한 고뇌를 나타내려고 한 것이지, '그'를 향한 폭력과 거짓의 주체에 초점을 맞추려고 한 것이 아니기 때문입니다.

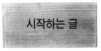
나의 상처는 아름다움을 향해 변하고 있다

2018년 '사법 농단' 사태는 한국을 뒤흔들었다. 국민들은 '재판 거래'와 '재판 개입'의 생생한 실상을 보며 깜짝 놀랐을 것이다. 하지만 확언컨대, 사법 농단 사태의 문서에 나타난 것보다는 훨씬 광범하게 판사 집단 내의 재판 개입을 의미하는 소위 '관선변호官選辯護'가 행해져 왔고, 여러 요인에 의한 많은 불공정한 재판이 이루어져 왔다. 재판뿐만 아니라 수사과정도 포함하여, 한국의 사법 구조 전체는 이렇게 대단히 허약하고 부서지기 쉽다. 이 책은 하나의 일관되고 생생한 예로써 한국 사법체계의 취약성을 실증하려고 하는 목적을 갖는다.

우리가 사법절차의 분야에서 어느 정도 수준의 공정성을 확보하지 못한다면, 법치주의를 포함한 민주주의의 기반이 허물어진다. 불안과 불신이 팽배한 사회로 된다. 현재의 한국사회가 그렇다. 그러므로 공정한 사법의 실현을 위한 대대적인 사법개혁에 나서야 할 필요성을 이 책은 여실히 나타내고 있다고 본다. 그리고 현재의 로스쿨제도가 어떻게 운영되고 있는가 하는 실증적인 보기를 제공함으로써 보다 우리에게 맞는 새로운 법조양성제도가 요구됨을 보여준다.

이 책에 처절한 투쟁의 암울한 기록만 담겨 있는 것은 아니다. 시련을 겪으며 나는 서서히 변해 갔다. 냉담 중이던 신앙이 조금씩 살아났다. 아니, 그쪽으로 머리를 돌리지 않고서는 도저히 하루하루를 버틸 수가 없었다. 그리하여 신과 나 사이에 있는 장애물들을 하나 둘 치워 나갔다. 오직 신이 비워진 내 중심에 오시도록 기도했다. 하느님은 내 억울한 사정을 모두 아시고 그에 합당한 처분을 하실 것이라고 믿었다. 그런 과정을 통해서 나는 절망과 분노의 저 밑바닥에서 차츰 빠져나오기 시작했다.

겸손함이 무엇인지 어린아이 걸음마 익히듯 배워 나갔다. 타인의 아픈 감정을 내 것으로 받아들이는 깊이가 깊어져 가는 느낌을 얻었다. 이웃과 함께 사는 아름다운 세상이 무엇인지 뚜렷이 자각하기 시작했다. 프랑스 작가 장주네는 아름다움이란 마음의 상처 이외에 그 어디에서도 연유하지 않는다고 했다. 그 말처럼 깊게 베인 내 상처들은 피를 흘리면서도 아름다움을 향해 변해 갔다. 한편으로는, 가족에 대한 책무의 인식과 진한 애정이 나를 지켜주었다. 아이들의 힘든 성장통에 공감하며, 기꺼이 내 한 몸이 아이들의 밑거름이 되자고 작정했다.

그러던 어느 날 내가 신이 내려준 축복의 빛 한가운데 서 있음을 깨달으며 깜짝 놀랐다. 그것이 구원이었을까? 아니면 스스로의 본질에 대한 자각과 정체성의 회복이었을까? 일률적으로 보편화하기는 어려운 주제이긴 해도, 고통에 처한 인간에게 신앙이 과연 구원의 동아줄이 될 수 있는가에 관해 이 책이 진지한 사색의 한 계기가 되었으면 한다.

한 가지 더 갖는 강렬한 소망은, 우리 사회에 지금 엄청난 숫자로 존재하며 뿌리가 뽑힌 채 유민화流民化한 내부고발자, 사법피해자들에 대해 조명이 비추어졌으면 하는 것이다. 그들은 우리 사회가 갖는 가장 깊은 어둠을 상징하고 있다. 2016년 하반기에 시작된 촛불시민혁명의 동력이 2017년 5월의 정권 교체, 2018년 6월의 지방선거에서 보인 극적 성과를 넘어, 우리 사회 내부의 구체적이고 근본적인 개혁으로 물꼬를 틀 것이라고 조심스럽게 전망한다. 그 개혁의 과정이 공정사회를 수립하기 위한 우리의 몸부림이라면, 마땅히 생존의 조건들을 빼앗기고 비참한 상태에 처한 내부고발자, 사법피해자들에게 손길이 미쳐야 한다. 이 책은 그들에 대한 마음 아픈 헌정이기도 하다.

우연한 기회에 소설가 이정 선생이 이 책의 밑바탕이 되는 비망록을 보게 되었다. 책으로 출판할 것을 권유했다. 나아가 그 내용을 독자들이 쉽게 읽을 수 있도록 간추리고 정리하는 역할까지 해 주었다.

판사와 변호사 생활을 거친 뒤 20년 가까이 몸담았던 대학을 이제 떠났다. 조용한 전원지대에서 조금씩 농사일을 하며 소일하고 있다. 생업으로 하는 것은 아니지만, 새로운 생명들이 땅속에서 올라오는 것을 보면서 신의 조력자로서 환희의 마음을 갖는다. 성가시고 힘든 일로 땀을 흘린 뒤 들이켜는 한 잔의 물에서 기쁨과 만족을 느낀다. 영국의 올리버 색스는 2015년 사망하기 직전 마지막으로 쓴 글에서 "자신이 할 일을 다 마쳤다고 느끼면서 떳떳한 마음으로 쉴 수 있는 그날로 자꾸만 생각이 쏠린다."로 마지막 문장을 채웠다. 나도 가능하면 그런 날을 맞고 싶다. 그날은 공정사회를 향해 기울인 내 오랜 염원과 싸움이 조금은 평가받는 날이 될 것이다.

2018년 9월

신평

고해성사

2015. 1. 18.

오늘부터 일기를 쓰기로 했다. 가슴이 쓰린 나날이다. 그럴수록 이 쓰린 순간들을 기록으로 남겨 둘 필요성을 절감한다. 그래야 이 쓰린 순간을 딛고 일어서는 미래의 이정표로 삼을 수 있을 테니까.

　지난해 12월 23일부터 올해 1월 9일까지 2주 넘게 법무부로부터 변호사시험 출제위원 위촉을 받아 충남 대천의 한 호텔에 합숙하였다. 이런 시험 출제는 외부와 일체의 통신 연락이 두절된 상태로 진행된다. 이전에 나는 대구지방검찰청에 피의자신문조서를 받으러 출석한 적이 한 번 있다. (처음 사건 고소가 일어난 것은 지난해 8월이었다. 당시 임기 만료를 코앞에 둔 총장은 어느 누구도 예상치 못하게 주요 보직 인사를 단행했다. 그것의 부당성을 지적하는 글을 학교 게시판에 올리면서 신임 보직교수로 지명받은 사람들 중 한 명인 홍일수의 공무 출장 중 성매매. 원장 임명을 쟁취하기 위해 저지른 익명의 투서. 학회 회장 경쟁자에 대한 3년에 걸친 집요한 괴롭힘의 세 가지 비리를 적은 게 문제가 되었다. 그는 나를 명예훼손으로 고소하였고 이후 나는 대구지방검찰청에 피의자신문 조서를 받으러 출석했던 것이다.) 그 얼마 후 내 처지에 상당한 동정을 표하던 권일문 수사검사가 자진하여 합의를 주선한다기에 한 번 더 갔다. 권 검사의 권유에 따라 내가 적절한 유감의 뜻을 표하는 합의문을 작성하여 권 검사에게 보내었다. 그때가 가을 무렵이었다. 하지만 그 후 검찰청에서 어떤 연락도 없었다. 이런 중에 변호사시험 합숙 출제에 들어갔던 것이다. 외부와 완전히 단절되어 있게 되자 왠지 불안했다. 무엇인가 이상했다. 왜 그 몇 달의 긴 기간 동안 내게 아무런 연락이 없었을까?

지난 1월 9일 변호사시험의 마지막 선택과목 시험이 끝났다. 지루한 합숙생활에서 벗어나 대구 집으로 돌아왔다. 나의 원래 집은 경주에 있다. 그러나 아이들 학교가 있는, 그리고 내 직장인 경북대학교의 소재지인 대구에서 몇 년 전부터 전세살이를 하고 있었다. 돌아오자마자 경주 집으로 연락했다. 아니나 다를까 공소장이 집에 와 있다는 것이었다. 불길한 예감이 적중한 것이긴 해도 깜짝 놀랐다. 어떻게 이럴 수 있을까? 왜 내게 아무런 낌새를 알아차리지 못하게 한 채 몇 달의 시간을 흘려보냈을까? 도대체 그사이에 무슨 일이 있었을까?

주말이 지나 월요일인 1월 11일 부리나케 권 검사에게 전화를 걸었다. 나는 첫마디에 물었다. "거짓말탐지기 조사라도 한번 해보았어요?" 그는 하지 않았다고 했다. 그러면서 "나 혼자 결정한 것도 아니고요……"라며 말을 흐렸다.

이럴 수는 없다. 없어. 되뇌면서 나는 다시 급속하게 심리적 불안정상태로 빠져 들어갔다. 다른 것은 몰라도 평생에 명예 하나만은 지킨다고 하며 살아왔다. 그런 내가 허위사실을 유포하였다는 범죄의 혐의를 받게 되다니. 도저히 자신을 용납할 수 없었다. 내가 자랑하던 그 모든 것이 와르르 무너지는 소리가 들렸다. 게다가 나에게 덮쳐오는 거대한 파도가 한 개인의 힘에 의해 생긴 것이 아니라고 보였다. 무언가 잘 짜놓은 각본에 따른 함정이 파여 있었고, 나는 그 속으로 떨어졌으며, 웬만해서는 혼자 힘으로 벗어날 수 없을 것이라는 직감이 들었다. 며칠을 보낸 후 결심했다. 성당에 다시 나가자.

대학에 재직하던 중 2004년 가족과 함께 미국에 유학하는 기회를 가질 수 있었다. 오하이오주 클리블랜드시에서 생활했다. 그곳 한인성당에 나갔다. 2005년 부활절에는 세례를 받았다. 바로 그날 영어를 영어로 바로 받아들이는 직독직해가 되며 영어로 말문이 트이는 은혜를 입었다. 그러나 귀국하여 대구 범물성당에서 견진성사를 받기도 했으나 그냥 건성이었다. 주일 성당에 가서는 고개를 수그리고 잠에 빠지기 일쑤였다. 도대체 신앙의 의미를 각별히 새길 수 없었다. 그러던 내가 성당에 나가기로 결심한 것이다. 내 본능이 시키는 일이었을까? 내 힘만으로는 도저히 벗어날 수 없다고 생각한 것일까?

아내는 범물성당에서 착실히 신앙생활을 이어 나가고 있었다. 아내와 함께 집 근처에 있는 계산성당 저녁미사에 나갔다. 계산성당은 대구에 처음 지어진 성당으로 무척 아름다운 건축양식을 가진 건물이다. 냉담상태를 깨는 미사 참여였으므로 근 5년 만에 처음으로 고해성사를 했다. 고해신부로부터 "하느님은 언제나 함께하신다는 사실을 믿으세요."라는 조언을 받았다. 왠지 눈물이 스며 나왔다. 이렇게 비참한 처지가 되어, 그리고 내 힘으로는 위기를 극복할 수 없으리라는 전제에서 성당에 나온 것이 죄스러웠다. 그러면서도 하느님은 이 어리석음을 다 용서해 주실 것이라는 믿음을 품었다.

처음 성당에 왔을 때처럼 미사 참석이 어색했다. 다행히 아득한 울림처럼 기억의 한편에서 미사의 진행과정이 떠올랐다. 젊은 신부는 열정에 차 있었다. 강론 마지막에 신부가 하신 말씀이 뇌리에 박혔다. "우리가 하느님께 함께해 달라고 요청하기 전부터 하느님은 이미 우리와 함께하고 있습니다." 고해성사 때의 말씀과 뜻이 같았다.

아, 평온함이 몸에 채워졌다. 대학 때부터 열심히 교회에 다녔다. 언젠가부터는 불교 신자로서 제법 열성을 보였다. 그러다가 성당에서 견진성사까지 받았다. 하지만 어느 때에도 이런 평온함을 얻지 못했다. 이게 하느님의 은총이겠지 하는 믿음이 슬금슬금 일어났다.

이제 하느님과 함께하는 흔들리지 않는 마음을 가질 수 있었으면 좋겠다. 지난 세월을 돌이켜보니 안타깝다. 왜 그렇게 허찮은 일들에 요동치며 살아왔을까? 오늘부터 매일 기도를 할 작정이다. 신부는 일상의 삶 속에서 꼭 기도를 해야 한다고 당부했다. 내 생애의 나머지 나날이 신앙생활 속에서 충일하기를.

2015. 1. 19.

불안하고 초조한 마음에 잠이 오지 않아 새벽에 일어났다. 『엘리야와 함께 걷는 40일』의 한 장을 읽었다. 하느님이 나와 함께 계신다는 생각을 했다. 그래서일까? 하느님이 내 속에서 세력을 넓혀 가시는 것을 느꼈다. 나는 그전의 내가 아니다. 내가 달라졌고, 주위의 세상이 달라졌다. 그런 생각을 하면서 정말 생각처럼 되기를 내게 강력히 주문했다.

시련의 시간을 맞아 비로소 신앙을 다시 생각하게 되었다. 그렇게 생각하고 보면 시련은 그만큼 가치 있는 것이다. 비참함 속에서 기어 다니다가 찬란한 하늘에 뜬 고상한 별을 바라보게 된 기분이 든다.

2015. 1. 21.

종일 천 갈래 만 갈래로 불안한 마음이 일어났다 흐트러지기를 반복했다. 그동안 내가 겪어 왔고 또 일반적 세평인, 홍일수의 집요하고도 대담한 성격에 대한 공포가 전신을 휘감았다. 그저께 아내는 임윤수 법전원장(법학전문대학원장)을 만났다. 아내는 합의를 이끌어 낼 수 있다는 자신감 있는 표정을 지으며 대학으로 갔다. 이제 잘 해결되겠지 하는 기대를 했다. 그러나 진척된 상황은 전혀 없었다.

어제 서울에 가서 변호사시험 채점에 관한 법무부의 일을 보고 오늘 서둘러 내려왔다. 아내와 함께 홍일수를 직접 만나서 원만한 화해를 하려고 시도했다. 하지만 그가 만남에 응하지 않았다.

며칠 전부터 '매일미사' 앱을 띄워 놓고 기도문을 읽는 일이 잦아졌다. 천주교에서는 성당에서 거의 매일 미사를 치른다. 이 미사들의 개요를 매달 한 권의 책에 넣어 천 원에 판매하는데, '매일미사'라는 스마트폰의 앱에 이 책을 조금 더 축약한 형태의 내용을 넣어 둔다. 하느님께 나와 함께 있어 달라고 요청하기 전에 이미 하느님은 나와 함께 계시다는 신부의 말씀을 되새겼다. 하느님의 선한 의지에 따라 이 문제를 바라보고 또 해결을 꾀해 나가야겠다는 다짐을 했다. 그리고 어찌 되었든 그에게 진솔한 사과를 해야겠다고 마음먹었다. 1심 판결 때까지 합의만 하면 공소기각으로 없던 일이 될 수 있다. 그러나 과연 그가 사과를 받아줄까?

기소되기 전 권일문 수사검사가 주선하여 합의의 과정을 거친적이 있다. 그때 홍일수는 내가 작성한 합의문으로는 합의하지 않겠다는 뜻을 나타내었다. 합의는 하되 합의의 조건에 차이가 있었던 셈이다. 또 임윤수 법전원장에게 부탁하여 합의를 하려고 시도한 적이 있었다. 그때도 그는 합의를 하지 않겠다는 완강한 태도를 보이지 않았다. 그러나 기소가 되고 나니 모든 것이 달라졌다. 그는 오만해졌다. 합의를 간청하는 내게 콧방귀를 뀌고 비웃는다. 그리고 권 검사는 합의 시도 후 나에게는 전혀 연락을 하지 않고 수사를 진행시켜 전격 기소했다.

격랑에 시달리는 조각배처럼 나는 공포에 찬 눈으로 하느님의 자비를 기다리고 있다.

2015. 1. 22.

오늘도 불안감 때문에 잠을 이루지 못하고 새벽에 깨어났다. 머리가 띵했다.

출근한 뒤 홍일수를 찾아갔다. 수도 없이 연구실 문을 두드렸다. 한 번만 이야기하자고 간청했다. 그는 마지못해 나왔다. 그러더니 소매를 잡은 내 손을 뿌리치길 오물을 털어내듯 한 뒤 "씨!"라는 소리를 내며 나가 버렸다. 아, 이 수모! 이 비참함!

집에 돌아와서야 기분을 다소 회복했다. 무엇을 두려워하랴. 떳떳한 태도로 나아가자. 진실은 내게 있다. 나는 절대로 허위사실을 말하지 않았다.

2015. 1. 23.

종일 변호사시험 채점을 했다. 몹시 피곤했다. 그런 중에도 그와 관계된 일들이 간단없이 떠올랐다. 내가 경북대 총장의 부당 인사에 감연히 맞서 학내 홈페이지의 게시판에 글을 올린 것은 지난해 8월이었다. 당시 염인석 경북대 총장은 임기가 얼마 남지 않은 상황에서 도저히 이해할 수 없는 일들을 저질렀다. 이일태 교수가 페이스북에 "총장이 미쳤다!"라는 글을 써서 학내에 회자되었다. 교수들은 염 총장이 총장 부재상태를 장기화하여 고등교육법상의 규정을 활용, 청와대로부터 직권 임명을 받겠다는 의도라고 수군거렸다.

염 총장이 과연 임기 말에 어떤 일을 했던가. 당시 본부 보직을 맡았던 두 명의 교수로부터 꼼꼼히 채집하여 재구성해 보았다. 임기가 8월 31일인데, 그로부터 소급하여 불과 12일 전이 되는 8월 20일부터의 기록이다.

2014. 8. 20. 수.

• 염인석 총장이 부총장, 교무처장, 서창교 3인에게 돌연 해임 통고하고, 위 3인에게 사표를 내도록 함.

8. 21. 목.

• 염인석 총장의 구상에 따라 총장 임용후보자 선정에 관한 규정 개정안 (후임 총장 재선출에 관해서 총장이 직접 선관위를 구성하는 등 교수회를 우선하여 권한을 행사할 수 있도록 하는 것이 핵심 내용) 공포.

• 염인석 총장은 후임으로 부총장, 교무처장, 기획처장을 각 내정하였고, 홍일수는 교무처장 후보자가 됨(과거에는 이러한 보직은 학내 관계규정에 좇아 교수회의 동의를 얻어 임명되었으나, 염인석 총장은 이 원칙을 무시하고 총장 단독으로 임명하여 왔음. 그러나 부총장은 학칙에 의해 대학본부 내부의 기관인 인사위원회 동의를 받도록 되어 있어 이마저 무시할 수는 없는 일이었음).

• 새로운 부총장 임명을 위한 인준기구인 인사위원회 소집 통지.

8. 22. 금.

• 인사위원회 소집을 8. 25.(월)로 연기.

• 나는 연기 소식을 전해 듣고 위 부당한 인사를 막기 위해서는 이날 단 하루밖에 기회가 없음을 깨달아 '복현의 소리' 게시판에 인사의 부당함을

통박하는 내용의 글을 발표하고, 김이열 교수를 통해 각 교수들에게 같은 내용으로 이메일이 송부되도록 함. 위 게시판의 글은 게시 후 세 시간도 되지 않아 대학본부 측에서 나에게 삭제를 요청하여 이에 동의하였음. 그러나 그 후 삭제 요청과 동시에 이미 삭제되어 나의 동의는 사후 동의가 된 것으로 앎.

8. 23. 토. – 24. 일.

• 홍일수는 위 게시판의 글이 불러온 파문으로 미적거리는 염인석 총장에게 교무처장 발령을 내달라고 매달림. 염 총장은 나에 대한 고소장을 제출하고 오면 발령을 내주겠다고 함.

8. 25. 월.

• 인사위원회 소집을 다시 8. 26.(화)로 연기(인사위원회 위원들의 동의 여부를 우려하여 연기함).
• 기존 부총장, 교무처장, 기획처장 3인의 사표 수리.
• 후임 기획처장 임명.
• 홍일수는 고소장을 대구지검에 제출한 뒤 염인석 총장에게 알림. 그러나 염 총장은 교무처장 발령을 내어주지 않음.

8. 26. 화.

• 인사위원회에서 새로운 부총장 임명동의안 부결(총장이 자신과 가까운 사람을 인사위원회 위원으로 임명했던 것이고, 또 신임 기획처장 등이 나서서 주말을 이용해 동의안 통과를 위해 치열한 로비를 벌였음에

도 이례적으로 부결됨. 과거 이와 같은 전례가 없었음).

8. 27. 수.
- 홍일수는 염인석 총장에게 하루라도 좋으니 교무처장 발령을 내달라고 계속 매달림. 염 총장은 그를 새로운 교무처장으로 임명하되 8. 29. 하루 만 한 뒤 사표를 쓰고 물러난다는 각서를 받았고, 그가 물러난 뒤에는 그 후임으로 하일봉 교수를 다시 새로운 교무처장으로 발령하는 안에 대해 결재과정을 밟도록 지시. 사무국장 등 반발, 실무담당자 잠적.

8. 28. 목.
- 염인석 총장이 홍일수에게 계획을 그대로 실시할 수 없음을 통고. 그는 반발하여 아침 9시에 염 총장을 찾아가 비위사실 폭로를 협박.
- 염인석 총장은 후임 교무처장으로 하일봉 교수 임명안을 교수회에 통보 (대학본부 실무진은 임명안에 대해 강하게 반대).
- 교수회 의장 이대유 교수 등에게 돌연 그동안 대학본부와의 갈등을 이유로 징계를 하겠다는 내용으로 징계위원회 출석 통보.
- 홍일수가 '복현의 소리'에 내 글을 반박하며 염인석 총장에 대한 배신감을 토로하는 내용의 글을 게시.
- 교수회가 염인석 총장의 징계 강행과 인사 전횡을 비난하는 성명서 발표.

8. 29. 금.
- 염인석 총장은 오전에 열린 마지막 간부회의에서 홍일수로부터 협박당

했다는 사실을 토로함.

- 징계위원회(오후 2시 40분 예정)가 실무진의 극구 반발로 연기됨.
- 염인석 총장 퇴임식(오후 4시).

8. 31. 일.

- 염인석 총장은 퇴임식을 치른 후의 휴일에, 그것도 임기를 한 시간도 채 남기지 않은 밤 11시 넘어 측근인 하일봉 교수를 교무처장에 임명함(부당한 임명을 막기 위해 교무부처장 등 결재라인에 있는 사람은 잠적하였으나, 결재라인을 무시하고 혼자서 임명해 버림).

9. 1. 월.

- 개교 이래 첫 총장, 부총장 공석 사태를 맞음.
- 정성광 의무부총장이 총장직무대행이 됨.

당시 염인석 총장은 임기가 거의 끝나는 시점에서 퇴임의 수순을 밟기는커녕 한 대학의 총장으로서 도저히 할 수 없는 행위들을 거듭하였다. 마치 컬트 집단에서의 사이비 교주같이 거침없는 행동을 했다. 뒤를 돌봐주는 확실한 세력이 있다는 확신을 가지지 않고서 과연 누가 이럴 수 있었을까?

염 총장은 자주 술자리를 가졌다. 또 폭탄주를 즐겨 했다. 주흥이 오르면 흔히 '박근혜 정부의 성공을 위하여'라는 건배사를 외치곤 했다. 그리고 대구지역에서 소위 '친박'의 좌장 격임을 내세웠다.

어쩌면 교수들의 세평대로 일부러 혼란을 야기시켜 대학을 수

습 불가능의 상태로 만든 다음 청와대의 총장 직권 임명을 바라고 있었는지 모른다. 나는 경북대 역사상 비슷한 예조차도 찾아볼 수 없는 염 총장의 이런 만행에 맞서 조용히 물러가라는 게시문을 발표하였던 것이다. 거기에서 교무처장으로 거론된 홍일수의 비위사실을 거론하며 도저히 이런 사람이 중책을 맡을 수는 없는 일이라고 항의했던 것이다.

결국 내가 항의한, 대학 수뇌부 변경을 꾀한 인사는 불발로 끝났다. 그러나 그 대상자인 그는 나를 명예훼손으로 고소했다.

염 총장은 자신의 인격을 반영하듯 "대가리를 까버린다."와 같은 천박한 말을 함부로 내뱉는 것이 습관화된 사람이나, 한 가지 장점은 대단한 마당발이라는 점이다. 특히 법조계와 맺은 특별한 인연은 늘 자랑의 원천이었다. 만약 염 총장이 권력의 핵심에 확실한 끈을 갖고 있다면 검찰을 통한 사건 개입은 아주 쉽다. 법무부나 검찰의 검사장급 고위직을 통하면 그만이다. 법원도 그렇게 어렵지 않다. 대구지방법원장을 통해 개입할 수 있고, 청와대의 작용으로 법원행정처를 통해 대구지방법원장에게 뜻을 전하고 대구지방법원장은 담당 판사를 슬쩍 불러 말 몇 마디만 떼면 그만이다. 사법부에는 오래전부터 이런 일이 잦았다. 판사가 사건을 담당한 다른 판사에게 청탁하는 것을 판사들 세계 은어로 '관선변호'라고 하는데, 법원행정처, 법원장이 개입하는 이러한 청탁은 관선변호의 대표적인 것이다. 염 총장은 이와 같은 법조 시스템의 작용을 너무나 잘 알고 있을 것이다.

채점, 그중에서도 주관식 답안의 채점은 아주 고되다. 무려 700

명 가까운 변호사시험 응시생들이 두 시간에 걸쳐 써내려 간 답안을 들여다보아야만 하는 일이다. 그러니 연일 강행군이다. 그런 중에도 그에 대한 분노가 자꾸 솟구쳤다. 내가 연약한 탓이다.

2015. 1. 24.

토요일이지만, 연구실에 나가서 채점을 계속했다.

이상하게도 자꾸만 과거의 내 모습들이 떠올랐다. 더불어 심한 자책에 시달렸다. 나는 왜 그랬을까? 왜 그처럼 이기적이고 일방적으로 사람들을 대했을까? 그런 날들의 내 행동이 불가사의할 지경이었다. 이 나이가 되어서야 근본적인 잘못을 깨닫다니. 어릿광대처럼 남이 자신을 어떻게 바라보는지 전혀 모른 채, 아니 알려고도 하지 않는 채 인생을 마감할 뻔했다.

주님, 이제 제게는 주님밖에는 의지할 데가 없습니다! 저의 억울함에 귀를 기울여주소서! 내 간절한 구원의 요청이 하느님께 전달되기를 바란다. 설령 내게 무슨 일이 닥쳐도 아내와 아이들이 잘해내지 않을까 하는 희망을 걸어 본다.

조금 전부터 귀에서 윙 하는 소리가 크게 났다. 일시적인 현상에 그쳤으면 좋겠다.

2015. 1. 25.

아침에 깨어나면 힘이 없다. 허깨비처럼 비틀거린다. 평생 이런 일이 일어난다는 상상조차 못하고 살아왔는데, 지금의 내 처지를 도저히 스스로 받아들일 수 없다.

밖에는 겨울비가 추적추적 내리고 있다.

2015. 1. 26.

새벽에 발에 쥐가 났다. 근육과 신경망을 비틀어놓는 듯했다. 통증도 꽤 심했다. 당장의 통증은 문제가 아니다. 이러다가 몸에 심각한 이상이 생기는 것은 아닐까 하는 걱정이 덜컥 솟았다.

만사가 두렵다. 엄청난 파고의 파도가 나와 내 가족을 덮치려 몰려오고 있다는 사실을 직감한다. 그러면서도 내게는 여전히 약하고 비굴하고 교활한 구석이 존재한다. 조금이라도 틈만 있으면 하느님과의 관계를 벗어나 나만의 편안함을 추구하고 싶어 한다. 하느님과 나와의 일치를 더 단단히, 더 지속적으로 해나가야 한다. 내가 허물어지지 않는 유일한 길이다.

도대체 내가 이번에 왜 이리도 미련하게 처신한 것인지. 결국 그 근본에는 자기중심으로 매사를 쉽게 생각하며 살아온 어리석음이 놓여 있다. 어찌 이따위 식으로밖에 살지 못했는지. 결국 하느님은 교만해지고 분별력을 잃은 나를 치신 것이다. 하느님이 나를 치셨으면 나를 비참하게 만들려는 것은 아니리라.

2015. 1. 29.

국회의원 연구단체의 활동 평가 기준을 마련하는 일로 국회에 다녀왔다. 나는 국회의원 연구단체의 활동을 평가하는 위원회 위원을 몇 년간 하고 있다. 그사이에 아내는 학교에 가서 임윤수 교수와 이창신 교수를 만났다. 사전에 나는 그와 나와의 합의를 권유하는 문서를 만들고 그 밑에 교수들 연명으로 서명을 하는 난을 두었다. 이 문서를 들고 합의를 거부하는, 아니 합의를 하려는 나를 비웃는 그에게 압력을 넣었으면 하는 생각이었다. 아내는 로스쿨 교수들에게 서명을 부탁하러 간 것이다. 그러나 두 사람 모두 말렸다고 했다. 실망스러웠다. 단지 그와 나, 두 사람이 빨리 합의하기 바란다는 취지로 말했다고 한다. 그들도 그와 같은 이론교수로서 실무교수인 내 편을 들어줄 수 없다는 생각이었을까? 교수들의 합의를 촉구하기 위한 서명의 길이 사실상 막혔다. 그의 저 완강한 고집을 꺾을 방법이 없어진 셈이다.

2015. 2. 1.

홍일수가 뜻밖에 조연숙과 연계하여 나를 공격하기 시작했다. 조연숙은 과거 사법개혁운동을 하며 안 사람이다. 하지만 공정하지 못한 사법운용의 과정에서 피해를 입은 사법피해자를 위해 일해 준다는 명분으로 조연숙은 돈을 받았다. 내가 2004년에서 2005년 사이 미국에 가 있을 때 그 일로 구속이 되었으나 나중에 무죄판결을 받았다. 그런데 엉뚱하게 내가 자신의 구속에 관여하였다는 망상을 갖게 되었다. 그 뒤부터 기회 있을 때마다 시비를 걸었다. 최근에는 그 보상으로 적지 않은 3천만 원이라는 돈을 요구해 왔다. 여러 사람을 내세워 협박을 하기도 했다. 그 사람들의 행위에 관하여 칼럼을 하나 쓴 적이 있다.

어둠의 목소리

전화기를 통해 들려오는 음성은 짙고 낮았다. 땅바닥에 깔린 빙판처럼 미끄럽기도 했다. 지옥 구덩이에서 지금 힘겹게 올라와, 온몸이 검게 칠해진 상태에서 목표물을 향한 눈빛만이 날카롭게 번득이고 있으리라.

"너는 판사를 하고, 변호사를 하고, 또 지금 법학교수를 하고 있지. 너는 자신이 법을 잘 알고 있다고 믿을 거야. 웃기는 소리 하지 마. 네가 아는 법은 아무 쓸모가 없는 거야. 그건 법도 아니야. 법전에나 들어 있는 죽은 법이야. 너보다 내가 훨씬 더 법을 잘 알아. 내가 아는 법이 바로 진짜 법이야."

어둠을 뿌리며 그는 계속 일방적으로 지껄였다. "네가 생각할 때는 참 억울하다고 하겠지. 그래 나도 네 억울함을 잘 알아. 그러나 중요한 것은 우리가 앞으로 어떻게 행동하는가 하는 것이야. 우선 네가 다니는 대학 앞에서 너를 규탄하는 시위를 벌이고, 총장을 찾아가서 네 비리를 엄청 까발리고, 학생회 멤버들에게 연락해서 너희 학교에 이런 나쁜 교수가 재직하고 있다고 모두 확 불어버릴 거야. 너는 여기에서 벗어날 수 없어. 그게 모두 거짓말이라도 너는 절대 못 벗어나지." 그러고는 더욱 구체적인 말을 이었다. "네가 고소를 한다고 치자. 아무 쓸모가 없어. 너 같은 먹물이 들어간 인간은 고소를 해서 구제받을 수 있다고 생각하겠지. 헛꿈 깨! 우리는 바로 엉터리 맞고소로 들어가. 뭐가 뭔지 모르게 만들어 버리고, 설사 기소가 된다고 해도 1심, 2심을 거쳐 대법원에 이르기까지 우리는 끈질기게 주장할 거야. 네가 설사 재판에서 이긴다고 해도 그 기간 동안 네가 입을 피해가 있잖아. 그게 얼마가 되리라고 생각해? 좋게 말할 때 우리 말을 들어. 그러면 서로가 좋잖아." 이렇게 그들은 사람을 바꿔가며 끈질기게 협박했다.

2003년 우리 사회의 가장 비참한 구석을 만들고 있는 사법피해자 문제에 관심을 가지고 있던 차, 몇 사람이 찾아와 사법피해자를 돕는 단체의 대표를 맡아달라는 요청을 했다. 뜻을 같이하는 교수들을 설득하여 함께 그 단체에 들어갔다. 하지만 들어가서 본 그들의 실상은 달랐다. 재판에서 진 사람들, 검찰에서 부당한 처분을 받았다고 하소연하는 사람들을 상대로 활동비 명목으로 돈을 받아 챙겼다. 나는 단지 허수아비에 불과했다. 그들의 투명하지 못한 활동의 가리개 역할을 할 뿐이었다. 몇 개월 지나지 않아 그들과 잡은 손을 빼내었다. 그로부터 10년 가까운 세월이 흘렀다.

갑자기 그들은 내 앞에 등장하여 아닌 밤중에 홍두깨 격으로 돈을 요구하기 시작했다. 얼마 전 공직에 나서며 내 재산이 공개된 것이 화근이었다. 그들 중 한 사람을 제외하고는 한 번 만난 일조차 없었다.

숱한 협박과 규탄 시위, 대학을 향한 공작이 거듭되었다. 그들은 전국 곳곳에서 힘없는 변호사들을 상대로 이런 방법으로 돈을 뜯어내 왔다. 해볼 테면 해봐라. 내가 그들에게 무릎을 꿇는다면 그들에게 대항할 수 있는 사람은 아무도 없다. 나는 험한 겨울을 나는 보리가 되어 입을 꼭 다문 채 견디고 있다. (법률신

문, 2013년 3월 4일)

'매듭을 푸시는 성모님께 드리는 기도문'를 계속 읽고 있다. 이러면 그들이 내 몸에 얽어 놓은 매듭을 풀 수 있을까?

범물성당의 교중미사에 갔다. 조환길 대주교께서 집전했다. 많은 사람들이 내 복귀를 환영해 주었다. 가슴에 따뜻한 기운이 차올랐다. 아무래도 교적을 범물성당으로 옮겨야 할 듯했다.

묵주기도를 시작했다. 앞으로 27일간 드릴 작정이다. 그런 뒤 다음 27일간은 감사기도를 드릴 것이다. 모두 54일간 드리게 되는 셈이다. 번거롭다거나 시간이 아깝다는 생각은 전혀 들지 않았다. 오히려 속이 꽉 차는 느낌이 들었다. 성당에서의 체류도 마찬가지였다. 옛날에는 미사가 끝나면 한시바삐 나오기 바빴다. 이제 성당의 온화한 공기를 즐기며 그 속에 자신을 조용히 담근다. 전에 성당에 다닐 때와 확연히 다르다.

2015. 2. 3.

그가 외부세력과 연계하여 나를 해코지하려는 정황이 드러났다. 조연숙은 극악무도한 표현을 쓰며 나를 비방하는 글을 교수들에게 이메일로 보냈다. 그 글 속에서 그와 자신이 연계하고 있다는 사실을 구체적으로 드러내었다. 한편으로는 온통 나를 비방하는 이상한 내용으로 가득 찬 서류칠을 민들이 교수들에게 돌렸다. 그런데 조연숙이 따로 내게 보낸 서한에서, 그가 조연숙에게 교수들의 이메일 주소를 정리하여 알려주었다는 내용이 들어 있었다. 이 일이 그들에게 오히려 불리하게 돌아가는 것이 되었으면 좋겠다. 오전에 대구지방검찰청에 들러 그와 조연숙에 대한 고소장을 접수시켰다.

오늘 하루를 정리하며 묵주기도를 드렸다. 매일처럼 하는 일이나 마음의 큰 지주가 된다. 성모님께서 도와주시겠지. 고소를 할 수 있게 된, 조연숙과 그 사이에서 모의의 밀담을 나누는 내용의 이메일이 우연히 입수된 것 자체가 도와주신 덕분이 아닐까 하는 약간은 불경스러운 추측도 하게 된다. 여하튼 감사한 일이다.

2015. 2. 4.

점심을 경북대 가톨릭교수회 임원들과 같이했다. 온화하고 밝은 분위기가 참 좋았다. 이런 분들과 내내 같이 있고 싶었다. 3월 28일에 한티성지로 피정을 간다고 하여 기꺼이 참가 신청을 했다.

내가 이 사건을 당하지 않았더라면 얼마나 여유작작하게 잘 살 것인가 하는 생각을 했다. 현재의 상태가 가혹하게 느껴졌다. 그러나 이미 맞닥뜨린 사건이다. 그리고 이 사건이 없었다면 나는 인생을 참 값없이 살았을 것이 틀림없다. 세상을 바라보는 눈에 깊이가 없었을 것이다. 신앙을 미뤄 둔 채 인생을 겉핥기로 살았을 것이다. 그렇게 생각을 고쳐먹었다.

2015. 2. 5.

사건이 일어난 후로 처음으로 자고 일어나서 불안하지 않았다. 무기력함이 덮쳐 어깨를 늘어뜨리던, 막막한 생각에 사고를 제대로 할 수도 없었던 불안이 사라졌다. 앞으로도 계속 이런 상태가 유지될까?

잠자리에 들기 전에 묵주기도를 바쳤다.

2015. 2. 10.

과거에 내가 저지른 말로 표현하기 힘들 정도의 패악한 행동들이 머릿속을 휘젓고 지나간다. 술집에 가서 종업원 여자들에게 가한 몹쓸 짓들과 같은 것이다.

당시는 유두주라는 것이 보편화되어 있었다. 법조인들끼리 가는 룸살롱이나 여성들이 한복을 차려입고 나오는 소위 방석집(요정)에서 그런 짓을 자주 했다. 경주지원에 근무할 때는 일주일에 한 번 이상 요정에 가는 것이 의무였다. 어떤 이는 용두주, 계곡주라는 해괴한 짓을 즐겨 하기도 했다. 아, 그 젊은 여성들이 느꼈을 모멸감과 분노를 왜 그때는 헤아리지 못했을까? 그들은 과연 평생 그 트라우마에서 벗어날 수 있을까? 그런 고민 끝에 나는 언제부턴가 그렇게 여성을 대해서는 안 된다는 것을 느꼈다. 룸살롱과 방석집에 발을 끊었다.

상하이에서의 그날 밤, 나는 김일균 교수가 잘 아는 한인 변호사의 주선으로 술자리를 준비해 놓았다고 하여, 또 일행들이 모두 가니 할 수 없이 따라갔다. 사실은 한국 교수들이 중국에 가는 경우 반드시라고 해도 좋을 정도로 현지 한국인의 도움을 받아 여자가 시중을 나오는 술자리를 마련해 둔다. 적지 않은 교수들은 그 여성들과의 성매매를 하려고 발정난 수캐처럼 걷잡을 수 없는 행동을 한다. 시대가 바뀌어도 돈 있고 힘 있는 남성들 문화는 여전했다.

어두침침한 조명 아래에서 일행은 무대에 쭉 늘어선 중국 아가씨들을 교수의 연배 순으로 한 명씩 골랐다. 한국에서 룸살롱이 생긴 초창기의 풍습이 그대로 보였다. 나는 단지 영어나 일어를 할 수 있는 아가씨가 옆에 앉았으면 한다고 희망을 말했다. 내 옆에 앉게 된 아가씨는 소주蘇州 출신이었다. 원활하지 못한 대화 속에서도 어려운 가정형편을 짐작할 수 있었다. 차례에 따라 무대에 가서 '이루어질 수 없는 사랑'이라는 가수 문주란의 노래를 불렀다. 그러나 영 흥이 나지 않고 어색하여 중간에 끊고 자리에 앉았다. 술맛도 없었다. 그렇게 시간만 죽치고 있다가 모임이 파하여 호텔로 돌아왔다. 몸을 씻고 자리에 누웠을 때 그가 문을 두드렸다.

2015. 2. 11.

오늘 홍일수가 조연숙에게 경북대학 법전원 교수들의 이메일 주소를 넘겨준 확실한 증거를 찾았다. 조연숙이 내게 보낸 돈 요구 협박편지 안에 그것이 들어 있었다. 조연숙은 나에게 나쁜 소행을 보여도 따지고 보면 불쌍한 사람이다. 평생 여유 한 번 갖지 못한 채 불행한 가족관계를 안고 살아왔다. 사법피해자들을 도운답시고 몇 푼 되지 않는 돈을 받으면서. 그마저 지난번 변호사법 위반으로 구속되어 홍역을 치른 후엔 제대로 받을 수 없을 터이니 그 생계의 곤궁함은 오죽하랴! 그는 이런 사람을 교묘히 조종하여 내게 해코지를 하려고 한다.

2015. 2. 12.

어젯밤 헌법재판법 수강인원을 보니 네 명밖에 되지 않았다. 이재명 교수가 내게 한 말이 떠올랐다. 내가 맡은 과목이 홍일수와의 일을 이유로 전부 폐강될지 모른다고 이 교수는 말하였다. 다른 중요한 과목과 시간이 겹쳐서 그런 것이 아닐까 자위했으나, 마음이 불편했다. 오늘 새벽에 확인해 보니 한 명이 더 수강신청을 했다. 나는 점점 더 고립되어 가고 있다.

　군대 문제로 휴학하고 함께 지내던 아들 수한이가 내일 서울로 간다. 군입대 전에 변리사시험을 치겠다고 작정했다. 변리사 1차 시험이 모레 있다. 시험을 치고 내려온 뒤 22일 다시 서울로 가는데, 그러면 이제 우리 부부와 떨어져 살게 되는 것이다. 벌써 서운한 느낌이 든다. 이 아이가 그동안 옆에 있어서 나락으로 떨어질 것 같은 참담한 심정을 붙잡아 주었다. 이 아이 없이 허전해서 어찌 살까? 이 아이를 돌보아 주시기를 간절한 마음으로 하느님과 성모님께 기도한다.

2015. 2. 13.

동부경찰서에서 홍일수와 조연숙을 상대로 고소한 사건의 고소인 진술조서를 받았다. 담당자인 이호 경사는 소극적인 태도로 일관했다. 계속해서 그에게는 증거가 없지 않느냐는 식으로 말했다. 그와 조연숙 간의 이메일을 압수해 달라는 요청도 들어주지 않았다. 이메일을 통해 그가 조연숙에게 로스쿨 교수들의 메일 주소들을 넘기고, 조연숙은 이 메일 주소를 이용해 나에게 협박을 가한 것이 명백히 드러남에도 말이다. 이미 그가 경찰에 손을 써놓은 것 같은 느낌이 강하게 들었다. 그는 대구지방경찰청의 시민참여위원회 위원장이다. 지난번 일방적 기소에서 보았듯이, 대구지역에서 그와 그 배후에 있을 것으로 추정되는 이들이 쌓아 놓은 두꺼운 벽을 이 지역에서 한낱 진보 성향의 교수에 지나지 않은 내가 결코 부수지 못할 것이라는 암울한 생각이 들었다.

걱정하는 아내에게 함께 기도를 많이 하자고 달랬다. 몇 사람이 작당하여 이 일을 덮으려고 한다고 하여 쉽게 덮어지지는 않을 것이다. 물론 확신할 수는 없다.

저녁에는 류연춘 교수, 배수영 교수, 김형모 교수와 함께 오래간만에 술을 같이했다. 이 자리에서 류 교수가 문제가 된, 경북대 총장의 각성을 촉구하는 글에 관하여 말했다. 영수일보 박수관 부장이 그 글을 이메일로 보낸 사람은 김이열 교수라고 내가 말하나 이와 다른 말이 있다는 식으로 류 교수에게 말했다고 했다. 결국 내 말이 거짓이라는 얘기였다. 기분이 상했다. 사람이 어려운 형편에 처하면 이렇게 가치 없이 다루어지는 모양이었다. 어떻게 내가 그런 일로 거짓말을 하리라고 생각할 수 있을까? 명예 하나만은 지키며 살아왔다고 자부했다. 세상은 그 조그만 자부심조차 무자비하게 깔아뭉갠다.

아, 모든 일에 내 판단과 능력이 우선이라는 생각을 버리자. 그런 식으로 생각하면 무엇 하나 안심할 수 있는 것이 없다. 내 안에 계신 하느님이 공정한 잣대로 재고 계시겠지. 하느님에게 일의 결과를 맡기자. 이렇게 위안하지 않는다면 나는 지금 도저히 일상을 견뎌낼 수 없다. 대부분의 내부고발자, 사법피해자들이 폐인이 되는 현실이 무섭기만 하다. 분노와 원한이 스스로를 지배하도록 놔둔다면 그 불길은 먼저 자신을 태워 버릴 것이다. 돈과 명예만 잃는 것만이 아니라 건강까지 잃을 것이다. 악만 남은 채 거리를 배회할 것이다. 이것이 그들 대부분에게 주어진 숙명이다.

2015. 2. 14.

영수일보 박수관 부장에게 전화를 걸었다. 다시는 사실과 다른 말을 하지 말라고 주의를 주었다. 하지만 힘이 실리지 않은 공허한 말이었다. 박 부장은 내가 한 행위를 전혀 이해하지 못하는 사람이다. 왜 그따위 일을 해서 물의를 야기하고 스스로를 위험에 처하게 하는지 내게 되묻고 싶었을 것이다. 진보를 말하고 대구지역의 고답적 분위기를 비판한다고 해서, 나에게 격려를 해주리라고 기대해서는 안 된다는 것을 뼈저리게 느낀다. 그런 사람들도 기본적으로 대구지역의 남성우월주의 문화에서 벗어나지 못한다. 남성의 성매매를 입에 올리는 것 자체가 이 지역에서는 터부다.

아내와 함께 집 앞의 카페에 가서 커피를 마셨다. 아내가 즐거워했다. 집안을 온통 뒤덮은 먹구름 밑에서 우리 부부는 매일 살얼음판 위에 선 것 같은 생활을 하고 있다. 언제 그 얼음이 깨어져 차가운 강물 속에 빠져 들어갈지 모른다는 긴장이 쌓여 가고 있다. 산책과 함께하는 차 한 잔, 이렇게 작은 일들이 행복의 기본요소인지도 모르겠다.

2015. 2. 15.

범물성당에서 주일미사를 보았다. 시간이 남아 고해성사도 했다. 보속으로 받은 것은 주모경 암송과 세 가지의 선행이었다. 무엇이 선행일까? 작더라도 남을 위한다는 마음가짐을 갖고 행동하면 될까?

수한이가 변리사 1차 시험을 치르고 내려왔다. 민법은 75점으로 합격선을 넘었다. 대견했다. 그러나 과학과목은 공부를 하지 않았다. 한 번 쳐본 것에 불과했다. 내년에 동차 합격을 향해 강한 의지를 보이니 고마운 일이다.

내일 이판규 교무부처장을 만날 것이다. 그가 조연숙과 손을 잡고 나를 모해하려 한 증거를 건넬 작정이다. 이것이 그에 대한 교내 징계자료로 쓰일 수 있었으면 한다. 그래서 그를 압박해 쌍방의 합의로 이어지면 좋겠다. 물론 전망이 밝지는 않다.

내게 주어진 것들을 감사해야 한다는 마음을 품으려고 애쓰고 있다. 무엇보다 우리 아이들이 마치 내가 대단한 힘을 가진 존재인 양 의지하려고 하는 것이 감사하지 아니한가. 아이들의 나에 대한 의지가 거꾸로 내게서 아이들을 보호하는 힘을 이끌어낸다. 사건이 끝나면 따뜻한 가족관계에서 더 나아가 밝고 사려 깊은 눈으로 세상을 바라보며 타인과 어울려 사는 삶을 구상해 보리라.

2015. 2. 16.

아침 10시에 이판규 교무부처장을 만났다. 외부세력과 연계해 동료 교수를 해코지하려고 하는 그에 대해 교내에서 징계를 가할 수 있는지 상의했다. 이 부처장은 서류를 검토해 보고 결정하겠다고 했다. 비교적 긍정적인 태도였으나 신뢰할 수는 없다. 이 교수는 기본적으로 로스쿨 내의 이른바 이론교수로서 나 같은 사람에게 호의를 베풀 리가 없다. 아무리 그의 인격에 대해 내 앞에서 비난을 퍼부었다 해도 마찬가지이리라.

로스쿨 내에서 교수들은 이론교수와 실무교수로 나누어진다. 이론교수는 기존의 법학부 교수에서 로스쿨 교수로 옮겨 온 사람들이다. 실무교수는 로스쿨 성립과 함께 판사나 검사 혹은 변호사의 경험을 가지고 새로이 교수가 된 사람들이다. 전자가 다수이고 후자는 소수이다. 나는 실무교수이면서도 로스쿨 훨씬 이전에 교수로 들어왔으니 특이한 경우이다. 양자 간의 갈등은 어느 로스쿨이나 있어 왔다. 사실은 그런 갈등이 이번 일에서 나를 더욱 외톨이로 모는 주요한 변수가 되고 있다. 이에 관해 내가 대한변호사협회 기관지인 대한변협신문에 쓴 칼럼이 하나 있다. 이론교수들은 이와 같은 내 글들을 기억하며 더욱 나에 대한 반감을 증폭시켰다.

로스쿨에서의 이론교수와 실무교수

'교육을 통한 법조인 양성'을 내건 법학전문대학원 시스템이 2009년 3월 발족했으니 벌써 5년이 다 되어 가고, 지난 1월에 제3회 변호사시험이 실시되었다. 정착을 위한 뿌리를 어느 정도 내렸나고 볼 수 있으나, 여전히 '사법시험 존치' 혹은 변호사시험의 전 단계로서 '예비시험 신설'에 관한 논의가 무성하다. 얼마 전 박영선 국회 법제사법위원장은 예비시험의 실시를 골자로 하는 변호사법 개정안을 발의했다. 이로 미루어 법학전문대학원 체제로 법조인 양성이라는 테두리를 모두 채울 수 없는 빈 구석이 존재하는 듯하다.

간헐적으로 약간씩 삐걱거림이 들려오긴 했어도 대부분의 사람들이 쉬쉬하며 드러내놓고 말하기를 꺼려하는 법학전문대학원 운영상의 문제가 하나 있다. 법학전문대학원에서 법조인 자격을 취득하지 못한 채 교수로 있는 '이론교수'와 법조인 경험을 갖고 교수가 된 '실무교수' 간의 미묘한 갈등이 그것이다. 이론교수와 실무교수로 부르는 용례가 이제 정착된 것처럼 보인다.

바깥사람들은 법학전문대학원에서 실무교수가 주종을 이루고 있지 않을까 추측을 많이 하나, 실무교수는 기실 어느 법학전문대학원에서건 소수를 이룬다. 그리고 그 소수는 비율만큼의 소수가 아니라, 단순히 머릿수에 의해 모든 의사 결정을 신속히 해버리는 소위 '형식적 다수결 원칙'이 확고한 대세를 형성하는 한국 대학사회의 풍습, 문화에서 언제라도 무시될 수 있는 소수에 불과하다. 형식적 다수결 원칙하에서는 51퍼센트에 들지 못한 49퍼센트의 의사는 완전히 무시된다는 점을 생각하면 그렇다. 대체로 법학전문대학원의 실무교수는 법정 하한인 20퍼센트 정도나 실제로는 그 비율만큼의 역할을 못하게 되는 것이다.

내 경우 모교의 조교로 근무하던 중 사법시험에 합격하여 법조계에 들어갔다가 뒤늦게 대학으로 유턴하였으나, 그로부터 벌써 15년의 세월을 보내었다. 법조실무의 경험을 가졌으면서도 소위 '전국학회'라는 한국헌법학회장 등 학회에서의 역할을 맡아 치렀다. 그러니 실무교수라고도 하기 그렇고 또 순수한 이론교수라고도 불리어지지 않는다. 그만큼 양자 간에서 비교적 공정한 입장으로 말할 수 있을 것이다.

말한 대로 실무교수는 법학전문대학원에서 소수이고, 또 그 비율만큼의 역할도 하기 어려우며 나아가 일단 대학에 들어왔다가 실무로 돌아가 버리는 사람이 적지 않았다. 일부 이론교수들은 실무교수들이 대학에 기여를 하지 못한다고 비난하고 폄훼한다. 전해 들은 말이기는 하나, 어느 학회의 회장 선거 시 실무경험을 하진 후보자가 "제가 한때의 잘못된 판단으로 잠시 법조계에 발을 들여놓기는 했으나 반성하고 있으니 그 외도를 용서해 달라."는 식으로 읍소하듯이 말했다고 한다. 법학전문대학원에서 실무교수들의 위상이 이 한 편의 코미디 같은 에피소드에 잘 나타나 있다고 본다. 그리고 그 위상은 시간이 지남에 따라 더욱 밑으로 처지고 있다.

그러나 대부분의 교수들은 이와 같은 갈등에 원인을 제공하지 않는다. 우리 사회에서 항상 문제되는 것이 극단적 사고방식에 기한 일탈이라면 법학계에서 이런 행동을 하는 사람을 일반의 이론교수에서 조금 분리시켜 '전투적 이론교수'라고 부를 수 있다.

전투적 이론교수는 기본적으로 실무교수들을 백안시한다. 일면 이해되는 부분도 있다. 그들이 낯선 외국 땅에서 각고의 노력을 하며 학위논문을 준비하고 또 찬밥을 먹으며 천신만고 끝에 겨우 대학의 자리를 얻어 삶의 자리를 폈는데, 한국사회에서 특권적 지위를 구가하던 법조인으로 있다가 법학전문대학원이 출범하니 살짝 그 속으로 무임승차한 이론교수들이 어찌 밉게 보이지 않겠는가! 또 대학에서의 경험이 얕은 실무교수들이 강의, 연구, 학생지도를 삼대축으로 하는 대학 내 교수 역할 어느 쪽에서도 무능하거나 아니면 아예 성의가 부족한 것으로 비친다.

하지만 이와 같이 일정부분 이해되는 선을 넘어 그들은 교조적이고 전투적인 자세를 확장해 나간다. 어떤 사람은 법학전문대학원에서 실무과목을 모두 없애고, 변호사시험은 자격시험이니 응시자 전원을 합격시켜야 한다는 식의 주장을 펴며 동분서주한다. 그들의 주장대로 하면 실무교수들은 그 존립의 근거를 상실하게 된다. 법학전문대학원은 입학만 하면 변호사 자격을 얻게 되고, 그 교육은 법학의 이론적 측면을 주로 가르치게 된다. 눈엣가시 같은 실무교수들이 하나도 없더라도 법학전문대학원은 잘 운용이 된다. 그리고 법학전문대학원은 이론교수들만으로 이루어진 빛나는 순혈의 조직이 될 수 있을 것이다.

전투적 이론교수들은 보다 직접적으로 실무교수에게 타격을 가하기도 한다. 그중에 하나가 논문 심사이다. 교수의 직위를 유지해 나가기 위해 가장 필수적인 것으로 논문 작성을 꼽을 수 있다. 그런데 한국의 논문 심사에서 특징은 심사대상 논문의 작성자 신원은 바로 알 수가 있는데 비하여, 심사자의 신원은 철저하게 비밀에 부쳐진다. 따라서 심사자는 '익명의 신분'으로 마음껏 심사의 칼날을 휘두를 수 있다. 사회과학의 특성상 추상적이고 무정형의 개념 서술이 법학논문의 대부분을 차지하는 이상 심사자가 논문의 당부를 결정하는 양상은 너무나 큰 스펙트럼을 형성한다. 마음만 먹으면 눈에 거슬리는 실무교수의 논문에 괜한 티를 잡아 이를 탈락시킬 수 있다. 그야말로 식은 죽 먹기이고 '합법을 가장한 불법'이다. 별 뜻 없이 이렇게 연못을 향해 돌 던지듯 쉽게 한다. 하지만 당하는 쪽은 어떤가? 치명적이다. 이런 일을 몇 번 겪으면 교수직 자체에 깊은 회의를 갖게 된다.

법학전문대학원이 더욱 성공적으로 안착하기 위해서는 이론교육과 실무교육이 균형을 이루어야 한다. 실무교수가 이론교수의 적은 결코 아니다. 법학전문대학원의 제1차적 목표는 법조인 양성이 아닌가! 그러기 위해 이론교수와 실무교수는 힘을 합해 법학전문대학원을 더욱 단단하게 또 우리 사회의 일반적 공인과 신뢰를 얻을 수 있도록 해나가야 한다. 전투적 이론교수들의 그릇되고 편벽한 행태도 중지衆智의 상식과 합리성에 기해 차츰 수정되어 가기를 바란다. (대한변협신문, 2014년 1월 27일)

2015. 2. 18.

저녁에 계산성당의 '재의 수요일' 미사에 참석했다. 사순절의 시작을 알리는 미사였다. 성당에 가는 도중에 어떤 사람이 말을 걸어왔다. "이 근처에 무료급식소가 어디 있지요?" 아내가 손가락으로 한곳을 가리켜 주었다. 그는 그곳은 문을 닫았다고 했다. 나는 그의 말뜻을 알아차렸다. 일른 만 원 한 장을 꺼내 주었다. 저녁을 사 먹으라고 했다. 그는 이 돈이면 며칠의 끼니를 해결할 수 있다며 고

마워했다. 그가 뒤를 보이며 상당한 거리를 걸어간 순간 2만 원을 주었으면 더 좋았을 것을, 하는 생각이 들었다.

2015. 2. 19.

설날이다. 어젯밤 아이들을 모아 놓고 현재 내가 처한 상황을 설명했다. 그것이 위기상황임을 주지시켰다. 아이들이 좀더 강해져야 한다는 당부를 덧붙였다. 최악의 경우에는 내가 교수직에서 쫓겨나고 변호사도 할 수 없게 된다. 그렇게 되면 아이들이 스스로 돈을 벌어 학업을 계속해야 한다. 말하다 보니 참담하고, 기가 막혔다. 나는 어디까지나 진실을 말했을 뿐이다. 대학 내에서 일어나서는 안 될 일을 막기 위해 부득이하게 입을 열었다. 하지만 대단히 억울한 일이긴 해도, 소송에서 진다면 현실이 그렇게 냉혹하게 바뀔 가능성이 있다.

2015. 2. 20.

내가 그에게 잘못한 것은 맞다. 그가 아무리 잘못했어도 그에게 심대한 타격을 안겨주는 일은 피하는 것이 옳았다. 또 아무리 내가 대학 내의 허물어진 질서에 분노했다 해도, 아무리 대의명분이 있었다고 해도 그에게는 너무 가혹한 일이었다.

그와 나는 원래 사이가 좋았다. 그를 동생처럼 여겼다. 학회 회장에 출마한 그의 당선을 위해 두 번이나 회원들을 인솔하여 학회장으로 갔다. 그러기 위해서는 상당한 시간과 돈의 소비가 필요했다. 그리고 국회 부속기관인 한국의회발전연구회의 이사로 있을 때 간사를 맡아 하던 서울대 박 교수와 상의하여 그를 〈의정논총〉의 편집위원으로 추천하였다. 이 자리는 교수로서 모두 부러워하는 곳이었다. 그런데 나중에 이를 알게 된, 한국의회발전연구회 부회장이자 같은 스승 밑의 제자로서 사형師兄인 성수인 교수가 불같이 화를 내며 나를 질책했다.

그는 일류대학을 나오지 못한 자신의 처지를 유난히 한스러워했다. 지금 와서 생각해 보면, 그는 내가 필요했다. 나를 기댈 수 있는 언덕으로 여겼을 것이다. 그는 경주 집으로 놀러 온 일도 있다. 내 눈에 벗어난 일이 한 번도 없을 정도로 내가 베풀어준 것에 상응하게 잘 처신했다.

하지만 홍일수가 법전원장을 맡으며 우리의 관계는 어긋나기 시작했다. 그가 법전원장이 되기 위해 꾸민 음모 전반에 관해 허윤 교수가 내 연구실을 찾아와 무려 한 시간 정도에 걸쳐 상세하게 설명하는 것을 듣고 나서였다. 그는 경쟁자인 허윤 교수에 대한 험담을 적은 쪽지를 교수들 연구실에 넣어 허 교수에 대한 교수들의 반감을 부추겼다고 말했다. 그 뒤 그를 경원시했다. 그에 반하여 그는 내가 자신을 무시한다고 여겼다. 둘 사이의 반감이 점점 커졌다. 그는 드디어 날카로운 이빨을 드러내었다. 나를 물어뜯기 시작했다.

당시 나는 법학연구원장을 맡아 했다. 그는 사사건건 나를 간섭하며 못살게 굴었다. 나는 경북대 법학연구원을 다른 어느 대학의 그것보다 우수하게 만들기 위해 여러 일들을 추진했다. 이런 일들에는 당연히 예산의 사용이 수반되었다. 그러나 그는 이러한 돈의 사용을 남용이라고 공격하여 괴롭혔다. 나는 당시까지 저축된 돈을 사용하기는 했다. 대학과 같은 공공기관에서 돈을 저축하는 것 자체가 모순이라고 생각하였다. 돈의 사용과 함께 다른 곳에서의 연구비 수령 등으로 수입의 증대를 구상하고 있었다. 또 로스쿨 학생들에게 설문조사를 하여 사회저명인사 중 학생들이 듣고 싶은 강연자를 선정하였다. 그 선정 순에 따라 강연을 부탁하였다. 섭외는 쉬운 일이 아니었으나 정성으로 권유하여 성사시키곤 했다. 이에 따라 김용준 전 헌재소장, 이석연 법제처장, 차한성 대법관 등이 경북대를 찾았다. 진보 쪽에서는 강금실 전 법무장관, 김진숙 노동운동가, 박훈 변호사 등이 강연을 하였다. 그는 한 번 나를 부르더니, "그런 반체제인사들을 신성한 캠퍼스에 불러 강연을 시켜요! 내가 절대 이를 묵과하지 않을 겁니다!"라고 소리쳤다. 이런 일들이 그의 식견과 인격에 대한 노골적 반감으로 이어졌다. 더욱이 그가 전前 총장의 앞잡이가 되어 말도 안 되게 열흘 남은 임기 안에 교무처장을 하겠다고 나섰다. 이를 저지하기 위하여 비상수단을 쓰지 않을 수 없는 상황이었다.

한편 나는 로스쿨의 어두운 그림자를 보며 여기에 빛을 비추고 있었다. 로스쿨에 대한 비판에 그는 분연히 맞서며, 다른 교수들과 함께 나를 적대시하는 선봉장으로 나섰다.

이렇게 그와 나는 완전히 결별하였다. 그럼에도 그런 글을 쓸 일이 아니었다. 내가 아니더라도 그가 교무처장을 맡아 전횡하는 따위의 일을 막을 수 있었다. 경북대의 다른 교수들이 들고일어나지 않았을까? 공연히 쓸데없는 짓을 했다. 더욱이 성매매와 같은 일을 언급하는 것은 이 지역에서는 금기가 아닌가? 그러나 그런 내 잘못을 기화로 그는 나를 기소당하게 한 뒤 어떤 합의도 있을 수 없다는 강경한 태도로 나를 지금 철저히 유린하려고 한다. 내 운명을 좌지우지할 수 있는 것처럼 지극히 교만한 자세로 나를 대하고 있다. 그리고 나는 그의 행동 뒤에 숨은 강대한 세력을 보고 있다.

2015. 2. 21.

2차 묵주기도가 횟수를 인식하지 못하는 사이에 지난 19일로 끝났다. 그러니까 어제부터 3차 기도에 들어간 셈이다. 잠을 잘 때에도 묵주를 머리맡에 두고 잔다. 묵주에서 평온한 기운이 배어 나오는 느낌을 받는다.

재판에 대한 마음의 준비를 하나씩 해나가고 있다. 대법관을 지낸 선배를 23일 사법연수원 석좌교수실로 찾아뵙기로 했다. 24일 저녁에는 전상현 변호사를 만나기로 했다.

그는 아마 재판에서 내 글로 가정이 깨지게 되었다는 말도 안 되는 거짓말로 재판부를 현혹시킬지 모른다. 조연숙이 그와 연계하여 법전원 교수들에게 보낸 이메일 내용은 말로 다 할 수 없이 극악한 내용이었다. 그가 설사 그런 전략을 고수한다 해도 크게 걱정할 필요는 없을 것 같다. 나는 몇 번이나 아내에게, 그가 암투병 중인 아내를 떠나 별거하는 것을 말하며 남편이 어찌 저럴 수가 있을까 했다. 아내는 이에 관한 확실한 증언을 해줄 수 있다.

2015. 2. 22.

수한이가 모든 짐을 챙겨 서울로 이사를 갔다. 미사를 마친 뒤 내가 승용차를 몰아 서울로 데려다주었다. 수한이는 이제 변리사시험에 몰두하려고 한다. 산업디자인 전공이라서 변리사시험이 만만치 않을 것이다. 더욱이 병역 문제가 아직 해결되지 않았다. 이 아이를 위해 내가 못할 일이 무엇이 있을까? 그러나 지금 단계에선 내가 할 수 있는 일이 하나도 없음을 절감한다. 이 아이가 겪어 나가야 할, 결코 쉽지 않을 그 과정에 어려움이 없기를 기도한다.

2015. 2. 24.

어제는 무척 바쁘게 움직였다. 큰딸 현숙이 졸업식에 갔다. 가족과 함께 즐겁게 사진을 찍었다. 그 뒤 나 혼자 빠져나왔다. 일산 사법연수원의 석좌교수실로 대법관을 지낸 선배를 뵈러 갔다. 두 시간가량 이야기를 나눴다. 법원에서는 검찰에서처럼 그렇게 허망하게, 일방적으로 당하지는 않을 것이라고 위로를 해주었다. 따뜻한 공감과 배려를 해주는 사람이었다.

오늘 저녁에는 서울법대 학보인 〈Fides〉 동문들을 만났다. 우리 기수가 제일 위고 그 밑의 후배들을 포함하여 오랜 기간에 걸쳐 1년에 한 번 정도는 꼭 만났다. 기억상실증에 걸렸다가 나온 것처럼 모든 동문들이 새롭게 보였다. 현직 대법관 두 명에 법원장 두 명, 전직 법제처장에다 특별검사……. 모두 뛰어난 활약을 하며 살아온 사람들이었다. 내 처지가 말이 아니었다. 그들에게 내가 처한 상황을 단 한 마디도 할 수 없었다. 하지만 내색을 전혀 않고 모처럼 유쾌한 시간을 보냈다. 덕분에 다소 과음을 했다.

2015. 2. 25.

전상현 변호사에게 형사소송을 위임하며 대화를 나눴다. 그러나 말을 꺼내기조차 힘들 정도로 피곤했다. 어제 바삐 돌아다닌 후유증이었다.

홍일수는 조연숙과의 일로 수사를 받고 있는 상황이면서도 개의치 않는 듯 활개를 치고 다닌다. 사람들을 붙잡고 쾌활한 목소리로 안부를 묻는다. 내가 보란 듯이 그렇게 행동하는 것이 분명했다. 반면에 나는 모든 것이 위축되어 땅바닥을 기어 다니다시피 지내고 있다. 사람과의 접촉을 가급적 피한다. 나에 대한 강한 적대적 분위기가 학내에 형성되어 있다. 로스쿨 비판을 해온 것이 다른 교수들이나 학생들에게 용납되기 어려울 것이다. 또 성매매의 적시 자체가 그것의 사실 여부를 떠나서 내게로 향하는 날선 비수가 되고 있을 것이다.

묵주기도를 하는 데 시간이 많이 단축되었다. 이제는 20분 조금 지나면 5단의 기도를 모두 마친다. 묵주기도를 바칠 때 가장 마음이 편하다. 어지럽게 갈라지는 마음에 안식을 주는 것은 그 시간밖에 없다. 자연스레 그 시간이 기다려진다.

2015. 2. 26.

이주호 교수, 여인선 교수와 점심을 함께했다. 정정당당하게 재판에 임하겠다고 말했다. 물론 재판이 쉬운 과정은 아니다. 이럴 때는 하느님을 향해 마구 소리를 지르고 싶다. 오, 하느님! 제발 저를 강하게 만들어 주십시오.

수한이가 없으니 얼마나 서운한지 모른다. 나이가 든 까닭인지 이별이 유난히 슬프다.

2015. 2. 27.

연구실에 나갔다. 서먹서먹했다. 이곳에 왜 내가 있을까 하는 의문에서 벗어날 수 없었다. 교수들이나 학생들과 마주치지 않으려고 주위를 살피며 조심조심 다녔다. 몇 안 되는 수강학생들을 위한 개강 준비를 마친 뒤 그에 대한 징계결의요구서를 작성했다. 이런 일을 꼭 해야 하나 하는 의구심이 들었다. 그러나 그렇게 하기로 했다. 괴물과 상대하며 괴물이 되는 꼴이었다.

오늘로 묵주기도 청원이 27일이 경과하여 끝이 났다. 내일부터는 다시 27일간 감사의 묵주기도에 들어간다.

2015. 3. 1.

재판날이 가까워지고 있다. 극도의 긴장 속에서 마음의 평정이 여지없이 무너지곤 한다. 내 신앙은 아직 이렇게 약하다. 독일의 여류 시인 안드레아 슈바르츠는 『엘리야와 함께 걷는 40일』에서 인생에는 세 가지의 여정이 있다고 했다. 자기 자신이 되는 여정, 다른 사람과 함께하는 여정, 뭔가를 위해 있는 여정. 지금 나는 묵상 속에서 '자기 자신이 되는 여정'에 몰두하고 있다.

둘째 딸 지숙이가 이제 성악의 일정 수준에 접어든 것 같다. 그러나 그 밖의 공부에서는 어려움을 겪고 있다. 내가 도와줄 일이 무엇일까? 칭찬, 격려, 직접적인 공부 참여? 좀더 깊이 생각해 볼 일이다.

성당에서 귀한 선물을 받았다. 프랑스 카타리나 수녀 성인에게 발현하신 성모마리아님의 지시에 따라 만든 '기적의 메달'이다. 이를 소지하고 있으면 성모마리아님의 은총을 입고 나쁜 일을 물리칠 수 있다고 했다. 내가 싸워야 하는 저 검은 구름을 걷어 나가는 데 도움이 되었으면 좋겠다.

아내가 그에 대한 징계의결요구서를 제출하기 전에 한 번 더 생각해 보자고 권했다. 나도 괴물을 상대하기 위해서 괴물로 되어 가는 자신이 불만스러웠던 터였다. 아내와 상의 끝에 아내가 마지막으로 그를 다시 만나 보기로 했다. 그런 의사를 문자메시지로 그에게 전했다. 아마 답이 없을 것이다. 그래도 내가 할 수 있는 최선의 노력을 다했다는 안도감에 약간 젖는다.

2015. 3. 2.

개학을 맞았다. 법조윤리 강의를 하는데, 말에 힘이 없었다. 엉뚱한 곳에 정신을 뺏기고 있으니 그럴 수밖에.

전상현 변호사에게 고용된 김지영 변호사가 수사기록을 갖고 왔다. 읽고 나서 망연자실했다. 대충 본 것이긴 해도 거기에 담긴 내용은 상상을 초월한 것이었다. 우선 홍일수의 공격 수준이 엄청 났다. 더구나 김일균 교수가 작심한 듯 그의 편을 들어 장문의 진술서를 작성했다는 사실을 발견했다. 내가 그에게는 별 잘못한 일이 없었다. 마음이 산란하기 그지없었다.

아내는 내 설명을 듣고 흥분했다. 오히려 내가 아내를 달래며 이 것은 정말 전쟁임을 일깨워 주었다. 그렇다. 괴물과의 전쟁이다. 괴물과 나와 우리 가족의 존재를 놓고 벌이는 전쟁이다. 그리고 그 괴물 뒤에는 조력을 주는, 더욱 큰 괴물이, 어렴풋이 보이는 괴물이 숨어 있다. 끝없는 인내심을 갖고 지혜를 발휘하지 않는다면 이 기기 어려운 전쟁이다.

2015. 3. 3.

어제는 매우 지쳤다. 몸이 땅바닥에 붙어버린 듯했다. 수사기록이 커다란 톱니바퀴처럼 다가와 나를 안에 말아 넣고 짓이겨 놓았다. 어떻게 이런 내용의 수사기록이 작성될 수 있었단 말인가. 그런 기록들이 차곡차곡 쌓여 가는 사이에 나는 눈치조차 채지 못한 채 철저히 열외에 처하여 있었다는 사실을 도저히 받아들을 수 없었다. 잠이 오지 않았다.

권일문 검사는 먼저 호텔에 들르기 전의 술집을 조작하였다. 그 술집은 분명히 한국식 룸살롱이었다. 여성 종업원을 하나씩 골라 옆에 앉히고 어두컴컴한 조명으로 비밀을 보장하는 곳이었다. 이런 술집을 엉뚱하게 술 한잔 간단히 하고 나오는 곳으로 증거를 적당히 둘러대어 조작한 것이다. 그 목적은 무엇이겠는가? 호텔에서 룸살롱 접대아가씨를 불러놓고 부족한 화대를 빌려갔다는 내 말을 철저하게 깔아뭉개기 위한 것이다. 더우이 수사기록에는 그가 중국여행 중 쓰고 남았다는 위엔화를 사진으로 한 장 한 장 찍어

나열하였다. 도대체 사진 속의 돈을 어떻게 당시의 돈이라고 할 수 있는가. 둘째, 이구만 교수는 검사로부터 전화가 와서 나에게 유리한 말을 하였다고 했으나, 이것을 권 검사는 수사기록에서 아예 뺐다. 또 권 검사 자신이 합의절차를 주선하여 내가 작성한 합의문을 보내었으나, 이 합의에 관한 전반적인 흔적을 완전히 지웠다. 대신에 중국에 같이 가기는 했으나 각자 호텔로 돌아온 이후의 사정에 대해서는 전혀 모르는 김일균 교수를 앞세워 절대 성매매는 없었다는 취지의 장문의 진술서를 제출하게 하였다. 잠이 든 후의 일에 대해서 김일균이 무엇을 안다는 말인가. 오직 나에 대한 기소를 위하여 폭주하는 기관차처럼 권 검사는 수사를 악용하였다. 그러면서 이런 유형의 사건에 빠질 수 없는 대질신문절차 한 번 거치지 않았다. 홍일수가 아무리 대담한 인간이라고 하더라도 내 앞에서 표정이나 어투의 변화 같은 것이 노골적으로 나타날 것을 두려워해서 아니겠는가. 그리고 거짓말탐지기 사용을 해달라는 요청이 있었으면, 쌍방의 말이 완전히 엇갈리는 상황에서 그에게 거짓말탐지기 테스트를 하겠느냐는 제의를 하고, 그 수용 여부의 결과를 수사기록에 나타냈어야 할 것이다.

권 검사는 공정한 수사를 위한 이 모든 토대들을 모두 허물어뜨렸다. 아, 이 어이없는 수사를 가능하게 한 거대한 힘의 정체는 과연 무엇일까?

육체적으로 정신적으로 나는 완전히 분괴하였다. 마지막 남은 한 가닥 줄을 잡는 절박한 심정이 되어 마리아님께 꿈에 나타나 달라고 청원했다.

지금은 새벽 4시가 채 되지 않았다. 잠자리에 잠깐 누웠다가 다시 일어났다. 그러나 아주 압축된 잠을 잔 느낌이다. 피곤하지 않다. 조금 전 너무나 생생한 꿈을 꾸었다. 아니, 꿈인지 생시인지조차 잘 구별되지 않는다. 마리아님에 대한 청원의 답일까?

성모마리아님이 흰색의 옷을 입고 나타나셨다. 주위에 역시 흰색 옷을 입은 두세 사람 정도의 다른 여인의 형체가 있었다. 그분을 보며 극도의 기쁨에 젖었다. 그분은 한 말씀도 하시지 않았으나 내 모든 존재를 포용하는 표정이셨다. 세포 하나하나에까지 기쁨이 침투하는 듯했다. 응축된 눈물이 순식간에 폭발할 것 같았다. 나는 마치 발작하듯 기쁨에 들뜬 내 몸 상태를 정확하게 인식하고 있었다. 내 표현력이 모자라 더 이상 자세히 그려낼 수 없음이 아쉽다.

나는 더 이상 과거의 내가 아니다. 그 기쁨은 다시 나를 찾아올 것이다.

막장드라마의 한가운데

2015. 3. 4.

가슴에 비수를 꽂는 듯한 김일균 교수의 진술서를 떠올리니 부끄럽고 참혹했다. 어떻게 대학 후배가 그토록 지독한 적개감과 모진 원한을 품고 내 숨통을 끊으려고 하는지. 아무리 생각해도 알 수 없었다. 절대 김 교수에게 원성을 살 일을 하지 않았다. 오히려 김 교수가 경북대에 들어오려고 할 때, 나는 당시 본부의 로스쿨 교수 영입위원으로 있으며 김 교수를 영입하는 것이 타당하다는 적극적인 발언을 하며 김 교수를 위해 노력하였다. 다만 한 가지 짚이는 일은 있다. 과거 김 교수와 법전원장을 맡은 교수와의 사이가 좋지 않았다. 법전원장은 내게 김 교수를 지칭하여 '전라도 새끼가 말이야'라며 비난했다. 한국 내 지역감정을 통탄하는 나로서, 우연한 기회에 김 교수에게 그 말을 전했다. 이것뿐이다. 혹시 그때의 상황에서 경상도 사투리를 쓰는 나와 호남 출신인 김 교수와의 사이에 의사소통에 혼선이 생기며 다른 식으로 받아들였던 것인가?

김 교수의 진술서가 검찰에 제출되자 검찰은 기다렸다는 듯이 바로 기소했다. 결국 억울한 기소에 김 교수가 결정적 방아쇠의 역할을 한 셈이다.

중국에 같이 간 이주호 교수와 만나서 진술서에 나타난 내용에 대해 이야기를 나누었다. 김 교수가 진술서에서 묘사한 사건 당일의 전후 상황은 맞지 않았다. 무엇 때문에 이 틀린 상황을 깔며 내가 말한 것이 허위라고 수사기관에 진술서를 내었을까? 더욱이 호텔로 일행이 모두 돌아와 잠자리에 든 시간에 일어난 일이다. 김 교수가 알려고 해야 알 수 없는 일이다.

2015. 3. 5.

마지막으로 부탁한 최일복 교수의 중재 노력이 실패로 돌아갔다. 최일복 교수는 지방대 출신이다. 출신대학을 내세우지 못하는 그와 동병상련의 마음에서인지 가장 가까운 사람이다. 그러면서 나와도 잘 아는 사이이기에 최 교수의 중재에 상당한 희망을 품었다.

결국 그는 내가 고소한 사건으로 직접적인 위해가 현실화하지 않는 한 일단 얽어맨 내 발목을 절대 풀어 주지 않을 것이다. 확고하게 나를 파멸시킬 수 있다는 저 자신감이 도대체 어디서 나오는 것일까? 전前 총장이 개입한 것은 아닐까 하는 생각이 끊임없이 떠오른다. 전 총장은 대구의 검찰과 법원에 대단히 큰 영향을 갖고 있다. 심지어 대구지방법원에서는 기상천외하게 명예법관으로까지 임명되어 법복을 입고 대구지방법원장과 환히 웃는 얼굴로 찍은 사진이 보도된 일이 있을 정도로 법조계에 발이 넓다. 대구지검장을 지낸 친숙한 사이인 소윤철 법무연수원장에게 명예법학박사 학위를 수여하려고 일부 교수의 반대를 무릅쓰며 호들갑을 떨기도 했다. 또 현 정부의 실세와 분명히 연관되어 있다. 잦은 술판에서 "박근혜 정부의 성공을 위하여!"라고 자신 있게 건배사를 외치는 일은, 아무리 대구지역이라고 하더라도 대학사회에서는 아주 이례적인 일이다. 또 자주 대구지역에서는 대표적인 친박 인사임을 공언하고 다녔다. 더구나 임기를 며칠 남겨 놓고서 주요 보직자의 인사를 단행하고, 교수회 의장의 중징계를 관철시키려고 하는 등 광기에 가까운 안하무인의 모습까지 보였다. 권력과 내밀한 관계를 가졌다는 확신이 있어야 할 수 있는 일들이다. 전 총장의 개입이 없고서야 어떻게 검찰이 저렇게 무리를 하며, 또 나에게는 무슨 일이 일어나는지 모르게 철저히 속을 가린 채 기소를 감행할 수 있었을까?

모레면 서울로 아이들을 보러 간다. 그 생각을 하자 기분이 약간 가라앉는다. 내게 지금 남은 것은 아이들에 대한 사랑밖에는 없다. 내가 소중하게 생각했던 모든 것을 잃을 수 있는 절체절명의 위기상황에서 내가 아이들을 위해 할 수 있는 것은 무엇 하나 없다. 불안한 눈으로 허둥댈 뿐이다. 너희들만이라도 내가 겪고 있는 이 비참한 고통에서 비켜나다오!

2015. 3. 6.

그가 2008년에 중국 출장 가며 남긴 돈이라며 사진을 찍어서 제출한 것이 자꾸 마음에 걸린다. 그뿐 아니었다. 나와의 대화나 통화 내역을 적당히 편집한 기록도 제출했다. 그는 평소에 대화를 하며 스마트폰을 자꾸 만지작거린다. 나는 그것이 무엇을 의미하는지 잘 몰랐다. 나중에 들으니 맙소사, 녹음을 위한 거였다. 그는 그렇게 녹음하여 이것을 또 녹취록으로 풀어낸 엄청난 양의 문서를 갖고 있다고 했다. 그리고 이것들을 상대방과 무슨 어긋나는 일이 생기면 척 내던진다고 했다. 나도 법전원장실에서 이런 일을 당한 적이 있었다. 그가 날 보라고 탁자에 던진 문서는 상당한 분량으로, 나와 그 사이의 대화를 녹음해 풀어낸 것이었다. 이 문서들을 법원에 제출까지 한 것이다. 그는 물샐틈없이 내 유죄를 꾸며 놓았다고 자신하는 것 같았다.

　재판이 검찰에서와는 달리 공정하고 우호적으로 진행되면 설사 수사기록이 많이 왜곡되었다 하더라도 해볼 만하다. 상식적으로 생각하면, 그리고 오늘 이판규 교수가 말한 시각에서 보면, 2008년에 남긴 돈을 2014년에 사진 찍어 낸다는 것은 우스운 일이다. 김일균 교수의 진술도 마찬가지다. 룸살롱에서 호텔로 돌아와 일어난 일이었다. 어찌 그가 그런 일이 없었다고 확언할 수 있단 말인가? 완벽하게 짜놓았다고 생각하는 그의 시나리오에도 이처럼 허점이 있다. 조심하는 마음으로 겸손하게 재판에 임할 작정이다.

2015. 3. 7.

서울 아이들의 집에 왔다. 많이 어질러져 있었다. 그래도 현숙이가 새로운 생활에 만족하는 듯해 다행이었다. 지난번 와서 만났을 때는 자신감을 잃고 힘들어하는 것이 피부로 느껴졌었다. 나를 닮았는지 완벽을 추구하는 경향이 있다. 그러니 현실에서 불만족한 구석을 많이 느끼는 타입이다. 다른 두 아이는 엄마를 닮아서 긍정적이고 일면 낙천적인 성격을 가져 무난하게 생활해 간다. 아무래도 대학원에서의 학업은 현숙이에게 새롭고 흥미로운 자극제가 될 것이다.

묵주기도를 바쳤다. 역시 하루 중 제일 기다려지는 시간이다. 기도를 통해 신앙의 본질로 한 발씩 빠져 들어가는 것이 즐겁다. 오늘 같은 날은 아이들을 머리에 떠올리며 기도를 드릴 수 있으니 더욱 즐거웠다.

2015. 3. 8.

오후에 대구로 돌아왔다. 일본 쓰쿠바대학의 고쿠분 선생에게 한일간 헌법학자들의 공동연구와 관련하여 보낼 제법 긴 글을 썼다. 작지만 이런 창조적인 작업에 몰두할 때 가장 마음이 든든하다. 대학에 들어온 기간이 20년도 채 안 되지만 나는 방대한 저술 작업을 계속 해왔다. 그중에 세 가지 대표 저서를 남겼다. 스승인 김철수 선생으로부터 물려받은 과제이자 법관의 경험과 헌법학자의 식견을 함께 가진 나에게 가장 적합한 연구과제인 『헌법재판법』은 학생들이 헌법 재판절차에 관해 이해하는 데 제일 쉽다는 평을 받은 책이다. 다음으로 석박사 논문의 연구영역인 언론법을 한국 최초로 체계화하여 서술한 『한국의 언론법』은 권위 있는 철우언론법상을 수상하기도 했다. 그리고 법관 재임명 탈락의 아픔을 겪으면서도 내내 주창해 왔던 사법개혁을 주제로 하여 쓴 『한국의 사법개혁』은 이 분야에 관한 개척자적인 연구서이다. 저서 외에도 수많은 논문들의 연구 작업을 거치면서 큰 보람을 느꼈다. 때때로 토, 일요일도 아랑곳없이 연구실에 나와 몰두했다. 그리고 여러 외국어에 대한 능력을 바탕으로 일본, 중국의 헌법학자들을 규합하여 '아시아 헌법포럼'을 창설하였고, 국제적인 인정을 받을 수 있었다.

그러나 이처럼 빛나는 일들이 모두 빛을 잃었다. 나는 지금 대학사회의 치부를 온몸으로 맞받고 있다. 내부고발이 고발자에게 안겨주는 비참한 고통을 처절하게 느끼고 있다. 그 과정에서 교수들 각자가 저마다 가지는 작은 권력의 성채를 토대로 자신들의 추한 행동을 부끄러워하지 않는 철면피함에 지쳤다. 그리고 나는 지금 그들이 연합하여 만들어 놓은 함정에 빠져 신음하는 한 마리의 짐승 꼴이 되었다. 내가 앞으로 갈 길은 대학을 떠나서 계획해야 하리라. 아쉬움이 많이 남겠지만, 미련은 갖지 않겠다.

앞으로는 제발 무난하게 인생을 살아 나가고 싶다. 남들에게 도움이 되고 따뜻한 사람으로 기억되고 싶다.

2015. 3. 10.

재판날이 되었다. 모든 합의 시도가 실패로 끝나는 우여곡절 끝에 맞았다. 걱정이 되어 잠을 설쳤다. 나는 매일 내게 잘못한 자를 내가 용서해 주니 주께서도 저를 용서해 달라고 청했었다. 그런데도 그만은 용서하지 못하고 있었다. 물론 그의 고달픈 처지를 생각하며 불쌍한 측면을 떠올리지 않는 것은 아니었다. 그러나 그는 지금 나를 파멸시키려 하고 있다. 더욱이 그의 뒤에 거대한 검은 세력이 보인다. 이 싸움에서 이기지 않으면 나는 모든 것을 잃는다. 이렇게 용서보다 이기는 것을 염두에 두지 않을 수 없는 현실이 서글프다.

재판을 끝내고 법정 밖으로 나오니 마음이 흡족했다. 내가 해야 할 말을 다 할 수 있었다. 서민 재판장의 온화하고 합리적인 성품이 재판을 잘 이끌었다. 무엇보다 기록에 대한 철저한 사전 검토가 있었음을 알 수 있었다. 이 사건의 본질을 꿰뚫고 있었다. 법정에서 재판장이 증거조사 절차에서 한 지적을 김지영 변호사가 표로 작성했다. 그것을 보니 더욱 그런 느낌이 강해졌다. 특히 재판장은 중국에서 남기고 온 돈이라고 하여 온통 사진으로 도배하여 제출한 문서의 증거 능력을 부정했다. 용기 있는 행동이었다. 수사검사 권일문의 저 편파적이고 불공정한 수사의 끝이 곧 온전히 마감될 수 있을까?

2015. 3. 13.

성모당에 다녀왔다. 새벽에 잠을 이루지 못했다. 그것을 보고 아내가 가자고 권했다. 신앙은 자꾸 노출되는 것이 좋다. 성당이나 성당에 속한 작은 모임 같은 곳에 자주 가는 것이 신앙을 튼튼히 키운다. 야외에서 하는 미사라 더욱 생동감이 있었다. 미사를 마친 뒤 사순절 금요일에 갖는 '십자가의 길' 순례에도 참여했다. 참 은

혜로웠다. 늦가을 겨울을 재촉하는 비에 젖어 갈 길을 찾지 못한 채 울고 있는 한 마리 새 같은 나에게 어서 이곳으로 오너라 하고 권유하는 하느님의 목소리를 듣는 듯했다.

과거에 나는 가톨릭이 종교로서의 고유성격을 무시한 채 사교모임화한 것을 비판했다. 그 시절을 돌이켜보니 누구보다 나 자신이 성당에 나가는 것을 다른 사람에게 보여주기 위한 것으로 여겼던 것 같다. 신앙은 그것이 아니다. 깊이, 깊이 내면으로 파고드는 것이다. 그 깊은 곳에서 혼자서 하느님을 뵙는 것이다. 옆의 누구를 의식할 필요는 없다. 광야에서 몰아치는 삭풍을 맞듯이 나는 언제나 홀로 존재한다.

오후에 서울에 왔다. 은사 김철수 선생님을 모시고 공법이론과 판례연구회 발표모임을 가졌다. 우리들은 이렇게 한 달에 한 번씩 스승님을 모시고 세미나를 연다. 선생님은 지난번 뵈었을 때보다 훨씬 존안이 좋아졌다. 음성에도 명쾌함이 묻어났다. 오래오래 선생님이 살아 계시면 얼마나 좋을까. 그분의 모습에서 내 젊은 날의 초상을 꺼내 보면 아련하고 그립기만 하다.

2015. 3. 15.

아이들이 서투른 날갯짓을 하며 허둥대는 모습이 눈에 선하다. 아버지로서 해줄 수 있는 것이라곤 별로 없다. 날카로운 칼날이 빙빙 돌아가는 것 같은 세상이다. 언제 그 칼날에 베일지 모른다. 나라는 존재가 아이들에게 의미 있는 역할을 진혀 하지 못하고 있다. 안타깝다.

마침 주일미사에서 신부가 자기 자신을 버리고 비우는 일이 얼마나 값진 것인가에 대해 강론했다. 내가 아이들 일에 근심 걱정을 많이 하는 것 역시 자신에게 집착하는 일일 것이다. 우리 안에 이미 들어와 계시는 하느님에 대한 신뢰를 갖지 않는 데서 자신에 대한 집착이 생기는 것이리라.

2015. 3. 17.

홍일수가 법원에 제출한 진정서를 읽었다. 피가 거꾸로 솟는 것 같았다. 늘 그렇듯 온통 사실을 왜곡했다. 나를 구속시켜 구속상태로 재판을 받게 해달라고 요구했다. 내가 그와 조연숙 간의 이메일을 해킹했다는 혐의까지 덮어씌웠다. 그 이메일 내용은 조연숙이 나를 협박하며 보내온 우편물 안에 실수로 끼워 넣어 발견한 것임에도 나를 범죄까지 서슴없이 저지르는 인간으로 몰고 갔다. 나는 컴퓨터를 워드프로세스와 정보검색 따위로밖에 사용하지 못한다. 해킹이라는 개념이 무엇인지조차 정확하게는 모른다. 더욱이 아내가 화해를 청하며 그의 마음을 누그러뜨리기 위해 보냈던 문자까지 남김없이 진정서에 공개했다. 상심한 아내는 평정심을 잃었다. 아이들을 봐서라도 우리는 더 강해져야 한다고 아내를 다독거렸다.

2015. 3. 19.

이태공 교수에게 전화를 걸었다. 대뜸 쌀쌀한 반문이 돌아왔다. "나를 왜 증인으로 신청했어요?" 이 교수는 평소 홍일수의 복선을 깔고 하는 불투명한 행동들에 관해 자주 성토했다. 그럼에도 이 교수는 증인 서기를 매정하게 거절했다. 다른 증언도 아니다. 학내의 누구나 아는 사실, 즉 그가 법전원장에 선임될 당시 경쟁자를 음해하는 투서에 관해 물을 작정이었다. 그리고 허윤 교수가 내 연구실에 와 구구절절 그를 비난했는데, 다른 교수들 말에 의하면 이태공 교수의 연구실에 가서도 똑같이 비난했다고 한다. 이 점도 물을 계획이었다.

내부의 비리를 지적한 사람들은 늘 이런 운명에 처해진다. 지적당한 사람은 가장 손쉬운 방법인 명예훼손으로 고소한다. 그러나 내부고발자의 편을 들어 증언해 줄 사람을 찾기란 무척 어렵다. 반면에 대부분의 사람이 반대쪽에 서서 내부고발자의 말은 허위라는 식으로 몰아세운다. 담당 검사나 판사가 그래도 사명감과 정의감이 있으면 열악한 처지에 있는 내부고발자의 형편을 헤아린다. 하지만 이는 아주 예외적이다. 우리 사회는 워낙 집단의식이 강하다. 자신이 속한 집단에 흠이 나는 행위를 한 사람을 용납하지 않는다. 흔히 하는 말로 "제가 먹던 샘물에 침을 뱉어서는 안 된다."라는 점잖은 훈수를 둔다. 이 말을 진보 쪽에 서서 평생 민주화투쟁을 벌였다고 평가받는 어느 정치인이 하는 것을 들었을 때 기겁을 한 적이 있다. 저 사람이 저 정도의 인간이라니 하는 인간적 실망에 빠졌었다. 검사나 판사도 예외가 아니다. 그들은 대체로 내부고발자를 조직부적응자로 적대시하거나 조롱하는 눈으로 바라본다. 이렇게 내부고발자는 고립된 처지에 빠져 제대로 법적 방어를 할수 없는 채 불이익을 떠안기 마련이다. 또 소송절차라는 것이 고약하게도 많은 비용을 요구한다. 변호사 선임비용 등을 치르며 살림은 거덜 난다. 자신은 조직을 위하는 마음으로, 또 우리 사회가 좀 더 깨끗해졌으면 하는 선한 의도를 갖고 내부고발을 했는데 이게 뭐냐며 자신에게 닥치는 일들을 수긍할 수 없다. 내부고발자는 심리적 불안상태에서 깊은 수렁 속으로 빠져 들어간다. 돈과 명예를 잃을 뿐만 아니라 건강까지 해친다. 서서히 폐인의 길로 몰린다.

이태공 교수는 교수들 간의 학내분쟁에 뛰어난 역할을 해온 사람이다. 한 계파를 이끌며 치열한 투쟁을 수십 년간 해왔다. 젊은 나이에 교수로 들어가 한때 자신의 은사인 교수를 향해 "김 박사!"라고 호칭했다는 전설이 남아 있다. 당연히 반대파 교수들로부터는 격렬한 비판의 대상이 되어 왔다. 나는 교수가 되면서 교수들의 잔인한 싸움에 관해서 익히 들었다. 때문에 절대로 학내 파벌싸움에는 가담하지 않겠다는 맹세를 거듭했다. 그런데 이 교수에게는 이상하게 동정이 갔다. 이 교수가 어려울 때 이 교수의 입장을 옹호해 주었다. 이 교수 제자가 대학에 들어오려고 할 때 제자를 위해 변호를 한 일로 다른 교수들의 원성을 사기도 했으나 개의치 않았다. 제자가 경북대에 들어올 수 없어 다른 대학에 들어갈 때 그 대학의 핵심 교수를 만나 대신 부탁하기도 했다. 교수들과 식사를 거의 하지 않았지만, 이 교수와는 자주 함께하였다.

그랬던 이 교수가 나를 버렸다. 두부모 자르듯 그동안 쌓아온 인간관계를 싹둑 끊었다. 내가 어려운 처지에 빠졌고, 더 이상 내가 재기할 수 없을 것이라는 판단을 했을까? 사람에 대한 최소한의 기대조차 무너질 때는 참 처참해진다. 나는 처량한 상갓집 개 신세가 되었다.

2015. 3. 20.

나가이 타카시 박사가 지은 『묵주알』을 읽고 있다. 나가사키에 원자탄이 떨어질 때 부엌에서 일하던 아내의 몸 대부분이 재로 변했다. 그런 시신 옆에서 묵주를 수습했다던 비극의 순간이 가슴을 쳤다. 나가이 박사는 원폭 투하 후 폐허로 변한 나가사키의 움막에서 생활하며 아이 둘을 키웠다. 자신은 간신히 거동만 할 뿐인 중증의 방사능 피폭환자였다. 그러나 나가이 박사의 마음에 샘솟는 강렬한 신심은 황홀했다.

나가이 박사의 이야기가 큰 위안이 되었다. 내게 닥친 이 환난도 실은 세상의 많은 이야기 중 하나에 불과한, 평범한 것이다. 그런데도 이처럼 호들갑을 떨고 있다니.

2015. 3. 22.

홍일수는 눈을 부릅뜨고 나를 파멸시키는 것만이 자신의 살길이라고 외친다. 다른 사람들은 그의 위세에 눌려 감히 대항하기를 꺼린다. 평소 그에 대해 그토록 비난을 퍼부었던 사람들도 입을 꾹 다물었다. 이 어려운 형세 속에서 내가 살아 나갈 수 있는 길은 어디일까? 증인으로 나올 사람들에 대한 그의 집요한 회유와 압박이 있을 것이다. 그럼에도 불구하고 그들의 입에서 진실이 토해질까?

교중미사 강론에서 신부는 영성靈性이란 다름 아닌 하느님과 나와의 거리라고 말했다. 그 거리가 가까우면 영성이 깊은 것이고, 그 거리가 멀면 영성이 얕은 것이다. 시련과 고난의 시기가 왔을 때 이 시간을 낭비해서는 안 된다는 말도 했다. 시련과 고난을 영성을 깊게 하는 쪽으로 만들어 가야 한다는 뜻이었다. 지금 내가 겪고 있는 상황을 이해하기에 큰 도움이 되는 말이었다.

2015. 3. 23.

연구실 화분에 풀꽃이 피었다. 지난 주말 보지 못한 사이에 한 단 더 훌쩍 크며 흰 꽃이 여러 개 맺혔다. 밑에서는 난의 새 촉이 올라오고 있었다. 연구실 주인은 처참하게 무너져 내렸으나, 식물은 아랑곳하지 않는 게 고맙다.

　이번 사건을 겪으면서 나는 학계에 대한 흥미를 완전히 상실했다. 사건이 수습되면 마음먹은 대로 대학을 떠나야겠다. 마음이 이렇게 가라앉지 않으니 강의고 연구고 시큰둥해진다. 교수도 아닌 교수가 되어 버렸다.

2015. 3. 26.

우려하던 일이 또 현실이 됐다. 이판규 교수 연구실에 들렀는데, 이 교수는 "내가 확실히 알고 있는 몇 가지 사항 외에는 모두 모른다고 증언하겠다."고 말했다. 청천벽력과 같은 말이었다. 지난주만 해도 알고 있는 대로 모두 증언하겠다고 했다. 이 교수가 증언할 사항들은 내게 너무나 중요한 의미를 갖는다. 대꾸하려 했으나 입이 열리지 않았다. 도대체 법정에 증인으로 나와 진실을 말할 수 없다는 그 사고체계를 이해할 수 없었다. 그것은 사회공동체 구성원으로서 갖추어야 할 최소한의 책무이다. 이 기본적 책무도 다할 수 없다는 사람이 로스쿨 교수로 있다는 것이 어찌 이해될 수 있을까? 한편으로 생각하면, 증인들에 대한 그의 압박과 회유가 강도를 더해 가는 것 같았다. 막장드라마의 한가운데 있는 느낌이다. 도대체 인간의 이성이나 양심, 진리에 대한 추종, 신의, 정의 등의 가치를 찾아볼 수가 없다.

2015. 3. 27.

아내와 함께 잠깐 경주 집에 다녀왔다. 뜰의 매화는 벌써 지려 했지만, 산수유 꽃은 화사한 자태를 뽐냈다. 새로운 생명의 발아가 천지간에 가득했다. 그러나 아무리 봄이 화려하다 해도 내 마음속의 먹구름을 걷어내지는 못하고 있다. 언제 어떤 일이 일어날지 모르는, 외부의 조건에 내 운명이 좌우되는 과정에 놓여 있다. 누구도 진실이 무엇이냐에 관하여 관심을 갖지 않는다. 그저 이해관계에 따라 흔들리고 있을 뿐이다. 세상이 참으로 무심하다.

그래도 내게는 아내가 있다. 아내는 안으로, 안으로 자꾸 침잠하는 나와는 다르다. 문제 앞에서 언제나 씩씩하다. 현실적이다. 이 난관을 만나 아내도 나와 같았다면, 우리 가정은 벌써 불행의 늪속으로 빠졌을 것이다.

오늘부터 아내와 함께 묵주기도에 다시 들어갔다. 청원과 감사 각 27일간 모두 54일간 드릴 작정이다.

2015. 3. 29.

대전가톨릭대학에서 열리는 한국가톨릭교수협의회 주관의 피정에 1박 2일 일정으로 다녀왔다. 나로서는 첫 피정이었다.

지금까지 나는 '섬김의 생활'을 한 적이 별로 없다. 그냥 자기를 드러나게 하는 데에 일관한 삶을 살았다. 이것은 별 의미 없는 삶이다. 이제 이렇게 살아서는 안 된다. '상처치유자Wounded Healer'인 예수를 본받은 새 인간으로 변모되기를 학수고대한다.

그러나 홍일수는 모든 것을 걸고 나를 파멸시키기 위해 총력전을 펼치고 있다. 그런 그를 포용할 수는 없다. 그를 포용하여 내 고통의 십자가로 이고 가기에는 내 양식과 양심이 허락하지 않는다.

2015. 3. 30.

자존심을 누르고, 그의 편에 서서 기소에 결정적 역할을 한 김일균 교수에게 전화를 걸었다. 입이 잘 떨어지지 않았다. 학교 오는 길에 잠깐 이야기를 나누었으면 한다는 뜻을 간신히 전했다. "말하기 싫습니다. 내게 전화하지 마세요!" 그의 자르는 대답이 매몰찼다. 한참 대학 후배인 그로부터 듣는 말이라서 한없이 부끄러웠다. 그리고 비참했다. 더 이상 내려갈 데 없이 추락한 것 같았다. 김 교수는 무언가 내게 큰 격분의 감정을 갖고 있었다. 그것이 무엇인지는 모르겠다. 과거의 내 행동이 원인이 되어 오늘의 결과가 생겼을 것이다. 그런데 정작 나는 그 원인을 전혀 알지 못하고 있다니. 내가 기억하는 것은 그가 대학에 들어올 때 그를 위해 나서서 말한 것밖에는 없다. 그에게 어떤 해 되는 일을 한 적이 없다. 김 교수는 원래 외톨이다. 그리고 행동의 편차가 심하다. 법전원 교수로 있다가 다른 교수와의 갈등을 견디지 못하고 다른 학과로 갔다. 아주 엉뚱한 오해를 하고, 이에 기초하여 나를 몹쓸 인간으로 몰아간 듯하다.

2015. 3. 31.

아내가 법원 판사를 남편으로 둔 지인의 말이라며 전했다. 내가 반로스쿨 성향의 글을 법률신문 등에 발표한 일로 경북대 법전원 교수들이 큰 반감을 가졌다고 했다. 판사들 사이에서 내리는 평판이라고 했다. 맞는 말이었다. 나는 학자적 양심에서 로스쿨 교수이면서도 로스쿨이 우리 사회의 가진 자들에게 현저히 유리한 제도이고, 이를 통해 훌륭한 법조인을 양성하지 못한다는 취지로 여러 글을 써왔다. 또 로스쿨 문제에 관한 세미나들에서 좌장을 맡는다거나 토론을 하여 왔다. 이런 활동들이 로스쿨 교수들의 심각한 반감을 초래한다는 점을 잘 알고 있다. 하지만 이는 학문을 연구하는 학자의 입장에서 말하는 것이다. 학문의 자유나 언론의 자유로 헌법에서 귀하게 보장된 활동이다. 이것이 용인되지 못한다면, 그리고 자신의 이해관계에 따라 이것에 대해 반감을 표출한다면, 이야말로 반헌법적 행동이 아니겠는가.

내가 기고한 칼럼 중 로스쿨제도에 대해 비판한 것이 하나 떠오른다. 이런 내용의 글조차 학문을 연구한다고 하는 로스쿨 교수들이 용납하지 못하고 있다.

정의의 들꽃

경주에는 최부자집이 있다. 9대 진사에 만석꾼의 재산을 유지했다는 것보다 적선의 공덕을 쌓으며 사회적 책임을 다했다는 가문이다. 이 가문에 속한 어느 80대 노인이 자탄하며 한 말이다. "나는 내 평생 우리 사회에서 정의가 실현되는 것을 단 한 번도 본 일이 없소."

요즘 들어 부쩍 최 노인의 탄식이 귀를 적시는 것을 자주 느낀다. 사필귀정事必歸正이라는 세간의 상투어와 달리, 정의는 저 멀리에만 있는 것인가. 우리 법조를 떠받치는 큰 기둥인 로스쿨을 들여다볼 때도 문득문득 이 의문에 사로잡힌다.

왜 로스쿨제도를 도입하면서 우리가 대륙법체계에 속한다는 사실을 단 한 번도 고려하지 않았을까? 그 많았던 세미나, 공청회 등 어디를 봐도 고려의 흔적이 전혀 없다. 당연히 우리와 같은 대륙법체계에 속하는 나라인 독일, 프랑스는 말할 것도 없고, 우리보다 먼저 로스쿨을 도입했다고 하는 일본의 운영 예도 거의 참고로 하지 않았다. 일본의 로스쿨이 실패로 끝났다고 하며 폄하하는 견해가 없지는 않으나, 그 속을 들여다보면 우리처럼 극심한 모순에 시달리는 것은 아니다. 대륙법계 국가임을 고려하여 변형된 로스쿨제를 취했고, 또 우리와 달리 일본 정책당국의 세심한 배려를 받으며 그럭저럭 괜찮게 굴러가고 있다. 당연히 그곳에서는 로스쿨을 근간으로 한 법조양성제도에 관해 비판적 여론이 우리만큼 심각하지 않다.

3년의 기간에 기본적으로 법학부 출신이 아닌 학생을 로스쿨에서 받아 이론교육과 실무교육을 충실히 시킬 수 있다는 이 황당한 발상은 과연 누구의 머리에서 처음 나왔는가? 국가의 정책이 이처럼 비전문적이고, 즉흥적이고, 무모한 발생에 토대했을 때 거기에서 생기는 파괴적 결과의 책임을 반드시 물어야 제대로 된 나라이다.

로스쿨제도의 가장 큰 희생자는 어쩌면 대다수의 로스쿨 학생들이다. 그들은 3년의 수업기간 내내 가늠하기도 힘들게 엄청난 학습량에 시달리고, 우왕좌왕하며 불안과 초조로 가득 찬 회색의 공간에 학창생활을 밀어 넣는다. 법철학, 국제법과 같은 기본과목의 몰락은 어쩌면 작은 문제이다. 로스쿨 출신자에 대한 편견, 사회적 사다리의 소실을 생기게 했다는 비난 등등 국민들의 차가운 시선이 더욱 아프다.

그런데 엉뚱한 문제가 빚어져 나왔다. 로스쿨을 수호한다는 명분으로 로스쿨 학생, 출신 법조인, 그리고 로스쿨 교수 집단이 강력한 철의 삼각동맹을 맺었다. 로스쿨에 대한 비판을 누가 조금이라도 꺼내면 그것을 로스쿨제도에 대한 손상으로 등식화시킨 뒤 무자비한 폭격을 서슴지 않는다. 그 폭격에는 손톱만큼의 논리도 이성도 양식도 없다. 이것이 지금 한국의 단일한 법조양성제도인 로스쿨의 구겨진 자화상이다.

사회변혁의 불길이 일어나 로스쿨제도에 올라앉기를 기대한다. 현재의 로스쿨은 그 수명을 다했다. 다른 이유가 아니다. 국민들의 로스쿨에 대한 기본적 신뢰가 없기 때문이다. 은폐와 호도로 여론의 방향을 돌릴 수 있다는 생각은 큰 착각이다. 로스쿨이 피닉스처럼 활활 타올라 죽은 뒤 새롭게 법조양성제도가 탄생할 때 비로소 정의의 꽃이 한 송이 찬란하게 피어난다. 그

냥 꽃이 아니라 끈질긴 생명력을 갖춘 들꽃이다. (대한변협신문, 2015년 1월 2일)

그러나 현실적으로 교수들의 나를 향한 강한 적대감 속에서 나는 지금 증인도 한 사람 제대로 고르지 못하고 있다. 이판규 교수처럼 증인들이 할 증언 내용도 내게 유리하지 않다. 재판에 임하며 맥을 못 추고 있는 것이다. 이것이 내부고발자가 겪는 일반적 현상이다. 반면 그는 내가 유죄판결이라도 이미 받은 것처럼 기고만장한 태도를 보인다. 이런 형국이 조성된 것은 아내의 전언대로 법전원 교수들의 반감에 큰 이유가 있다. 누가 로스쿨의 공적公敵이 되어 버린 나를 도와주려 나서겠는가.

큰 착각을 했다. 그의 행태를 드러내면 많은 교수들이 호응해 줄 줄 알았다. 적어도 법전원장이 되기 위해 상대 후보를 흠집 내기 위해 꾸민 비열한 일은 교수들 누구나 알고 있는 것이다. 교수들이 그를 대학사회의 치부로 여길 줄 알았다. 그러나 현실은 완전 딴판이다. 이판규 교수는 변심을 공언했다. 그토록 친한 사이였다고 생각했던 이태공 교수는 내가 자신을 증인으로 신청했다는 사실 자체에 대하여 입에 거품을 물고 나를 비난했다. 내 주위에 누가 있는지 보이지 않는다. 그 주위에는 많은 사람들이 포진했다. 더구나 매일 점심을 같이 먹으며 단단한 결속력까지 자랑하고 있다.

2015. 4. 3.
김지영 변호사와 통화를 했다. 그가 또 진정서를 냈다고 했다. 끊임없이 제출하는 진정서, 참으로 집요하다. 이 일을 어디까지 끌고 갈지 걱정일까? 이번 진정서의 내용은 또 어떤 저주와 모략, 거짓으로 가득 차 있을까? 그의 얼굴을 상상하는 것만 해도 소름이 끼친다.

2015. 4. 6.

강의를 마치고 나서야 임윤수 원장의 전화가 걸려 왔음을 알았다. 임 원장에게 전화하여 무슨 일인가 물었다. 임 원장이 급한 목소리로 말했다. "조연숙이 책을 보내오고 야단났어요! 재판에 영향을 미치려고 하는 짓 같아요!" 조연숙은 나를 흉측한 사람으로 묘사하며 잘 알 수도 없는 내용으로 두터운 책을 한 권 만들어 모든 교수들에게 우편으로 송부하였다. 둘 사이의 관계로 보아 조연숙을 그가 원격조종했을 가능성이 높다.

잠들기 전에 하는 묵주기도가 내 삶의 작은 기쁨으로 정착했다. 이 시간이 없이 어찌 고통으로 찌그러진 삶을 유지할 수 있겠는가? 나는 온 정성을 모아 묵주기도를 올린다.

2015. 4. 7.

김지영 변호사가 그의 후속 진정서를 연구실로 가져왔다. 그것을 읽으니 살이 벌벌 떨렸다. 사실과 사실 사이에 제멋대로의 추측이나 상상을 넣어 변질시키고 증폭시켰다. 나를 향한 온갖 저주의 악독한 말을 주저 없이 내뱉었다. 실로 종횡무진, 무차별적 공격이었다. 성매매는 차치하고라도, 그는 법전원장 선임을 위해 상대 후보를 폄하하는 투서를 만들어 돌렸다. 그리고 그것을 짐짓 다른 사람이 한 양 꾸몄다. 법전원 교수들 모두가 이 사실을 인정한다. 그럼에도 그는 뻔뻔스럽게 법정을 상대로, 나아가 세상을 상대로 한판의 광대극을 벌이고 있다.

그는 한편으로는 불쌍한 처지에 빠진 듯 엄살을 떨며 재판장의 동정을 유발하려 했다. 심지어 고혈압이 있다며, 고혈압 약의 처방전과 구매 영수증까지 복사해서 진정서에 첨부했다. 도대체 이따위 내용으로 진정서를 제출하는 사람이 어디 있단 말인가! 오랜 법조생활에서 듣도 보도 못한 행위를 하고 있다. 그는 자신이 하는 행위의 의미가 그대로 재판장에게 전달되고 수용된다는 확신을 가지고 있는가 보았다. 이 자신만만함은 과연 어디에서 나오는 것일까?

2015. 4. 8.

출근해서 그의 진정서를 한 번 더 찬찬히 읽었다. 그것을 반영하여 증인 반대신문사항 몇 개를 추가, 수정했다. 거대한 적의가 번득이는 속에서도 어떻게든 되겠지 하는 생각이 든다. 가까스로 유지되는 이 평온은 그 위협에 만성이 되어서일까? 아니면 하느님이 지켜주시겠지 하는 신앙심이 커 나가고 있어서일까?

저녁을 임윤수 원장, 이판규 교수와 함께했다. 나는 돈키호테인데 악의는 없는 사람이고, 홍일수는 사악한 인간이리고 그들은 이야기했다. 매일 그와 점심을 같이 먹는 사람들의 이야기라 재미있게 들었다. 그들에게 그래도 그와의 화해를 위해 계속 노력해 달라고 당부했다. 그들은 이미 물 건너 간 일이라고 난색을 보였다. 그는 이번 소송에서 확실히 이긴다는 생각을 가졌는지 자신만만한 입장을 취하고 있다고 한다. 그런 만큼 그가 만에 하나라도 양보할 리가 없다는 것이다. 일반의 재판과정에서는 상상하기 힘든 태도를 그는 보이고 있다. 재판에서 자신이 이긴다는 확신이 그에게는 돌처럼 단단히 굳어 있다. 아직 재판이 본격적으로 진행되지도 않았는데.

허윤 교수가 위증을 하기로 마음을 굳혔다는 말도 들었다. 허윤 교수는 법전원장 선임과정에서 그의 상대되는 후보였다. 그가 법전원장으로 선임된 뒤 허 교수는 나를 찾아와 그가 얼마나 음험하고 비열한 인간이며, 자신을 무기명으로 비방하는 투서를 만들어 돌린 장본인이라는 말을 한 시간여에 걸쳐 알려주며 내가 자신의 의견에 동조하기를 설득하였다. 그런데 이런 일을 증인으로 나와서 부인할 모양이다. 큰일이다.

2015. 4. 10.

임윤수 원장이 내게 말했다. 남자의 아랫도리 일을 발설해서는 안 되는 것이다. 어떻게 그런 말을 바깥에 대고 할 수 있느냐. 성매매 했다고 해서 그것이 뭐 어떠냐. 많은 교수들이 그 일로 내게 부정적인 의견을 갖고 있을 뿐 아니라 화까지 내고 있다고 했다.

나는 임 원장의 생각이 많은 법전원 교수들의 일반적 생각이라는 점은 잘 알고 있다. 우리 사회에서, 더욱이 보수 성향이 강한 대구지역에서 성매매나 성적 추문의 고발이 설 자리는 없다. 대학사회에서 드러나지 않았을 뿐이지 일방적 권력지배 관계에서 교수가 학생들에게 저지르는 성적 비위도 적지 않다. 누구도 이에 관해 말하지 않는다. 말하면 매장된다. 그러나 그래서야 되겠는가. 임 원장의 지적에 할 말이 없는 것은 아니었지만, 그냥 들어 넘겼다. 내 처지가 지금 누구의 말에 반박을 할 형편이 아니었다.

2015. 4. 13.

재판날이 내일로 다가왔다. 홍일수와 일방적으로 그의 편을 드는 김일균, 허윤을 상대로 지극히 편파적이고 자의적인 수사과정을 거치며 희미해진 진실을 재판정에 끄집어내야 한다. 김일균은 멋모른 채 펄쩍펄쩍 뛰며 나를 향하여 칼을 휘두른다. 허윤은 위증을 하기로 이미 작심했다. 허 교수가 과연 선서를 하고서도 태연하게 위증을 할 수 있을까? 어찌 됐든 위증을 하면 바로 위증 고소로 들어갈 작정이다. 며칠 전 허 교수에게 위증을 말리는 메일을 보냈다.

그의 증언에서도 물론 위증사항이 다수 나올 것이다. 용감하게 그를 위하여 나선 김일균 교수의 증언은 또 어떻게 전개될까? 걱정이 천 가지 만 가지로 불어난다. 숨을 제대로 쉴 수 없을 지경이다. 이 도착된 현상을 반전시킬 만한 계기가 없다. 주저앉아 엉엉 울고 싶다.

어제 미사강론에서 신부는 요한복음의 한 구절을 읊었다. 주님이 토마스 사도에게 하신 말씀이었다. "너는 나를 보고서야 믿느냐. 나를 보지 않고도 믿는 사람은 행복하다." 하느님은 이 순간에도 나를 돌아보고 계실 것이다.

2015. 4. 14.

이상율 교수에 대한 미움이 솟구쳤다. 이 교수는 사사건건 나를 괴롭혀 왔다. 어느 날 내가 무심코 옆자리에 앉자 이를 견디지 못하고 제발 다른 곳으로 가 달라고 찡그리며 말했다. 또 이 교수는 나에 관한 헛소문을 학내에 퍼뜨린다든지 하며 계속 괴롭혔다. 한번은 직접 대면하여 따졌다. 사실을 부인했다. 그래서 내가 "어찌 분명한 사실을 부인하느냐? 자식들에게 부끄럽지 않느냐?"라는 식으로 말했다. 한탄스럽게도 이 일이 있은 뒤 이 교수의 나에 대한 미움은 더욱 커졌다. 자신이 나에게 할 수 있는 모든 해코지를 다하려고 해대었다. 그리고 이 사건이 발생하자 대학 후배인 그를 모든 면에서 자문하며 불이 더욱 활활 타오르게 지폈다. 그러나 지금 와서 이 교수를 미워한들 무슨 소용이 있으랴. 내가 좀더 겸손하게 처신하지 못했던 것이 결국 빌미를 제공한 것이다. 그들은 매일같이 점심을 먹으며 나에 대한 연합전선을 공고히 하고 있다.

오전에 묵주기도 20단을 바쳤다. 점심을 먹고 재판정으로 향했다. 법정에서 다시 묵주기도 5단을 바쳤다. 재판이 시작되었다. 아직 감기 뒤 끝이라 컨디션이 좋지 않았다.

홍일수는 장황한 자기주장을 거리낌 없이 폈다. 물론 성매매를 부인했다. 허윤 교수는 이리저리 말꼬리를 돌리며 위증을 불사했다. 내 연구실에 와서 그의 비열한 행동들에 대하여 소상하게 말한 사실 자체도 부인했다. 연신 "허, 허, 허!" 헛웃음을 터뜨리며. 심지어 내가 위증을 하지 말았으면 한다는 취지로 보낸 이메일을 출력하여 법정에서 흔들며 이따위 협박을 하고 있다고 나를 몰아세

왔다. 그 자신만만함에 기가 찼다.

로스쿨 교수라는 자가 법정에 나와 뻔뻔스럽게 위증을 했다. 그것에 그치지 않고 위증을 하지 않았으면 한다는 메일을 중대한 협박의 증거라고 떵떵거리며 주장했다. 허 교수는 원래 상당히 소심한 사람이다. 그런 사람이 이런 대담한 일을 어떻게 거침없이 할수 있을까? 이 재판이 그들의 뜻대로 진행되어 내가 교수직을 박탈당할 것이라는 확신이 없고서야 어떻게 그렇게 하겠는가? 증언을 마치고 나오는 허 교수를 홍일수가 앞으로 나가 맞으며 함께 하이파이브를 하며 웃었다. 재판정의 분위기가 조금도 자신들을 위축시키지 않는다는 대담함을 드러내는 것이다. 어쩌면 그들에게는 오늘 재판이 축제의 날이었다. 나는 오랜 법조생활을 통해 이렇게 법정에서 거리낌 없이 자신들의 기쁜 감정을 표현하며 재판을 받는 것을 단 한 번도 본 적이 없다.

김일균 교수는 다행히 성매매가 절대로 일어나지 않았다는 진술서 기재에도 불구하고 비교적 거의 모든 사실에 대해 모른다는 대답을 했다. 그런데 그 모른다는 대답이 아리송했다. 모든 것을 모른다는 것이었다. 룸살롱에 간 것도 모르겠다는 황당한 내용이었다. 자신이 주선하여, 자신의 지인 변호사가 후원하고 참석하고 인사까지 한 모임이었다. 그렇다면 도대체 그 진술서에 기재된 성매매를 부인하는 상세한 내용은 무엇을 의미하는 것인가? 참 이상한 사람이다.

증인으로 나온 대구대학교의 이구만 교수는 한국비교공법학회에서 홍일수와 경합하여 회장이 된 사람이다. 그러나 이 교수는 그를 이겼다는 이유로 그 뒤 오랜 시일에 걸쳐 그의 보복을 받아야 했다. 이 교수는 격정적으로 자신이 당한 일들을 토로했다. 자신을 집요하게 인터넷상에서 공격한 사람 중 하나는 거제도에 살고 있는 농부라고 하나. 그 사람이 알고 있는 정보는 법학계에 있는 극소수의 사람만이 겨우 알 수 있는 것이고, 이는 틀림없이 그가 농부를 사칭하여 음험하기 짝이 없는 짓을 한 것이라고 역설했다. 그의 인간성에 관한 확실한 증언이었다. 또 이 교수는 권일문 검사가 자신에게 전화를 걸어와서 그의 소행에 관해 분명히 말해 주었다고 구체적 일시를 밝히며 증언하였다. 그러나 권 검사는 수사기록에서 그에게 불리한 이 부분을 누락시켰다.

김지영 변호사는 로스쿨 출신으로 실무 경험이 거의 없어 아쉽게도 역할을 제대로 하지 못했다. 겨우 내가 써준 신문사항을 읽는 것에 그쳤다.

땅을 치며 한탄할 일은 그가 거짓말탐지기 조사를 회피한 일이었다. 그는 왜 내가 그것을 해야 하느냐는 식으로 싱글벙글하며 말했다. 미리 단단히 준비를 하고 나온 것이다. 검찰에서 거짓말탐지기 조사를 했더라면 절대로 내가 기소에 이르지는 않았을 것이다.

재판은 그들의 의도대로 진행되는 것 같다. 검찰에 이어 법원에까지 그들은 총력을 기울여 손을 써둔 듯하다. 이것으로 진실이 묻히게 될까? 그래도 법원은 다를 것이라고 믿는다. 재판장인 서민 판사의 양식이 작동할 것이다. 내가 판사를 할 때도 주위의 온갖 말을 들으며 압력을 받아도 사건의 실체가 분명히 보일 때는 그쪽을 따라 과감한 판결을 했다.

그리고 한쪽은 거짓말탐지기 조사를 제발 해달라고 하고, 한쪽은 그에 응할 수 없다고 고집을 부리는데, 과연 어느 쪽의 말을 믿어야 할 것인가? 거짓말탐지기 조사 결과가 증거능력은 없다 할지라도 이와 같은 당사자들의 태도는 중요한 상황증거가 되지 않는가? 아마 그의 거짓말탐지기 조사 거부가 재판장에게 어느 정도의 성매매 심증을 형성했을 것이라고 본다. 약간의 위안을 삼는다.

　　하지만 전반적으로는 엄청나게 큰 어두운 구름이 하늘과 땅을 감싸고 있는 느낌이다. 그들에게는 나에게 알려지지 않은 무언가 대단한 무기가 있다.

2015. 4. 15.

인간들은 이해관계에 따라 얼마든지 정의를 짓밟는다. 양심의 소리를 막는다. 순진을 가장한 교활한 웃음을 띤다. 세상은 어차피 그런 것이라고 비아냥거린다. 아, 나는 어디로 가야 하나? 지숙이가 학교로 가며 내게 문자를 보내왔다. "아빠 힘내세요!♡" 그래. 아이들을 봐서라도 나는 일어서야 한다. 마지막 한 줌의 힘이라도 짜내어 그들의 추잡한 음모를 뿌리쳐야 한다. 그래서 아이들에게 소중한 아빠로 남아 있어야 한다.

　　저녁에 뜻밖에 기쁜 소식이 왔다. 전상현 변호사의 전화였다. 이판규 교수가 드디어 마음을 굳게 먹고 법정에 나가 진실대로 말하겠다고 했다고. 이 교수는 나와 만날 때는 그를 사악한 인간이라고 말끝마다 비난하였다. 그러더니 어느 날 싸늘하게 증언을 해줄 수 없다고 잘랐다. 그런 이 교수가 이제 확실히 결단하여 증언을 하겠다고 한다. 불행 중 다행이다. 이제 봄날의 새털 같은 희망 하나를 안게 되었다.

2015. 4. 16.

세월호 사건 1주기의 날이다. 옷에 세월호 추모리본을 꽂고 집을 나왔다. 죽은 아이들과 유족들을 생각하면 억장이 무너진다. 그 사건에 비하면 내 사건은 모래알처럼 작은 것에 지나지 않는다.

2015. 4. 18.

변호사 사무실에서 뒤늦게 보내온 홍일수의 탄원서를 보았다. 또 제출한 것이다. 내가 과거에 10년간의 판사생활을 한 경험에서 보면 이토록 집요하게 재판부를 대하는 고소인을 본 적이 단 한 번도 없다. 고소인은 고소를 한 다음에는 검찰이나 법원이라는 사법기관을 믿고 맡긴다. 그러나 피고소인이 합의를 위한 성의 있는 노력을 기울이지 않는다든지 자신의 피해가 너무도 엄중하니 이를 고려해 달라는 취지의 탄원서를 한두 번 정도 써내기도 한다. 그런데 그는 수시로 탄원서니 뭐니 하여 재판부에 써낸다. 그리고 그 내용이란 것이 뱀의 이빨처럼 날카롭고 악독한 말들로 가득 차 있다.

　이번의 탄원서에는 내가 법조윤리 강의시간에 학생들에게 자기를 지칭하며 성매매를 해서는 안 된다는 식으로 발언하며 자신의 학내 입지를 곤란하게 했다는 내용이 들어 있었다. 자세한 정황까지 묘사했다. 이렇게 무차별적인 거짓말로 공격하는 것이 그의 습성이 된 듯하다. 도대체 언제쯤 이 더럽고 비열한 공격이 끝날까?

맥이 확 풀렸다. 한편으로는 무섭다. 법원에 로비를 완벽하게 해놓았다고 자신하며 이렇게 무차별적으로 공격을 가하는 것은 아닐까? 그렇지 않고서야 재판장은 내 편이라는 듯이 거짓 내용의 탄원서를 어찌 거침없이 써낼 수 있을까?

현숙이와 수한이의 반목이 심상찮았다. 둘은 한 해가 안 되는 터울을 두고 태어났다. 어릴 때부터 자주 싸웠다. 현숙이는 큰딸로서 부모의 사랑이 동생들에게 기울어지는 것을 느끼며 이를 불만스러워했다. 반면에 수한이는 겉으로 보기에 매끄럽고 빈틈없는 행동을 하며 공부도 잘하는 누나가 자신에게 유난히 너그럽지 못하다고 불평을 하곤 했다. 지금 집안형편으로는 무리가 됨을 알면서도 어렵게 둘을 합쳐 서울에 방을 마련하여 살게 하였다. 수한이는 다시 대구로 내려와서 공부를 하겠다고 하니 난감하다. 현숙이와 어제, 오늘 함께 묵주기도를 드렸다. 수한이는 내일 미사에 가겠다고 했다. 수한이에게도 묵주를 사다 줄 작정이다. 믿음 안에서 우리 가족이 불화를 끊고 서로의 마음을 어루만져 줄 수 있는 사이가 되면 얼마나 좋겠는가.

2015. 4. 19.

신부가 강론에서 그리스도교는 예수님의 부활에서 시작하는 것이라고 힘주어 말했다. 예수님은 부활하시어 일부러 물고기 한 조각을 제자들 앞에서 먹으며 이것을 본 제자들에게 육신의 부활을 전파하도록 하셨다. 내가 그의 술책과 거짓에 괴로워하는 것은 부활하신 예수님에 대한 믿음이 부족해서이다. 주님이 내가 가진 이 고통을 보아주신다는 믿음이 없으니 혼자서 절망감에 휩싸이는 것이다. 나는 스스로 암흑에 빠졌다. 어서 빛의 세계를 찾아서 올라가야 한다.

2015. 4. 20.

학내 메일로 교수들에게 "도와주십시오!"라고 제목을 붙인 글을 보냈다. 그의 잔인한 수법과 교활한 거짓말로 고통을 받는 나와 내 가족의 사정을 드러냈다. 그리고 그의 거짓 가득한 탄원서를 아예 첨부파일로 붙였다. 내일쯤 이것을 '복현의 소리' 게시판에 게시할 것이다.

　매일 몇 차례나 "저희에게 잘못한 이를 저희가 용서하오니, 저희 죄를 용서하시고……"라고 주기도문을 암송한다. 그럼에도 이 기도문이 그에게는 적용되지 않기를 나는 다른 한편으로 빌고 있다.

　저녁에 아내와 함께 동성로 대구백화점 근처 '바오로딸' 서점에 갔다. 가톨릭 관련 서적 다섯 권을 한꺼번에 사 왔다. 조금씩 읽어나가기 시작했다. 돌아오던 길에는 좌판 앞에 서서 저녁 대신에 순대와 오뎅을 먹었다. 무척 맛있었다. 이런 소소한 재미가 실은 우리 인생을 스쳐 가는 따스한 바람이 아닐까.

2015. 4. 22.

법전원 교수회에서 주최한 만찬이 인터불고호텔에서 열렸다. 다행히 그와 허윤 교수는 오지 않았다. 그들의 얼굴을 보면 도저히 심리적으로 정상상태를 유지할 수 없을 것 같았다. 다른 교수들과

가벼운 담소를 나누며 웃었다. 그러나 마음 한구석은 여전히 두터운 어둠이 차지했다. 다른 이들과 함께할 수 없는 유전적 불치병을 갖고 있는 기분이었다. 대놓고 말은 하지 않아도 누구나 로스쿨 비판을 하는 나를 못마땅하게 여기고 있을 것이다. 내가 있을 곳이 아니라는 생각이 떠나지 않았다.

김홍석 교수는 내게서 허윤 교수의 위증사실에 관해서 듣더니 흥분했다. 자신이 그의 자작 투서극에 관해 널리 교수들에게 퍼뜨린 장본인이면서 어떻게 이제 와서 부인할 수 있느냐고 했다. 그리고 허 교수는 이태공 교수의 연구실에도 들러 나에게 한 것과 똑같이 그의 악행을 장시간에 걸쳐 알려주었다고 했다. 그러나 지금 그것을 어떻게 재판장에게 알릴 수 있을까? 이 사실만이라도 재판장이 알 수 있다면 그의 인격을 제대로 파악할 수 있을 것이다. 재판은 정당한 결론을 찾을 것이다. 이 중요하면서 분명한 사실조차 드러나게 할 수 없다는 사실이 기를 죽게 한다. 조만간 김 교수를 따로 만나 재판장에게 그러한 취지로 편지라도 하나 보내 달라는 부탁을 하여야겠다.

2015. 4. 23.

국문학과의 김필규 교수와 만났다. 점심을 같이하며 증언에 관해 상의했다. 그전에 만난 김홍석 교수는 그동안 내게 서운했던 점을 토로하며 재판장에게 보내는 편지는 더 생각해보자고 말했다. 그래도 일이 조금씩 진전되는 느낌이 들었다. 그저 진실을 말해 달라는 것이긴 하지만, 결코 쉬운 것이 아니다. 그렇게 보면 태연하게 법정에서 거짓을 증언하는 교수에게 그가 관여하였음이 틀림없다고 보는데, 그의 능력이 신기하다.

2015. 4. 25.

어제 아내와 함께 무려 4차에 걸쳐 술을 마셨다. 그동안 쌓여 온 답답함을 풀고 싶어서 그랬을까? 생각해 보니 내가 1993년 사법부의 정풍을 촉구한 글을 발표한 일로 법관 재임명 탈락되었을 때도 그랬다.

매일 대구에서 세 살던 아파트 뒷산인 용지봉에 도시락 하나 싸들고 올라갔다. 판사 10년의 퇴직금으로 받은 2천여만 원 돈밖에는 수중에 없었다. 그때가 8월 말이니 늦여름이었다. 산 위에 올라 두 살, 한 살에 지나지 않는 어린 현숙이와 수한이 이름을 크게 외쳐 불렀다. 내 마음에 기댈 곳은 가족밖에 없었다. 그런 생활이 여름, 가을을 지나 겨울까지 이어졌다. 아무런 할 일이 없었다. 그러나 마음은 무척 맑았다. 수풀을 헤치고 가다 만나는 나비나 잠자리를 보며 "여기 오너라!" 하면 신통하게도 내 몸에 와서 앉았다. 심지어는 왼팔에 앉은 나비에게 "네가 진정 내 말을 알아듣는다면 오른팔로 옮겨 와 앉아 봐라." 하니, 나풀거리며 오른팔에 와 앉았다. 잘 아는 스님이 당시 법원행정처장에게 내 사정을 말씀하시고, 또 당시 대법원에서 내게 너무 지나친 대응을 한 것이라는 분위기가 조성되며, 다시 법관으로 임명되는 것을 기다리고 있기도 했다. 그러나 한겨울에 이르자 그것이 무슨 의미가 있을지 회의가 들었다. 그리하여 아이들과 아내를 데리고 1994년 1월 하순 시골인 경주로 내려와 변호사 개업을 했다. 여하튼 대구에서 백수생활을 하며 등산 외에는 집에서 아내와 술잔을 기울이는 것 외에는 달리 할 일이 없었다. 없는 살림에 술값을 꽤 많이 지출했겠구나 하는 생각을 하니 슬쩍 웃음이 난다.

한 번도 아니고 내부고발이라는, 누구나 꺼리고 또 우리 사회에서 금기시되는 행위를 두 번이나 하여 이 고초를 겪는 내 신세를 돌아보니 한심스러웠다. 하필이면 아내를 붙잡아 앞에 앉혀 두고 내 기분을 푸는 것이니 계면쩍기도 했다. 이 시련과 고통의 시기에 아내가 보여준 헌신적인 태도에 감사한다. 내부고발자는 일상의 생활에서 불평을 말하고 짜증을 내기 십상이다. 아무리 자식을 낳고 같이 산 배우자라도 허구한 날 불평불만에 가득 찬 남편의 잔소리를 참아내기 어렵다. 이렇게 가정도 깨진다. 지옥이 따로 없다. 지옥 중에서도 가장 심한 무간지옥을 겪는다. 다행히 아내는 신경이 튼튼하다. 적극적이고 긍정적으로 세상을 바라본다. 내가 일을 저질러 집안이 어려울 때마다 씩씩하게 버틴다. 그리고 허약한 내가 휘청거릴 때마다 잽싸게 나를 부축한다. 신앙과 아내가 지금까지 나를 무너지지 않도록 도왔다.

과거 법관 재임명 탈락 때 그래도 사법부는 양식을 갖춘 집단이었다. 그러나 대학은 그렇지 않다. 대학 속에서 벌어지는 추잡하고 비인간적인 일들은 바깥사람들의 상상을 불허한다. 보통 대학을 일러 '상아탑'이니 '지성의 전당'이라고 하지만, 실상은 그렇지 않다. 폐쇄적이고 비밀스러운 조직이면서도 대학은 교수들의 자율을 보장한다. 이 속에서 최고의 지성과 극도의 반지성이 공존한다.

따라서 하나의 시각만을 가지고 대학사회를 평가하려 한다면, 매우 잘못된 일이다. 훌륭한 인품을 갖춘 교수들도 존재하나, 헌법에서까지 명문으로 보장하는 대학의 자율성이라는 미명하에 이것을 악용하는 교수가 없지 않다. 아니, 악용한다기보다는 원래 그렇게 되어 있다. 교수와 학생의 관계는 권력적 지배복종관계를 형성하는 것이 보통이고, 교수들의 어린 학생들에 대한 노골적인 지배는 대체로 견제 받지 않는다. 교수들은 대학에 갇혀 지내며 이것을 당연하게 여기고 점점 더 일방적인 관계를 향하여 나아가기 일쑤다. 이것이 제일 심하게 나타나는 면은 대학 내에서 자신의 우월적 지위를 이용한, 교수들의 제자들에 대한 부당한 처우이다. 이것은 특히 교수의 인정으로 학위를 받아야 하는, 취약하기 그지없는 대학원생들을 대상으로 잘 나타난다.

그다음으로 그들이 학내 주도권을 둘러싸고 끊임없이 벌이는 파벌싸움을 들지 않을 수 없다. 별 대수롭지 않은 이유로도 사생결단식의 싸움을 벌인다. 대학이라는 울타리에 갇힌 교수들의 현실감각이 무딘 탓이다. 그리고 내가 최고라는 대우를 받아야 하는데, 학생들과의 관계에서 그것이 일상화되어 있으나 다른 교수들과의 관계에서는 그렇게 될 리 없는 것이다. 작은 갈등에도 흥분하며 큰 갈등으로 키우는 경우가 비일비재하다. 나는 2000년에 정식으로 대학교수로 임용되며 그 소문을 익히 알고 있었던 터라 조심했다. 더욱이 2006년에 경북대학교에 로스쿨 창설요원으로 갈 때는 경북대학교의 법과대학이 전국 법과대학에서 파벌싸움에 관한 한 부동의 1위를 오래전부터 차지해 오고 있다는 사실을 알고 있었다. 그래서 절대 여기에는 휘말리지 않겠다고 결심에 결심을 다졌다.

학문 연구가 시원찮은 교수들이 패싸움을 벌이며 다른 쪽의 교수들을 향해 벌이는 잔인하고 비열한 일들은, 그것이 외부로 드러나지 않는 조직인 만큼 더욱 악질적인 형태를 띤다. 꼭 닭싸움과 비슷하다고 할 수 있다. 닭은 싸움을 할 때 상대의 머리를 쫀다. 머리에 상처가 나고 상대가 저항할 의욕을 상실할 때가 되어도 공격을 멈추지 않는다. 상대의 머리에서 허연 뇌수가 드러나도 계속 쪼아댄다. 이상하게도 경북대 법과대학의 파벌싸움 전통은 로스쿨로 바뀌어 새로운 교수가 대폭 충원되었어도 별반 달라지지 않았다. 더욱이 로스쿨의 공적 1호로 지목된 나는 지금 혼자다. 그, 그리고 그와 한통속을 이룬 로스쿨 교수들. 나아가 어쩌면, 아니 틀림없이 존재하고 이 사건에 힘을 미치는 엄청난 세력에 맞서 벌이는 싸움의 힘겨움에 나는 벌써 주저앉지 않을 수 없었을 것이다.

아, 하느님께서 나를 도와주시지 않으신다면 내가 어떻게 이 싸움을 싸워 나갈 수가 있겠는가. 어제는 아내, 현숙이와 함께 묵주기도를 했고, 오늘은 현숙이와 나 둘이서 묵주기도를 올렸다. 지난주 현숙이와 수한이의 불화가 드러나며 내내 가슴이 무거웠다. 그것이 잠잠해진 것 같아 다행이었다. 극도로 힘겨운 싸움을 하는데 가족들마저 뿔뿔이 흩어진다면 나는 더 이상 바로 서 있을 수 없을 것이다.

2015. 4. 26.

서경돈 신부의 강론에는 언제나 놓치지 말아야 할 귀중한 골자가 박혀 있다. 오늘도 마찬가지였다. "예수님의 마지막 눈빛을 보고 나서 베드로는 예수님을 부정했다. 유다스도 예수님을 부정했다. 그러나 베드로는 자신보다도 예수님을 앞세워 많은 선교를 하다 순교했다. 이에 반해 유다스는 자기 자신을 앞세우다 결국 자살했다." 자기애自己愛, 혹은 자기의自己義에 집착하는 것이 결국 인생을 그르치게 한다.

나도 그렇게 살아오지 않았을까? 신앙의 근본은 자기 자신을 버리고 무한대의 존재이신 하느님께 무조건적으로 의탁하는 것이다. 그와 같은 의탁은 무제한의 신심이 없이는 불가능하다. 그렇게 보면 결국 순환논법에 빠진다. 요체는 어쩌면 신앙의 성장에 있는지 모른다. 조금씩 신앙이 자라나면 하느님께 보다 많은 부분을 의탁할 수 있게 되는 것이리라.

2015. 4. 27.

법조윤리 시간에 학생들에게 궁색한 사정을 이야기하며 사실확인서에 서명을 받았다. 내가 강의시간 중 성매매나 매춘에 관해 말하지 않았으며, 특히 그를 언급한 일이 없다는 사실의 확인서였다. 먼저 학생들에게 내가 그런 말을 한 사실이 있느냐고 까놓고 물었다. 절대 그런 일이 없다고 학생들은 하나같이 분명하게 대답했다. 홍일수가 법원에 제출한 탄원서에는 내가 그런 말을 한 것으로 상세하게 묘사되었다. 학생들이 자신을 일부러 찾아와 그 사실을 제보하였다는 식이었다. 여러모로 그는 참 이해하기 힘든 사람이다. 내가 판사를 할 때의 경험으로 보면, 법원의 재판부를 속이겠다고 작정하고 덤벼드는 사람을 보지 못했다. 법조인으로서 내가 갖는 상상치를 훌쩍 뛰어넘는 행동반경을 갖고 있다. 그 강력한 자신감 뒤에는 분명히 무언가가 있다.

2015. 4. 28.

임윤수 원장에게 홍일수의 행동에 어떤 제동이 주어져야 하지 않겠느냐고 채근했다. 학생들이 자신을 찾아와 내가 그를 비난하는 말을 했다는 거짓말을 만들어 법원에 제출하는 더러운 행동을 그냥 둘 수 없지 않겠느냐고. 그러나 임윤수 원장은 어쩔 수 없다고 했다. 만약 그런 말을 했을 때 그가 어떤 격한 반응을 보일지 감당할 수 없을 것이라고 했다.

임 원장의 행동은 상당히 가식적이었다. 그 속내는 오히려 내가 이번 사건으로 처벌당하기를 바라고 있을 것이다. 많은 수의 로스쿨 이론교수들이 실무 출신의 교수에 대해 갖고 있는 위화감, 시샘이랄까 이런 감정에 그 역시 얽매어 있는 것으로 보인다. 대체로 이런 경향은 지방의 로스쿨일수록 심하다. 다른 교수가 원장이라면 내가 이토록 궁지에 몰리지 않았을 것이다. 내가 여유가 좀 있으니 임 원장에게도 과거 술을 많이 사 주었다. 술자리에서는 그저 "형님, 형님!" 하며 내 비위를 맞추려고 하던 사람이었다. 그러던 임 원장도 지금의 상황에서는 내게 어떠한 도움도 주지 않으려 하는 것이다.

언젠가 어느 교수가 나에게 비아냥대며 이렇게 말했다. "신 교수님, 우리 로스쿨 내에서 서울대 출신에 대한 반감이 강한 것 아세요?" 이 말에 대답을 하지 않았더니 다시 말을 덧붙였다. "하나 더 있어요. 실무 출신에 대한 반감이지요!" 이따위 말을 내 얼굴을 빤히 쳐다보며 이죽거릴 수 있는 것이 이곳의 풍경이다. 이런 분위기에서 내가 그동안 그들에게 얼마나 시달렸겠는가. 그 교수는 로스쿨 입학 면접에서 학생들에게 전라도 놈들이 어떻고 하며 호남 사람들에 대한 노골적 비하와 노무현 전 대통령에 대한 비난을 시종일관 내뱉어, 면접을 마친 학생들이 언론에 제보한 일까지 있었다. 이런 교수들이 주류를 형성하고 있다. 면접시간 내내 오전 9시부터 저녁 6시까지 더러운 하수구의 수채 같은 말을 뇌까리며 학생들 동의를 구하는 면접을 했어도, 또 언론에 보도까지 되었어도 아무런 징계도 받지 않는 것이 이 대학의 모습이다. 그러곤 자기들끼리 단결하여 로스쿨을 비판한다는 죄로 나를 꼼짝 못하게 옥죄어 놓고 괴롭히고 있다. 학생들까지 엮어 공공연하게 거짓을 만들어낸 뒤 이것을 재판부에까지 써먹는 파렴치한 행위를 교수가 하고 있는데, 그런 행위를 지적하면 큰일 난다는 식으로 원장이라는 사람이 발뺌했다. 그것은 결국 그를 두둔하며 나를 대학사회에서 아무런 존재감 없이 만들려는 것에 다름 아니다.

국립과학수사연구소에서 오래 사용하지 않고 그대로 놔둔 지폐를 분간해 낼 감식능력이 없다는 회신을 법원에 보내왔다고 했다. 서민 판사가 이왕에 그것의 증거능력을 부인했으나, 그의 거짓을 밝혀내자는 심정으로 감정을 의뢰한 것이다. 다시 갈 일이 없는 중국, 그 나라의 화폐를 7년간이나 보관하고 있었다는 것은 말이 되지 않는다. 그러나 이를 밝혀낼 수단이 없다고 하니 아쉬웠다.

조갑원 교수가 이메일로 증인을 설 수 없다고 연락해 왔다. 얼마 전 조 교수와 저녁 식사를 같이하며 재판 이야기를 하다 본인이 알고 있는 사실에 관해 증언해 줄 수 있느냐고 물었다. 흔쾌히 반드시 그렇게 하겠다고 대답하였다. 그러나 재판날이 가까워지자 갑자기 나에 대한 연락을 끊었다. 내 전화를 아예 받지 않았다. 조 교수는 내가 한국헌법학회장을 할 때 총무이사를 하며 호흡을 맞추었다. 그 외에도 오랜 세월에 걸쳐 등산이나 식사 등 온갖 모임에서 행동을 함께했다. 내 친동생처럼 행동했다. 나는 조 교수가 학계에서 발을 붙이고 중요한 역할을 할 수 있는 위치로 성장할 수 있도록 내가 할 수 있는 모든 일을 다 하려고 했다. 이런 사람까지 등을 돌렸다. 현재의 관계뿐만이 아니라 그동안 함께했던 오랜 시간들까지 모두 와르르 무너져 내리는 기분이었다. 아, 인간관계의 허망함이 슬프고 안타깝기만 하다. 그는 과연 어떤 말을 구사하여 조 교수의 증언을 막을 수 있었을까?

묵주기도를 올릴 마음이 나지 않았다. 그래도 어찌 하겠는가. 내게 남겨진 마지막 하소연의 장이자 가장 큰 무기인데. 슬픈 거리에 안개비가 자욱이 내린다.

2015. 4. 29.

총장 비서실에 전화를 걸었다. 손동철 총장직무대행을 뵐 수 있는지 물었다. 다음주 오후가 되어야 시간이 날 것이라고 했다. 손 대행에게 이 사건의 원만한 수습을 위한 중간 역할을 부탁할 예정이다.

현숙이에게 전화를 하여 묵주기도를 꾸준히 하고 있는지 물었다. 현숙이와 수한이가 신앙의 틀 속에서 진정한 화합을 할 수 있게 되기를 간절히 바란다. 내가 겪고 있는 시련들이 아이들의 신앙 성장에 작은 밑거름이 될 수 있다면 얼마나 좋으랴.

2015. 4. 30.

아침에 전 변호사 사무실에 들렀다. 전 변호사와 여러 가지를 상의했다. 내가 작성한 서증과 참고자료를 법원에 제출하고, 전 변호사의 제안에 따라 언론분야의 학자를 전문심리위원으로 참여시켜 재판을 해달라는 신청서를 접수시키는 것으로 재판에 대비하기로 했다.

내 예감으로는 홍일수가 4월 8일 자로 접수한 탄원서에 적힌, 학생들까지 엮은 거짓말이 앞으로 작지 않은 역할을 할 듯하다. 이 거짓말이 적나라하게 드러나면 그가 지금까지 이 사건 전반에 걸쳐 해온 행위들과 그려온 그림의 전모를 재판부가 한눈에 알아볼 수 있게 될 것이다.

2015. 5. 1.

오래간만에 경주 집에 왔다. 철쭉이 한창 달아올랐다. 그 화려한 자태가 이루 말할 수 없다. 모란은 이미 지기 시작했지만, 향기는 온 집을 덮었다. 온갖 새들이 지저귀었다. 광대한 교향곡이 울려 퍼지는 듯했다. 이따금씩 부는 바람에 송홧가루가 날렸다. 연못에는 물고기들이 한가롭게 유영했다. 말라뮤트종 개인 범이는 큰 덩치를 부끄러워하지 않으며 내 품으로 자꾸 파고들었다. 대청마루에 방석을 깔고 아내와 커피를 한 잔 같이했다. 이 아름다운 집을 놔두고 나는 과연 어디서 무엇을 했는지. 이곳에 와서 무욕의 노년을 보내고 싶은 마음이 진하게 일었다.

2015. 5. 4.

오후에 손동철 총장직무대행을 뵈었다. 홍일수와 합의를 이룰 수 있도록 거중조정을 부탁했다. 하지만 실제로 손 대행이 무슨 일을 할 수 있겠는가. 손 대행도 그냥 건성으로 말할 뿐이었다. 참으로 기약 없는 길에 서서 맥 풀린 눈으로 앞을 바라보는 심정이다.

2015. 5. 6.

강의를 진행하기가 무척 힘들었다. 헌법재판법 강의가 그랬다. 수강생들이 적은 데다 몇을 제외하고는 나와 이상하게 잘 맞지 않았다. 수업시간에 잡담이 잦았다. 학생들은 나에 대해 반감을 가진 교수들에 의해 내가 얼마나 로스쿨에 해악을 끼치고 있는지에 대해 세뇌 받고 있을지 모른다. 아마 그럴 것이다. 나는 이미 대학에 대한 뜻을 버렸다. 이런 환경에서 억지로 교수직을 유지해 나가는 것이 무슨 의미를 갖겠는가.

학교 복도에서 이판규 교수를 만났다. 나를 격려해 주었다. "입만 열면 거짓말하는 사람에게 좌지우지되어서야 되겠어요? 얼굴을 펴고 당당히 나가세요." 이 교수는 참 이해할 수 없는 사람이다.

왔다 갔다 하는 것이 마치 서커스 단원이 부리는 묘기처럼 현란하다. 하지만 배척과 비난, 불안에 시달리는 나로서는 그 격려조차 고마웠다.

2015. 5. 8.

아침에 일어나니 지숙이 방문이 열려 있었다. 안에 아이가 없었다. 잠시 후 현관문 소리가 나며 아이가 들어왔다. 환하게 웃으며 카네이션 꽃을 건네주었다. 아침잠이 유난히 많은 아이이다. 일부러 일찍 일어나 가게에 가서 사 온 것이었다. 수한이는 예의 쾌활한 목소리로 전화를 걸어 주었다. "네가 서울 가기 전에 사다 준 카네이션 꽃을 잘 보고 있단다."고 말해 주었다.

아이들의 정성이 고마웠다. 감정을 잘 내색 못하는 현숙이는 내게 말을 건네지는 않았으나, 그렇다는 점을 잘 아는 나로서는 그 아이의 심정이 오히려 애처로웠다.

2015. 5. 9.

현숙이에게 전화를 걸었다. 네가 어떤 필요에 의해 종교를 가까이 할 수는 있다. 그러나 그렇게 함으로써 그 필요를 넘는 더 많은 것을 성취할 수 있을지 모른다. 이런 말을 해주었다. 큰일을 마주하면 유난히 약해지는 그 아이에게 튼튼한 심성을 줄 수 있는 것은 종교밖에 없을 것이다.

현숙이는 사실 초등학교 다닐 때 혼자 성당에 다니며 영세를 받았다. 우리 가족에게 신앙의 씨를 뿌린 아이이다. 그러나 이 아이는 주변 관계에 무척 힘들어했다. 특히 내가 1993년 법관 재임명에서 탈락할 때 대법원에서 기자들에게 아내와의 결혼에 관해 퍼뜨린 헛소문이 계속 그대로 남아 다른 아이들이 쑥덕거릴 때 큰 상처를 받곤 했다.

나는 1981년에 결혼했으나 햇수로 10년이 지나도록 아이가 없었다. 매일 먼저 집에 와 어두운 방에 불을 켜고 혼자 아내를 기다렸다. 일상은 메말랐고 사는 보람을 찾을 수 없었다. 심한 우울증에 빠졌다. 자살을 생각해 보았지만 판사로서 사후의 불명예가 말할 수 없이 싫었고, 연세 드신 부모님을 두고 그럴 수도 없었다. 차를 타고 가다가도 이 차가 사고 나서 죽을 수 있다면 얼마나 좋을까 하는 생각에 사로잡히곤 했다. 대구지방법원 경주지원에 발령받아 분황사에 기거를 했다. 마침 그때 주역의 대가인 대구가톨릭대학의 안형관 교수가 방학을 보내기 위해 그곳에 오셨다. 그분은 분황사 요사채 얇은 벽을 타고 전해 오는 내 신음소리를 매일같이 들었다. 바깥에 나와서도 허우적거리며 걷는 내 모습을 보며 얼마 안 가 죽겠구나 하는 느낌을 가졌었다고 했다. 그분은 가톨릭 신자이면서도 매일 새벽 법당에 나가 나를 위해 간절한 기도를 올렸다. 나는 차츰 그분의 감화를 받으며 변해 갔다. 분황사 법당에서 뜨거운 눈물을 흘리며 지나간 날들을 돌이켜보았다. 서서히 나는 저 밑바닥으로부터 재생을 향해 기어오르기 시작했다. 내가 법적으로 정리절차를 완전히 끝낸 다음 그분은 경주역 앞에서 조그만 구멍가게로 나를 데리고 갔다. 그곳은 여자 혼자의 몸으로 1남 4녀의 자식을 힘겹게 키워온 어머니를 둔 아내의 초라한 집이었다. 그분은 아내를 평소 딸처럼 생각하고 있었다. 이런 과정을 거쳐 나와 결혼하도록 주선하였다.

첫딸 현숙이를 낳았을 때 나는 눈물을 철철 흘렸다. 나도 비로소 화목한 가정을 이룰 수 있게 되었다는 환희에 충만했다. 기쁜 마음에 백날도 되지 않은 아이를 안고 수성못에 나들이 가는 위험천만한 일도 저질렀다. 채 1년도 안 된 사이에 둘째를 얻었고, 나는 첫째를 맡아서 길렀다. 우유를 먹이고, 목욕을 시키고, 업고 다녔다. 한참 터울이 져서 셋째까지 태어났다. 그분은 아이들 셋의 이름을 모두 지어주었다. 명절이 되면 가족 모두가 그분의 집에 간다.

당시 대법원 공보관은 언론사 기자들을 상대로, 어쩔 수 없이 판사 재임명에서 나를 탈락시킬 수밖에 없었다고 너스레를 떨며 온갖 추잡한 말들을 덮어씌웠다. 기자들은 속아 넘어갔다. 그러나 그 영향은 상상을 초월했다. 긴 세월 동안 시도 때도 없이 우리 가족에 대한 헛된 풍문이 우리 귀를 스쳐 갔다. 그것이 날카로운 칼이 되어 현숙이의 마음을 자주 베었다.

그 대법원 공보관은 내 친한 친구이다. 법대 동기생일뿐더러 인천지방법원에서 판사생활도 같이하였다. 세월이 많이 지나 내가 변호사 개업을 한 뒤 사과 편지를 보내왔다. 조직을 위한다는 명분으로 저지른 친구의 행위를 잘했다고 할 수는 없다. 그러나 우리 가족이 입어야 했던 그 많은 피해에도 불구하고 사과를 받아들이며 화해했다. 바탕은 선하고 타인에 대한 배려가 뛰어난 친구다. 이 같은 사람도 조직 속에서는 다른 사람으로 변할 수밖에 없는 것이 한국사회다. 지금은 다시 아주 친한 친구가 되었다. 2013년에는 여야 합의의 국회 몫인 헌법재판소 재판관으로 나를 추천해 주었다. 일본 장기출장 중 야당인 민주당 쪽에서 나를 천거하기로 결정했다는 전화를 받았다. 확인해 보니 청와대에서도 최종 검증을 행하고 있다고 했다. 하지만 일본에 이어 다시 아시아헌법포럼 일로 중국에 장기출장하여 장기간의 국내 부재의 상황에서 혼선이 초래되었다. 결국 다른 사람으로 결정되고 말았다.

2015. 5. 10.

지숙이가 오늘부터 성가대에 참여하게 되었다. 현숙이도 오늘 성당에 갔다고 했다. 다행스럽고 고마운 일이었다. 아이들이 무사하고 밝게 지낼 수 있다면 아비로서 그 어떤 일도 마다하지 않을 것이다.

2015. 5. 11.

수한이에게 전화를 했다. 밝은 목소리로 받았다. 이 아이와 전화를 할 때마다 내 마음은 유난히 고무된다. 목소리에 가득 찬 나에 대한 배려를 깊이 느끼기 때문이다. 유난히 별나고 긴 사춘기를 보낸 아이가 이렇게 바뀌었다. 우리 가족이 함께한 많은 날들의 추억이 모여 우리를 단단하게 만들어 준다.

2015. 5. 12.

저녁에 이판규 교수로부터 전화가 왔다. 학생들과 저녁을 먹으면서 나눴던 이야기를 들려주었다. 이 교수가 호기심 삼아 홍일수의 탄원서에 적힌, 법조윤리 시간에 내가 학생들에게 성매매하는 법조인이나 교수를 비방하고, 또 그를 H모 교수로 지칭하며 성매매 당사자로 겨냥했다는 주장이 사실이냐고 물었단다. 학생들은 전혀 그런 일이 없었다고 답했다고 했다. 처음에는 내 말을 듣고 반신반의했는데, 미안하다고 했다.

그의 4월 8일 자 탄원서가 거짓말이라는 사실확인서를 법조윤리 수업을 듣는 38명 전원의 이름으로 이미 받았다. 그의 암수暗數에 부지불식간 희생당하지 않을까 하는 걱정이 많이 줄어들었다.

문제는 다른 곳에 있다. 지금 그는 이판규 교수에게 엄청 잘하고 있다고 했다. 이 교수의 적극적 증언을 막으려고 그러는 것이다. 이 교수는 증인신문사항을 미리 자신에게 달라고 했다. 그러면서 직접적 증언은 할 수 없고, 간접적으로. 다시 말하면 애매한 표현으로나마 내게 유리한 증언을 해주겠다고 했다. 내가 원하는 것은 오직 하나다. 증인으로 나와서 자신이 아는 것만을 떳떳하고 진실하게 증언해 주면 되는 것이다. 그럼에도 불구하고 이 교수는 증언에 선을 그었다. 그나 그 부류의 사람들에게 욕을 먹지 않았으면 하는 바람을 가지고 있는 것이다. 어쩌면 과거 행적으로 보아 이 교수 역시 실무 출신의 교수에게 강한 저항감을 갖는 이론교수가 아닌가 한다. 나에게 보이는 다소의 호의와 동정은 가식적 체면치레에 지나지 않을지 모른다.

묵주기도를 드렸다. 산란했던 마음이 조금 가라앉았다.

97
막장드라마의 한가운데

2015. 5. 13.

대구가톨릭대학 사제관으로 전헌호 신부를 만나러 갔다. 조금 늦게 온 우형택 교수와 셋이서 호젓한 산길을 따라 저녁을 먹으러 갔다. 우 교수가 오기 전에 전 신부에게 내가 지금 겪고 있는 이야기들을 들려주었다. 식사 중에도 우연히 그 이야기가 나왔다. 다시 자세히 설명을 했다. 두 사람의 격려를 받았다.

전 신부에게서는 오랜 수도생활에서 나오는 분위기가 솔솔 풍긴다. 그래서 그 옆에 있으면 신선한 바람을 쐬는 것처럼 참 좋다. 사제관이 터 잡은 곳의 수수한 아름다움 또한 무척 좋다. 내가 기쁠 때나 슬플 때나 찾아갈 친구가 있다는 것 또한 좋다.

2015. 5. 16.

가끔 한 번씩 사람에 대한 원망이 끓어오른다. 허윤 교수는 법정에서 적극적으로 거짓증언을 했다. 이상율 교수는 그에 미치지는 않더라도 홍일수, 허 교수와 매일 식사를 같이하며 그들에게 큰 힘이 되어 주고 있다. 검사 출신으로서 갖는 지식을 바탕으로 고소를 비롯한 법적 자문을 자세히 해주고 있다는 소문도 들린다.

임윤수 교수는 법전원장으로서 학교를 운영해 가며 그를 우대한다. 반면에 나는 철저하게 배제한다. 이상율 교수는 그의 대학 선배이고, 임 교수는 이 교수와 매일 바둑을 같이 두며 시간을 보내는 사이다. 이상율, 이판규, 임윤수 교수는 로스쿨 내에서 3인방으로 지칭되며 장기간 학내 행정을 주도해 왔다. 이판규 교수는 홍일수를 대단히 싫어하나 3인방의 틀 속에서, 그리고 로스쿨의 공적이 된 나를 배려할 이유가 없다는 점에서 차츰 그에게 유리한 쪽으로 기울어지기 시작했다. 이 확고한 연맹이, 여기에다가 내가 정체를 파악할 수 없는 엄청난 파워가 그들을 도우며 나를 궁지로 몰아넣고 있는 것이다.

2015. 5. 18.

법조윤리 수업 진행이 무척 힘이 들었다. 의욕의 상실에서 오는 탈진이 온몸을 휘감았다. 발음조차 헷갈렸다. 간신히 수업을 마치고 연구실로 왔다. 법조윤리 수업을 듣는 윤이석 군이 찾아왔다. 홍일수 교수가 거짓말로 진정서를 써낸 사실을 이판규 교수로부터 전해 들었다며 얼마나 심려가 크냐고 위로해 주었다. 고마운 일이었다.

2015. 5. 19.

오늘 묵주의 9일 기도를 54일간의 일정 끝에 다시 마쳤다. 두 번째이니 무려 108일에 걸쳐 청원과 감사의 기도를 번갈아 해온 셈이다. 기도를 처음 시작할 당시에는 기소와 재판이 두려웠다. 지금은 정도가 많이 완화되었다. 크게 불안해하지 않는다. 재판 내외의 과정을 통해 그의 거짓말이 상당부분 표면화되고, 사람들에게 인식되었다. 기도를 통해 담대함도 길러졌을 것이다.

　기도로 간구했던 것은 두 가지였다. 하나는 그의 손에서 나와 내 가족이 무사히 풀려나게 하는 것이다. 다른 하나는 현숙이와 수한이가 진정한 형제애를 갖게 되기를 바라는 것이다. 기도하는 습관을 갖지 못했더라면 어떻게 이 엄혹한 시간을 견딜 수 있었을까?

2015. 5. 21.

신임 국무총리로 황교안 법무장관이 낙점되었다. 크게 실망스럽다. 내가 생각할 수 있었던 선택지 중 최악의 것이었다. 황교안은 출세 지향의 삶을 살아온 사람이다. 공안검사를 하며 저지른 무리한 일들, 그리고 삼성과의 불투명한 관계 등이 잘 알려져 있다. 박대통령은 어쩌면 이렇게 자기 옆에서 좋은 말을 해주거나, 나중에 자신이 설정한 선을 결코 넘지 않을 인물만을 등용하는 것인지. 본인의 능력이 그것밖에 안 되니 항상 저렇게 방어적으로 행동하는 것 아닐까? 친구 목수준이 장관에 기용되었으면 하는 기대를 갖고있었는데, 그마저 어긋났다.

2015. 5. 24.

성령강림대축일이다. 주일미사를 봉헌한 다음에 성당에서 신도들에게 나누어 주는 성령칠은聖靈七恩 카드 중 나는 '의견(일깨움)'의 카드를 선택했다. '의견'은 어떤 일이 옳고 그른지 더욱 분명하게 구별할 수 있게 해주는 은혜를 말한다. 서경돈 신부는 젊어서 성령을 받았던 당시의 체험을 생생하게 들려주었다. 덧붙여 성령을 거스르는 죄는 절대 용서받지 못한다고 하셨다.

　나는 성령을 받은 것일까? 지난 3월 3일 꿈인지 생시인지 분간하기 어려운 속에서 천상의 무비한 기쁨을 얻었다. 그 기쁨이 평시에 나타났더라면 이는 필시 성령에 의한 것이라고 자신할 수 있을 것이다. 그래도 그때 뵌 성모님의 모습을 지금까지 비교적 생생하게 간직하고 있다. 그 나름의 충분한 의미가 있을 것이다. 그렇다면 이는 비 내리는 날 상갓집 개처럼 이 발길에 차이고 저 발길에 차이는 내 처지를 불쌍히 여기시어 주님께서 베풀어 주신 은혜일까?

오후에 경주로 왔다. 내일이 사월초파일 휴일이다. 하룻밤 묵고 갈 계획이다. 불교에서 가톨릭으로 개종했으나, 과거 불교 안에서 겪은 추억들을 항상 소중하게 간직해 왔다. 분황사 기거, 안형관 교수와의 조우, 절망과 죽음으로부터의 탈출, 아내와의 만남 등 너무나 귀중한 추억들이다. 모내기철이 되니 개구리 울음소리가 온 천지를 덮고 있다.

2015. 5. 25.

경주 집 울타리에 장미가 만발했다. 장미 속에 섞인 쥐똥나무 꽃이 뿜어내는 짙은 향기는 대기를 가득 채웠다. 경주에 와서 개업할까 하는 생각이 다시 고개를 든다. 무욕의 세월을 보내기에는 이곳이 더 적당하지 않을까? 그러나 치명적인 약점이 있다. 이곳에서는 내가 타지 출신이라는 굴레를 벗어날 수 없다. 대구에서 개업하면 지명도로 고객 걱정을 하지 않아도 될 것이다. 또 강한 사회적 영향력을 얻을 수 있을 것이다. 경주냐 대구냐, 선택이 쉽지 않다. 여하튼 이번 사건이 마무리되는 대로 교수직을 그만두고 개업하리라.

사건을 머리에 떠올리면 비등하는 분노의 열기에 내 이성이 방향을 잃는다. 홍일수가 저지른 행위, 그를 돕는 허윤이나 이상율 교수의 소행, 아는 것이 아무것도 없으면서 내가 말한 것이 전부 거짓이라는 진술서를 낸 김일균 교수의 소행이 수시로 머릿속에 떠올라 나를 괴롭힌다. 분노가 마른 내 몸을 활활 태운다. 이 고난의 기간 동안 내가 쌓아 올린 신앙심이 종적을 감춘다. 이 정도의 일조차 극복해 내지 못할 정도로 신앙의 열정이 옅나 하는 자책에도 자주 빠진다.

기대한 대로 사건이 잘 마무리되면 얼마나 좋을까? 그때면 과연 나는 보다 관대하고 아량이 있는 사람으로 거듭날 것인가? 아니면 일이 잘못되어, 억울한 일을 당했다는 트라우마에 시달리며 분노와 좌절에 맡겨진 인격 파탄자가 되어, 내부고발자 대부분의 운명인 폐인의 종착역으로 갈 것인가? 아, 마음의 조화와 균형을 잃어서는 안 된다. 그래서는 숨 막히는 고통과 시련들이 의미 없는 상처에 지나지 않게 된다. 상처를 넘어서는 가치를 찾아내야만 한다. 그것이 여생의 나침판이 되어야 한다. 그다음, 타인들과의 원만한 관계를 이어 나가야 한다. 타인들에게 내 존재가 조금이라도 플러스의 의미를 가지는 것으로 다가설 수 있어야 한다.

희미한 불빛

2015. 5. 29.

2주 만에 서울 아이들 집에 왔다. 아내, 현숙이와 함께 공동으로 묵주기도를 올렸다. 현숙이가 조금씩 신앙의 영역 안으로 걸음을 옮기는 것이 기쁘다.

2015. 5. 31.

주일 교중미사에서 지숙이가 화답송을 독창했다. 벌써 이런 역할을 맡아 하는 것이 대견스러웠다. 많은 청중 앞에서 빼어난 솜씨를 보이는 것 또한 자랑스러웠다. 미사가 끝난 다음 주임신부를 비롯하여 여러 분들이 칭찬을 아끼지 않았다.

신부는 강론시간에 성 아우구스티누스의 자서전에 나오는 이야기를 들려주었다.

아우구스티누스가 바닷가에서 어떤 소년을 만났다. 그 소년은 조개껍질에 바닷물을 담아 작은 구멍에 넣고 있었다. 언젠가는 바닷물을 모두 옮기겠다는 포부를 가지고 있었다. 아우구스티누스는 어이가 없었다. 소년에게 말했다. "저 바다를 있는 그대로 한번 바라보아라. 네가 얼마나 어리석은 일을 하고 있는지를 깨달을 수 있을 것이다." 그러자 소년은 대답했다. "내가 하는 일은 언젠가 종국에 이를 수 있는 일입니다. 그러나 당신이 하느님을 설명하려는 일은 내 일보다 더욱더 시간이 많이 걸리는 불가능한 일입니다." 아우구스티누스는 큰 깨달음을 얻었다. 소년을 바라보니 소년은 사라지고 없었다.

하느님은 시공간의 창조주로서 그에 구애받지 않는다. 그런 하느님을 시공간의 제약을 받는 인간이 어찌 표현할 수 있으랴.

성당에 오면 가슴이 자주 시큰해진다. 오늘 신부의 강론에서도 그랬다.

2015. 6. 2.

임윤수 원장, 이판규 교수와 함께 저녁을 같이했다. 노래방에까지 가서 놀았다. 이 교수는 내가 현재의 상태에 굴하지 말고 힘을 내라고 신신당부했다. 그러면서 전에 말한 대로 자신에 대한 증인신문사항을 미리 달라고 했다. 홍일수와의 관계를 생각하여 답변하기 거북한 것을 미리 기르겠디는 뜻 을 굽히지 않았다. 어쩌면 그의 배후에 있는 힘의 존재를 의식해서 그러는 것일 게다.

변호사 사무실의 김 사무장이 그의 진정서가 또 제출되었다고 전했다. 끔찍한 일이다. 이번에는 또 어떤 거짓말과 저주와 악담이 담겨 있을지. 가슴이 쿵쿵 뛴다.

2015. 6. 4.

아침 출근길에 변호사 사무실에 들렀다. 그의 6월 2일 자 진정서를 받았다. 한 치도 예상이 어긋나지 않았다. 견강부회, 억지, 사실 왜곡이 빽빽이 들어차 있었다. 특히 지난번 법조윤리 수업을 받는 학생들에게서 받은 사실확인서가 학생들을 강요하여 받은 것이라고 또 거짓말을 하고 나왔다. 할 말이 나오지 않았다. 이 사람의 인격구조는 도대체 어떻게 구성되었을까? 과연 무엇을 믿고 이와 같은 짓을 천연덕스럽게 함부로 저지르고 있는 것일까?

이에 대처하기 위해서 전 변호사가 변호인 의견서를 작성했다. 메일로 받아 보니 아주 잘 정리되었다. 전화를 걸어 감사의 마음을 전했다.

2015. 6. 5.

전 변호사로부터 전갈을 받았다. 재판부가 11일 결심을 하겠다는 뜻을 밝혔다고 했다. 내일 연구실에 가서 피고인 본인의 신문사항 등을 작성해야겠다.

현숙이와 수한이가 다투었다는 말을 전해 들었다. 심히 근심이 되었다. 수한이에게 몇 번 전화를 했다. 연결이 되지 않았다. 묵주 기도를 하며 둘의 화해와 형제애의 회복을 빌었다.

2015. 6. 6.

현충일임에도 연구실에 나갔다. 11일의 결심에 대비해 변론요지서, 피고인 본인 신문사항을 작성했다. 집에 돌아올 때쯤엔 눈이 아팠다. 워낙 집중해서 일을 한 탓이었다.

요즘은 두려움의 검은 구름이 조금 옅어진 듯하다. 사건으로 인한 긴장이 훨씬 덜하다. 비교적 평온한 나날을 맞는다. 홍일수가 워낙 거짓말을 여러 번 했다. 그 흔적이 남아 있어서 적절하게 대처해 왔다. 이런 것들이 소송에 대한 자신감을 갖게 했을 것이다. 여전히 정체를 알 수 없는 괴물이 그의 편에 서 있지 않을까 하는 의구심은 감추지 못하면서도 말이다.

마음의 평안에 비례하여 내 신앙심이 느슨해지는 것 같다. 아직은 이럴 때가 아니다. 영성이 깊어져 하느님과 나와의 거리가 항속적으로 좁혀져야 한다. 그런 다음에야 안도를 해도 해야 할 것이 아닌가.

2015. 6. 10.

수한이에게서 카톡으로 메시지가 왔다. "아버지, 내일 다 잘 풀릴 거예요. 힘내세요. 제가 항상 든든한 아들이 되겠습니다." 내일이 재판날이라는 것을 기억한 모양이었다. 짧은 문장이지만 부자간에 이보다 더 큰 응원이 어디 있을까?

결심에 대비하여 증인신문과 나에 대한 피고인 신문 등 다섯 개를 썼다. 여기에 덧붙여 변론요지서도 썼다. 제출할 증거도 준비했다. 퇴고를 거듭한 뒤 변호사 사무실에 가져다주었다.

2015. 6. 11.

재판날이었다. 결심이 진행되었다. 걱정했던 대로 증인으로 나온 이판규 교수는 자주 헛웃음을 치며 답변을 회피하거나 모른다는 말을 남발했다. "나는 검찰 측 증인으로 나온 거지요? 그러면 검찰의 주신문사항에 관련된 반대신문사항만 답변하겠어요."라며 극히 한정된 사항에 대해서만 증언했다. 그동안 수차례에 걸쳐 제대로 증언해 주겠다는 말과 그럴 수 없다는 말을 번갈아 하며 애매한 태도를 취하던 이 교수는 결국 3인방 중 1인으로서의 입장에 충실하게 그의 편에 속한 것이다. 로스쿨 공적 1호인 나를 포위하는 3인방 및 허윤 교수, 그리고 그의 연합은 위력을 발휘한 셈이다.

지난번 재판에서 위증을 감행한 허윤 교수의 대학 후배인 이주호 교수는 허 교수를 의식하며 약간 빼기는 했어도 그럭저럭 했다. 다만 호텔로 돌아오기 전에 들른 술집이 내 주장처럼 전형적 한국식 룸살롱이었던 점은 확실하게 증언했다. 국문학과의 김필규 교수는 내가 문제의 글을 발표할 당시의 경북대가 처한 상황을 적나라하게, 내가 말한 것과 부합하게 증언하였다. 증인으로 나선 아내도 내가 중국에 출장 간 교수들이 성매매를 위해 혈안이 되는 것을 평소 한탄하는 말을 했고, 또 그가 성매매를 한 사실을 당시 중국에 다녀와 자신에게 말한 적이 있다고 증언했다.

이양순 공판검사가 마지막으로 "피고인을 징역 1년에 처해 주시기 바랍니다."라고 구형을 말할 때는 쥐구멍이라도 있으면 기어들고 싶었다. 인생이란 이렇게도 욕되게 살 수 있는 것이구나 하는 생각이 번갯불처럼 스쳐 갔다. 이런 식으로 젊은 검사에게 막된 취급을 받는 자신을 용서하기 어려웠다. 이 검사는 지난번 공판기일을 마치고 마지막에 나오며 왜 빨리 합의를 하지 않느냐고 다그치며 권일문 수사검사를 옹호했다. 권 검사가 그래도 나를 생각하며 공판카드의 구형량을 공란으로 해두었다는 것이다. 구형량은 의당 수사검사가 공판카드에 써 넣어야 하고, 공판검사는 그것을 기준으로 하여 적절하게 구형량을 재판부에 요청한다. 권 검사는 일방적이고 편파적인 수사를 하기는 했어도 이렇게 마지막에는 상궤에 어긋나는 행동으로써 일말의 양심을 나타낸 것이다. 이 검사는 공판 내내 증인에게 거의 아무런 추가신문도 하지 않고, 그냥 피곤해 죽겠다는 듯이 하품을 하기 일쑤였다. 그 탓에 위증이나 위세를 부리는 증인들의 잘못된 태도를 전혀 바로잡지 못한 원인을 제공했다.

문제는 재판장인 서민 판사가 마지막에 한 말에 있다. 자신의 판단을 수용할 수 없더라도 이해해 달라고 했다. 그러면서 항소심의 판단을 받아 보라고 덧붙였다. 망치로 다시 머리를 한 대 두들겨 맞은 듯했다. 그리고 이런 말도 했다. "여러 군데서 이 사건에 관해 말을 많이 들어왔어요." 이 말이 무슨 뜻인가? 결국 홍일수 측에서 아주 활발한 로비를 재판부에 해왔다는 소리가 아닌가? 그랬길래 그가 그토록 방자한 자세를 보이며 기고만장했을 것이다. 허윤 교수의 대담한 위증, 나아가 이판규 교수가 안하무인의 자세로 한 증언 거부, 이런 것들을 꿰어 맞추는 퍼즐은 바로 여기에 있지 않겠는가? 그들은 재판을 즐거운 축제날처럼 즐기고, 법정을 플레이그라운드로 여겼다. 나는 오랜 법조인 생활을 통해 법정에서 기쁜 표정으로 증인과 하이파이브를 하는 모습을 일찍이 본 일이 없다. 노골적으로 거짓말을 지어내어 버젓이 탄원서로 제출하는 것, 고혈압 약을 구매한 전표와 함께 엄한 처벌을 바란다는 탄원서를 제출하는 것, 이와 같은 경우를 나는 전에 듣도 보도 못하였다. 이 모든 짓을 로스쿨 교수라는 자들이 꾸며내고 실행하였다. 이 사건의 배후에 있는 검은 힘의 실체를 재판장으로부터 확인하는 순간이었다. 그래서 그는 아무리 합의를 하려고 해도 콧방귀를 뀌며 나와 아내를 조롱했을 뿐이다. 힘이 쭉 빠졌다. 이 일을 어찌한단 말인가! 최후진술할 때에는 다리가 후들거리고 말은 자꾸 버벅거렸다.

아침에 환희의 신비, 빛의 신비, 고통의 신비, 영광의 신비에 걸쳐 묵주기도를 바쳤다. 그러나 지금 내 마음은 빗물에 갉아 먹힌 흙담처럼 사정없이 파였다. 다행히 재판장은 내가 어떤 사람인지 잘 안다는 말을 몇 번이나 했다. 나는 판사실에서 돈봉투가 오고가는 현실을 고발하며 법관사회의 정풍을 주장한 일로 법관 재임명에서 탈락했다. 그 뒤로도 꾸준히 사법개혁을 주장하여 많은 법조계 인사들을 불편하게 했다. 그럼에도 적지 않은 법조인들은 나에 대해 긍정적 평가를 한다. 서민 판사가 이런 점을 안다는 것이리라. 작은 위안을 삼는다.

오케스트라처럼 잘 조직된 그들의 거대한 음모가 재판에 끼치는 영향, 그리고 재판장의 개인적인 나에 대한 신뢰가 과연 재판에서 상호작용을 거치면 어떤 형태로 나타날까?

2015. 6. 13.

어제 서울에 올라왔다. 아내, 현숙이, 수한이와 함께 치킨집에 들러 맥주를 마셨다. 맥주를 사 들고 집에까지 와서 마셨다. 치킨집에 갈 때 두 아이의 손을 한 쪽씩 잡고 갔다. 아이들이 어릴 때 외에는 처음으로 하는 일이었다. 가슴이 뭉클했다.

종일 재판장의 말을 곰곰이 되새겨 보았다. 불안의 소용돌이가 자꾸 휘몰아친다. 대법원 판례에 입각한 최종변론요지서를 작성하여 제출할 예정이다. 그리고 허윤 교수의 위증에 대한 고소를 조만간 하는 것이 좋겠다는 생각이다. 반등을 꾀할 필요가 있다. 그러나 그의 뒤에 있는 검은 힘의 존재를 깨달았는데, 이것이 무슨 소용이 있을까? 대구 법조계는 이미 그들의 장악하에 있어서 내 힘이 감당할 수 없는 곳에 비켜나 있다. 권력이 움직일 때 법이론이란 한갓 바람 앞에 스러지는 풀잎이다.

2015. 6. 14.

예수님은 "내가 다시 올 때에 믿음을 가진 사람을 다시 찾아볼 수 있겠느냐"라고 말씀하셨다고 한다. 신부가 강론에서 그 이야기를 끄집어내셨다. 신부는 "삶의 필요에 의한 신앙의 위장은 널리 볼 수 있다. 진정한 신앙이 희박하게 되는 '신앙의 사막화' 과정이 심화되고 있다."고 했다. 이를 방지하려면 최소한 매일 기도생활을 하여야 하며, 가족 공동기도가 아주 중요하다고 했다. 일단 우리가 직접 하느님을 체험하면 신앙이 돌처럼 단단하고 확실해지는데, 그런 체험을 위해서는 꾸준히 기도해 나가는 수밖에 없다는 것이다.

이번 재판에서 내가 왜 그런 글을 게시했을까 하는 점에 관해 입증을 제대로 하지 못한 실수를 저질렀음을 깨달았다. 상대방과의 대화를 비밀리에 녹음하여 이를 녹취, 보관한 뒤 긴장관계가 발생할 때 코앞에 들이밀어 겁을 주는 떳떳치 못한 사람이 암둔한 총장의 전위대로 활동하다가 그 지명을 받아 교무처장이라는 지극히 주요한 공직을 맡게 되기 일보 직전에 있었다. 이를 막기 위해서는 비상한 수단을 쓸 수밖에 없었다. 그 점을 더 잘 부각시켜야 했다.

재판장은 내 게시글이 '악의적이거나 현저히 상당성을 잃은 공격'에 해당한다는 의심을 하는 것 같았다. 그러나 우리 대법원 판례에서 '악의적이거나 현저히 상당성을 잃은 공격'에 해당하는 경우는 그것이 허위사실일 뿐만 아니라, 나아가 그 적시의 의도, 행위 유형 등에서 일반인의 상식으로 받아들이기 어려운 점이 있다는 부가요건을 요구한다. 내가 게시한 글은 허위사실이 아니다. 학회장 선거에서 패배하자 회장으로 당선된 사람을 3년간이나 은밀히 괴롭혀 왔다는 말은 설사 그것이 명확하게 입증될 수는 없는 것이라 해도 이구만 교수의 증언에 비추어 전체적인 취지에서 용납될 수 있거나 진실이라고 믿을 만한 상당성이 있거나 허위사실 적시의 고의가 누락된 경우다. '악의적이거나 현저히 상당성을 잃은 공격'에 해당하지 않는 것이다. 재판장이 이런 점에 깊은 고찰이 없는 상태에서 그 가능성만을 보고 섣불리 내가 유죄라고 말한 것이 아닐까?

2015. 6. 16.

어제에 이어 종일 최종변론요지서를 다듬었다. 논리가 정합성을 갖추어 가며 무죄가 거의 확실하다는 자신감이 들었다. 물론 불가 예측성을 배제하긴 어렵지만.

　여인선 교수와 점심 약속을 했는데, 돌연 취소하자고 전화를 해 왔다. 대학의 후배로 평소 친한 사이다. 그런데도 나를 만나면 불편해지는가 보았다. 아니, 나를 만났다는 소문이 다른 교수들에게 전해지는 것을 두려워하고 있을지 모른다. 학내 행정을 주도하는 교수들을 중심으로 단결한 그들은 지금 일체가 되어 나를 교수직에서 몰아내기 위해 혈안이 되어 있다. 소수의 교수들이 나한테 동정과 이해의 마음을 보이기도 하나, 그들의 위세에 눌려 꼼짝 못하고 있다. 도대체 언제 이 처량하고 서글픈 신세가 끝날 것인지.

2015. 6. 20.

잠자리에서 불안에 허덕였다. 강박관념이 온몸을 비틀며 쥐어짰다. 마침 토요일이라 오랫동안 잠자리에 누워 있을 수 있었다. 끝도 없이 계속되는 이 고통에 진저리가 난다. 언제 다시 일상으로 복귀할 날이 찾아올 것인지 까마득하기만 하다.

　최종변론요지서를 다시 가다듬었다. 판례를 찾아 보충했다. 이제 거의 완성본이 된 듯했다. 아내에게 한번 읽어 보라고 했다. 문외한인 아내도 내 주장과 논리에 수긍했다.

2015. 6. 21.

냉담은 영적 게으름이라는 신부의 강론 말씀은 옳다. 신앙인의 제1덕德은 순명이다. 자신의 얕은 주관과 꾀를 버리고 천지간에 우뚝 선 진리의 존재가 시키는 대로 하는 것이 마땅하다. 자신만이 옳다는 자기의 함정에 빠지는 것은 참으로 어리석은 일이다. 또 신부는 크리스천의 삶에 있어서 제일 큰 특징은 기쁨이라고 했다. 이역시 옳은 말씀이다. 진리의 길에는 언제나 평온과 고요가 자리한다. 그 길을 걸으면 기쁨이 찾아온다. 내가 억지로 만드는 길은 난관에 봉착하기 쉽다. 또 그 난관을 극복하기가 어려울 때가 종종 생기게 마련이다. 기쁨으로 삶을 만들어 가고 싶다. 지금은 악독한 올가미에서 벗어나는 것이 급선무라 다른 일을 미뤄두고 있으나, 언젠가 보다 충일하고 기쁜 나날을 만들어 나가고 싶다.

2015. 6. 26.

어제 전상현 변호사를 시켜 그의 대리인 역할을 하는 이상율 교수에게 원만한 합의를 이루는 것이 좋지 않으냐는 뜻을 전하도록 했다. 이 교수는 합의는 있을 수 없다며 거절했다. 이 교수는 내가 접근할 수 없도록 철저한 방어벽을 친 뒤 그 안에서 끊임없이 저주를 퍼붓는다. 홍일수는 내가 행한 내부고발로 자신이 위태한 경지에 이르다 보니 나에게 이런 몹쓸 짓을 가하는 것이다. 그리고 한편 생각하면 내가 그의 성매매 사실을 게시판에 적은 것이, 글의 작은 일부분이라 하더라도 커다란 잘못이었다. 그러나 이 교수는 자신과는 하등 관계가 없는 일에 나서서 저렇게 광분한다. 이 교수는 세칭 좋은 대학을 나오지는 못했으나 열심히 공부하여 사법시험에 일찍 합격했다. 나보다 한 해 먼저 합격한 것을 유독 자랑삼아 다른 이에게 말하곤 했다. 가난한 시골 출신의 이 교수에게는 사법시험에 합격하고, 검사를 하였으며, 로스쿨 교수로 들어온 경력이 자신의 전부였다. 그런 자신의 눈에는 종종 사법개혁에 관한 글을 발표하며 법조계 망신을 시키는 내가 못마땅하기가 이를 데 없었을 것이다. 내가 변호사로서 성공적인 길을 걷고, 교수로서도 전국적 명성을 거두어 온 것도 순순히 용납하기가 힘들었을 것이다. 더욱이 내가 로스쿨을 비판하는 길에 나서자 목에 걸린 가시처럼 못마땅해했다. 왜 저자는 매번 자기가 속한 조직에 불만을 품고 비판하는가 하며 다른 사람에게 나를 욕하는 일이 많았다. 나를 비방하는 근거 없는 말을 꾸며내어 다른 교수들에게 퍼뜨리기까지 했다. 필요 이상의 열등감이 나에 대한 관계를 해치는 동인으로 작용하지 않았을까?

임윤수 원장을 찾아가 한참 넋두리를 늘어놓았다. 임 원장은 건성으로 들었다. 이렇게 꼬인 일들이 과연 언제 끝날 것인지.

그런 와중에도 감사한 일들이 생겼다. 오랫동안 고심하던 수한이 군복무 일이 풀렸다. 수한이는 휴학한 뒤 자원해서 현역으로 입영했으나, 논산훈련소에서 훈련을 받기에는 신체가 감당하기 어렵다는 이유로 귀가처분을 받았다. 징병검사소에서는 하지만 어이없세 다시 현역 입영처분을 하였다. 경북대병원에서는 군에 입대하면 신장의 손상으로 불구가 되어 돌아올 것임이 분명하다고 판정하였다. 그러다가 그저께 다시 신체검사를 하여 공익근무 판정을 받았다. 그사이 2년이라는 세월이 하릴없이 훌쩍 흘러갔다. 얼마나 속이 탔는지 모른다. 여러 이유로 지금은 군에 원하는 대로 입대하는 것이 쉽지 않다. 몇 년간 기다려야 입대한다. 황금 같은 시절이 무의미한 일들로 채워지고, 본인뿐 아니라 부모까지 고통을 겪게 된다. 수한이는 이제 정해진 절차를 따라 공익근무를 마치면 날개를 달고 훨훨 자유롭게 세상을 날 수 있다. 음울하게 가라앉았던 우리 가족이 모처럼 웃으며 자축할 수 있었다. 지숙이는 어제 학교 내 성악경연에서 드디어 5등으로 올라섰다. 그동안 중위권을 벗어나지 못했는데, 상위권에 진입한 것이다. 아이들이 스스로 알아서 잘 해준다. 이보다 더 다행한 일이 어디 있을까.

2015. 6. 27.

아내와 함께 경주에 다녀왔다. 경주 집의 연못은 연잎이 가득 채웠다. 백련도 피었다. 소금쟁이가 물 위에 떠서 놀았다. 개구리가 발자국 소리에 놀라 풍덩 잠수했다. 금붕어들은 제각기의 일에 골몰하는지 쳐다보는 이의 존재는 잊은 듯 유유히 헤엄치고 있었다.

선고날이 가까워오니 여러 가지 착잡한 생각이 든다. 사실 나 자신은 얼마나 많은 사람들에게 엄정한 재판이라는 관점을 내세우며 가혹한 형을 선고했던가. 숱한 사건에서 법정구속을 했다. 검사가 벌금으로 처리해 달라고 하는 구약식사건을 다수 일반의 재판절차에 회부했다. 그럼으로써 검찰에게 부탁하여 벌금형을 예약받은 지역사회의 유지들을 벌벌 떨게 만들었다. 공정한 재판을 구현한다는 명분으로 법을 너무 엄격하게 집행했는지 모른다. 당시

만 해도 검찰의 사건 처리는 너무나 흐트러져 있어서 도저히 법원에서 이를 그대로 통과시키기가 어려웠다. 토요일, 일요일에도 출근하여 약식기록을 꼼꼼히 살피며 부당하게 처리된 사건을 골라내었다. 하지만 이렇게 나이가 들고 보니, 심했다는 자책이 든다. 이제는 내가 어떻게 만회할 도리가 없는 채 검찰까지 가세하여 파놓은 음모의 구덩이에 빠져서 고통을 겪고 있다.

그러나 정의를 바로잡기 위해 소신껏 재판한 판사로도 사람들은 나를 기억한다. 1987년 6월 시민항쟁으로 노태우 정부가 들어섰을 때다. 유사민주주의 체제하에서 민주운동가, 노동운동가, 반체제인사들의 정부 저항이 계속되었다. 나는 당시 대구지방법원 경주지원에서 형사단독을 했다. 관할구역인 포항은 경북지역의 노동운동, 시민운동의 중심지였다. 많은 민주운동가, 노동운동가들이 수시로 재판에 회부되었다. 그들을 엄벌에 처할 하등의 이유가 없다는 판단 아래 과감하게 그들을 석방했다. 이시우, 유성찬 씨 등 아직도 활동하는 많은 인사들이 나를 기억한다. 나를 만나면 여전히 깍듯하게 "판사님!"이라고 부른다. 그러나 당시 나의 이러한 행동은 대부분의 검사들에게 엄청난 저항감을 안겨주었다. 그 부정적 영향은 아직까지 길게 여운을 끌고 있다. 당시 그들은 나를 '고자(그때까지 자식이 없었다는 약점을 노린 별명)'라고 불렀다. 나에 대한 악소문도 끊이지 않았다. 지금 내가 내부고발행위로 심한 고통을 겪고 있는 것 또한 검찰 조직 전체의 나에 대한 보복심이 어느 정도 작용했으리라 짐작된다. 나는 판사로서 결코 법에 어긋나게 운동가들에 대한 선처를 한 것이 아니다. 지금의 시점에서 보면 내가 그들에게 행한 관대한 재판은 우리의 민주체제를 수호하며 법질서를 바람직한 방향으로 이끌어 나가고자 한 노력의 일환으로 평가받을 수 있지 않을까?

나는 대학교수를 하며 줄곧 사법개혁을 촉구하는 글을 발표하여 왔다. 실로 사법개혁은 내가 가진 정체성의 가장 본질적 부분이다. 하지만 이러한 내 삶의 여정을 버거워하는 적지 않은 법조인들이 생겨나 언제나 나에게 걸림돌로 작용했다. 홍일수는 그렇게 생긴 틈을 파고들었다. 그는 재판부에 내가 쓴 사법개혁을 촉구하는 글들을 모아 제출하며 엄한 처벌을 내려달라고 요청하였다. 그는 나를 '언론에 글을 기고하여 법원과 검찰을 비난하고 있는 자'로 단정하고, '자신의 마음에 들지 않으면 개인이든 조직이든 가차 없이 내팽개치는 자' 혹은 '자신의 이름을 앞세우기 위해서는 개인이나 조직이나 어떻게 되든 상관없이 무슨 일이든 저지르는 자'로 매도하였다. 그가 간파한 대로 적지 않은 판사나 검사가 사법개혁에 반감을 드러내며 그 대표적 아이콘인 내게 큰 불만을 품고 있다. 일부는 노골적으로 분노까지 표시한다. 특히 법조의 일원이 된 것에 아주 큰 자부심을 가지며 일생을 살아온 사람들이 노골적으로 나를 미워했다. 그들이 가진 명예를 훼손한다는 반감 때문이다.

좀 오래된 글이긴 하나, 2006년 9월에 사법개혁에 관한 주장을 담은 글을 쓴 적이 있었다. 사법개혁, 특히 법원 개혁에 관한 내 주장의 핵심이 잘 들어 있다. 아직까지 자주 인용되는 글이기도 하다.

사법부, 회칠한 무덤이여!
― 로비가 통하지 않는 사법부를 만들기 위하여

길었던 장마

올해 장마는 유난히 길었다. 수해를 입은 곳도 많았다. 20년 가까이 시골 농촌에서 사느라 밭농사도 지어 보고 논농사도 지었다. 밭농사는 노동의 강도가 유난하여 무척 힘들고 따분하기도 하나, 논농사는 모내기와 추수를 제외하곤 그리 큰 힘이 들지 않는다. 졸졸 논고랑을 따라 흐르는 맑은 물을 보며 커 가는 벼를 바라봄은 무척 재미있는 일이다. 그럼에도 올해처럼 큰물이 지거나 또 태풍이 지나가 벼가 쓰러져 다시 이를 일으키는 작업을 할라치면 그 노역의 끔찍스러움에 고개를 흔든다. 진창에 빠진 두 발을 옮겨 가며 작업함이 상상하기 힘든 중노동을 요구한다. 한 시간 꼬박 해보아야 한, 두 평밖에는 벼를 묶어 세우지 못한다. 그런 중에도 진흙뻘에 묻은 물은 이리 튀고 저리 튀어 온몸을 덮는다. 아! 이때 느끼는 불쾌감! 뼛속까지 스며드는 한기! 장맛비의 우울한 이어짐도 이보다는 낫다.

그칠 줄 모르는 법조부정

올해는 장마만 길었던 게 아니다. 유난하게도 윤상림 게이트가 터져 온갖 추문이 쏟아지더니 그 사건이 재판과정에 들어가 조금 숙지자 이어 김홍수 게이트가 터졌다. 김 씨가 로비대상인 판사들을 가리켜 "그들은 술과 돈에 취해 있었다."고 한 말을 들으며 국민들은 소름이 끼쳤다. 어떻게 세상의 온갖 유혹을 물리치고 세상에서 가장 공정한 입장에 서서 판단을 해나갈 것으로 믿는 판사들이 그럴 수가 있단 말인가? 하지만 국민들은 이 같은 소식들을 접하며 장맛비가 하루빨리 끝나기만을, 그래서 맑은 날이 찾아오고 또 들에 나가 쓰러진 벼를 일으켜 세우기만 하면 일상의 흐름 속으로 다시 복귀할 수 있다고 믿는다. 곧 맑은 날씨 아래 추수를 할 풍성한 계절이 돌아옴을 기다린다. 그처럼 이 불쾌한 소식들이 조금씩 잦아들며 국민들은 다시 망각의 늪에 법조부정을 쳐 박아 버린다. 언제나 그래왔던 것처럼. 언론들도 마찬가지이다. 일과성의 사건으로 매기며 다시 대중의 눈을 끌 수 있는 사건으로 재빨리 옮겨 간다.

사법부정에 관한 일반의 오해

왜 이렇게 되는 것일까? 그 이유는 주로 이런 부정이 생기는 현상의 근본원인을 파헤쳐 보지 않았기 때문이라고 할 수 있다. 그래서 오해를 한다. 윤상림, 김홍수 씨 같은 사람이 빨리 처벌을 받고 없어지면 사법부는 제자리를 찾아가리라고. 하지만 유감스럽게도 사법부정 혹은 사법부패는 절대 일과성의 현상이 아니라는 점에 문제의 심각성이 있다. 윤상림, 김홍수 씨가 사건의 본질이라는 안이한 분석으론 결코 문제의 본질에 접근할 수 없다. 쉽게 말하자면 한국의 사법부나 법조(사법부와 검찰, 변호사회를 포함하는 개념으로 보통 법조삼륜, 법조의 세 수레바퀴라고 불린다)가 갖고 있는 구조적인 결함은 이런 부정을 항시 생겨나게 할 소지를 안고 있다. 그리고 우리가 의식하건 그렇지 않건 간에, 또 바깥으로 터져 나오건 그렇지 않건 간에 여전히 이런 일이 끊이지 않고 생겨나고 있다고 보면 확실하다. 윤상림, 김홍수 게이트는 빙산의 일각에 불과하다. 도대체 국민의 재산, 생명, 신체에 가장 직접적인 영향을 미치는 막강한 힘을 가지는 재판에 그 재판의 정당성을 담보할 수 있는 적절한 제어장치가 되어 있지 않은데, 어떻게 그 재판이 항상 올바르게 행해진다고 장담할 수 있는가? 우리의 사법제도는 다른 각국의 사법제도와 비교하여 이 점에서 거의 낙제에 가깝다. 법관이 자발적으로 올바른 재판을 행하도록 막연히 기대하는 외에 공정한 재판에 관하여 우리는 다른 실효성 있는 제도적 장치를 거의 갖고 있지 않다. 역설적으로 말한다면 그나마 이러한 사건들이 불거져 나오는 것이 우리 사회가 그동안 진일보해 온 덕이라고 보면 된다. 옛날 같았으면 아마 십중팔구 은폐되었을 사건들이라는 뜻이다.

과거 이토 히로부미가 순망치한脣亡齒寒의 사자성어를 농락하며 조선의 병탄을 정당화시켰으나, 우리 사회에서는 법조의 세 수레바퀴는 하나라고, 그 동지적 유대성을 강조하는 프로파간다가 판을 치며 법조계를 그르쳐 왔다. 대개 이러한 유의 동질성 강조는 그 속에 음침한 함정을 품고 있는 법이다. 그래서 그런 법조부정이 발생했어도 서로가 서로를 위해 쉬쉬해 주며 은밀히 사건의 유발자에게 정보를 흘려 사표를 내도록 하고, 겉으로는 입을 싹 닦고 아무 일도 없었던 것처럼 꾸며 왔다. 그렇게 해나갈 분명한 이익의 공유가 물론 있었다.

말할 자격은 없소만

내가 이 글을 쓸 자격이 없다는 사실, 잘 안다. 10년간이라는 짧지 않은 세월 동안 판사생활을 하며 접대골프나 기생방 출입에 절었던 적도 있었고, 돈봉투도 숱하게 받았다. 다만 사건에 직접 관계된 돈을 받지 않았노라고, 또 그런 잘못된 법조문화에 저항하며 자전거를 타고 출퇴근하기도 했다는 식의 알량한 자기변명이 통하지 못함도 잘 안다. 변호사를 할 때 어린 자식들을 생각하며 자존심을 굽히고 자신에 대한 인상을 고치기 위해 열심히 판검사를 접대하기도 했다. 사법부에서 낙인찍힌 변호사로 인식되어, 처음 사무직원을 구하는 것조차 애를 먹고 개업한 지 한 달이 지나는 동안 고작해야 사건 한 건밖에 수임하지 못했던 참담한 처지에 빠졌던 나였다. 잠을 이루지 못하고 뒹굴거리며 이 모든 것은 어쩌면 판사로 있을 때 억울한 판결을 내린 자신의 업보가 미친 탓으로 생각했다. 하지만 아이들을 생각하면 그대로 주저앉을 수 없었다. 그 업보가 고스란히 아이들에게 미치게 할 수 없다는 절박감에 자존심이니 뭐니 하는 것은 뒤로 물러날 수밖에 없었다. 그래도 처음에 약정한 돈 외에는 사건 당사자에게서 받지 않으려 노력했다고, 사건과 직접 관련한 접대를 삼가려고 노력했다는 따위의 변명을 하고 싶다. 허나 오십보백보이다. 그런 부패구조와 완전히 단절 못한 책임은 전적으로 자신이 져야 한다는 사실을 잘 안다.

나 같은 사람하고는 비교가 안 되게 훌륭한 모습으로 판사직을 수행하고 또 귀감이 되는 변호사를 해낸 분이 많다는 사실도 잘 안다. 불교식으로 말하면, 다 전생의 업이 현세의 인연으로 나타나는 것이니, 필자처럼 제대로 처세도 못했으면서 괜히 잘난 척 다른 사람을 비판하며 모가 나는 행동을 함은 결국 그 업의 무게가 너무 크고 인연의 얽힘이 너무 분주한 까닭이다. 나도 언제나 그런 분을 존경하며 우리 사법부에서 같이 일함을 기뻐했다. 난방이 제대로 안 되는 판사실에서 엄동설한이라 두터운 옷을 껴입은 채 세상일을 모두 잊어버린 채 오직 사건을 파악하고 판결을 작성하는 데 심혈을 기울이는 모습을 보며, 세상에 저런 성자聖者가 다시 있을까 하는 탄복을 금할 수 없었던 분도 지근에서 보았다. 그분만큼은 아니어도 자신의 열과 성을 다해 판사로서의 직분을 대가 없이 수행하겠다는 일념으로 청춘을 바쳐 온 많은 판사들에게 내가 쓰는 글이 얼마나 불경하고 실례되는 일인 줄 잘 안다.

그러나 감히 부탁하자면, 내가 쓰는 이 글이 사법부에서 늘상 말하는 '인격체계가 그릇된 자가 근거 없이 사법의 염결성을 해치는 행위' 따위로 취급하지 말아 달라. 나 역시 사법부에 대해서 그런 말을 하는, 누구보다 사법부를 사랑하는 듯이 치솟아 오르는 감정을 이기지 못하여 눈물까지 흘려 가며 사법부를 위해 항변하는 사람 못지않게 진실한 애정을 품고 있다. 다만 그 사람은 자신이 속한 조직을 보호하려는 맹목적 방어적 의식이 주가 되어, 그렇게 하는 것만이 과거의 영화롭던 사법부를 다시 회복시키는 지고至高한 일이라는 착각에서 그런 말을 하는 것이라 본다. 그에 비하여 필자는 이 역시 착각에 불과할지 모르나,

좀더 우리의 사법부가 미래지향적으로 국민들의 신망과 존경을 받는 사법부가 되었으면 하는 염원을 하고 있다는 점에서 그 착안의 포인트가 현격히 다르다고 본다. 어느 부장검사가 판사, 검사, 변호사의 공동모임에서 이런 말로 건배를 제의하는 것을 들은 일이 있다. "나는 내가 속한 조직의 이익을 위하여 언제라도 이 한 몸 충성을 다하겠습니다."라고. 그 부장검사가 말한 조직은 진정한 검찰조직일까 아니면 자신의 머릿속에서 마음대로 생각해 낸 왜곡된 마피아식의 조직일까?

사법개혁이 되지 않았던 이유

국민들은 연이어 터지는 이 사건들을 바라보며 하나의 의구심을 필시 가졌을 것이다. 그동안 정권이 바뀔 때마다 사법개혁이니 뭐니 하며 요란스럽게 작업이 진행되었는데, 어떻게 해서 이런 일이 다시 우리 사회에서 터진단 말인가? 그럼 그동안에 행해진 빈번한 사법개혁이란 도대체 무엇이었는가?

권위주의 정권이 해체되고 우리 사회에 민주화의 열풍이 거세지며 사회 곳곳에서 상당부분 민주화의 결실이 주어졌다. 그러나 과연 지금 우리가 이 시점에서 '민주화된 사법부'를 가졌을까 하는 의문을 품어 본다면 그 대답은 쉽게 긍정적인 쪽으로 나지 않을 것이다.

그 일례를 들어 보자. 세계의 모든 나라에서, 유독 한국만 제외하고 재판과정에 직업 법관뿐만 아니라 일반 국민들도 참여시키게 하는 경험을 가져왔다. 이는 배심제 혹은 참심제의 형태로 이루어졌다. 이것은 사법과정에 대한 국민 참여의 가장 중요한 형태로, 또 민주주의 실현의 징표로서도 중요한 의미를 갖는다. 그렇지 않은가? 세계 모든 나라가 그렇게 해왔다면 분명 그만한 근거가 있고 이유가 있었지 않았겠는가? 그럼에도 우리 대법원은 2003년 상반기까지만 하여도 우리 국민은 아직 이를 도입할 만한 수준이 되지 못한다는 투로 완강한 거부 자세를 보였다. 이 얼마나 비민주적이고 오만불손한 자세인가?

이 문제에 관하여 관심이 있는 사람이라면 흘러간 기록들을 잘 살펴보라. 과거 사법개혁을 주장하는 측에서 상투어로 내건 말은, 외부의 부당한 간섭으로 사법부의 독립이 훼손되어 왔으니 이를 시정함이 사법개혁의 본령이라고 하는 것이었다. 과연 이 말이 사실인가? 결과를 보자. 지금 사법부가 과연 외부에서 누가 공정한 재판을 저해하는 부당한 지시를 행하기 때문에 이런 파렴치한 일들이 발생하고 국민들로부터 존경을 받지 못하는가? 그렇지 않다. 사법부의 독립을 그런 식으로 해석하여 좀 더 사법부의 권한을 강화하는 쪽으로 방향을 잡음은 또 다른 집단이기주의의 발로이다. 그 속에서 여전히 철밥통을 누리며 과거에 가지던 것 이상으로 더 가지며 살겠다는 혐오스러운 의식이다. 이런 식으로 논의가 전개되어서는 결코 올바른 사법개혁이 되지 않을 것임은 불문가지이다. 가장 중요한 것은 재판권이 국민의 이익을 위하여 적정하게 행사되도록 컨트롤하는 것이다. 지금까지의 사법개혁에서는 이 문제가 거의 안중에 없었으니 어찌 제대로 된 사법개혁이 이루어졌겠는가?

재판의 공정성을 해하려는 유혹은 그 재판을 자신에게 유리하게 했으면 하고 갈망하는 사람은 누구나 느끼는 것이다. 그 재판으로 어쩌면 자신의 인생 전체가 바뀔지도 모름이 항용 있을 수 있는 일이다. 거기에다 우리 사회는 전통적으로 연고주의緣故主義가 강하게 지배하는 사회이다. 판사건 누구건 연고를 무시하고 처신한다면 거만하고 무례한 인간으로 매도당하기 십상이다. 판사를 해보면 이 때문에 곤혹스러운 입장에 처하는 것이 한두 번이 아니다. 자신의 부탁을 들어주지 않는다는 이유만으로(그 판단이 공정하다 아니다 하는 점은 거론도 하지 않으며) 다시 낯을 보려고도 하지 않고, 음성적으로 그 판사의 욕을 하고 다니는 사람도 적지 않다. 왜정 때 조선인이 설사 제국대학을 졸업하고 일본 고등문관시험 사법과를 합격했더라도 법관은 잘 시키려 하지 않았고, 또 법관으로 발령은 내었다 하더라도 중요한 포스트에는 배치하지 않으려 했다는 기록이 남아 있다. 그들의 말로는 부정하겠으나, 어찌 민족 차별적 관념이 없었다고 하겠는가? 다만 그들의 말에 의하면 반도 출신들은 너무나 연고의식이 강하여 그렇게 할 수밖에 없었다고 한다. 재미있게도, 정약용 선생의 목민심서를 보아도 고을 수령으로 되어 일가친척이 찾아왔을 때 이를 어떻게 접대하여 인심을 잃지 않는가를 자세히 기술한다. 일가친척의 접대가 고을 수령으로서의 직무와 무슨 관계가 있을까? 연고주의는 그만큼 뿌리 깊은 우리 민족의 본질적 정서가 아닐까? 내가 일본에 유학했을 때 가장 인상 깊었던 점이 실은 바로 일본 사회와 우리 사회가 그 점에서 상당히 달랐다는 사실이었다. 일본도 수직적 네트워크의 사회이다. 인사이더와 아웃사이더를 엄격하게 구별하여 네 편, 내 편을 유난히 가리는 사회이다. 그럼에도 그 사회 전체를 관통하는 원칙과 상식이 언제나 살아 꿈틀거림을 느낄 수 있었다. 연고 같은 것을 이용해 그것을 깨려는 측에는 아주 엄격한 대응이 행해진다. 그래서 사회는 언제나 예측 가능하다. 거기에다 맞추어 살아가면 되니 다른 신경을 쓰지 않아도 되고 살아가기가 편하다. 미국에서 유학하며 더욱 이런 점을 깊이 느꼈다. 물론 미국이나 일본에서 우리같이 법조브로커가 설쳐서 재판과정에도 영향을 미치고 했다는 식의 이야기는 전혀 없다. 아마 그 나라 사람들에게 이 같은 말을 해주면 도무지 이해를 못하거나 어떻게 그런 일이 생길 수 있는지 무척 의아해하리라. 우리도 최근 연고주의를 극복하고 원칙에 따라 사회가 움직여 나가게 하는 면에 많은 노력을 기울였고 또 상당히 좋아지긴 했으나, 아직은 미국이나 일본에 비하면 멀었다. 그렇게 솔직히 인정하며 앞으로 더욱 노력해 나가야 우리 사회의 장래가 보장된다고 본다.

사법시험은 왕조시대의 과거科擧를 연상시키며 치러져 왔다. 지금은 상당부분 퇴색하긴 했어도 사법시험, 흔히 말하는 고등고시에 합격하는 것은 다른 사람보다 탁월한 능력을 가졌다는 인증으로 치부되었다. 그런 속에서 심한 특권의식이 자리 잡았다. 사법부에서 하는 일은 절대 오류가 없고, 설사 조그마한 잘못이 있어도 이는 사법부 내부에서 얼마든지 수습할 수 있으니 외부인들은 여기에 전혀 신경을 쓸 필요가 없다는 식으로 일관해 왔다. 등산 갈 때도 서열에 따라 발걸음을 맞추어 가야 한다는 그 지독한 권위주의, 서열의식이 자신의 양심과 법률에 따라서만 재판을 해야 한다는 헌법상의 원칙과 결코 상종할 수 없으며, 분명 어떤 마찰을 일으키리라는 점은 너무나 쉽게 상상할 수 있었다. 그럼에도 사법부는 그 모든 내부적 모순을 애써 가리며 이 세상 제일가는 깨끗한 집단인 양 겉치레에 분주해 왔다.

법관의 잘못에는 터무니없는 관용이 베풀어졌다. 사법부에는 어떠한 결함도 있을 수 없다는 원칙을 지키기 위해서는 그렇게 할 수밖에 없었다. 분명히 법관의 잘못이 개입하여 재판이 그르쳐졌음에도, 그것을 거꾸로 뒤집어 재판은 오직 정당했고 법관은 잘못을 전혀 범하지 않았다는 상투적인 회답이 민원인에게 돌아갔다. 이런 사건에는 국가배상청구도 허용되지 않았고, 검찰청에 고소해 보았자 결과는 언제나 뻔했다. 이렇게 공정하지 못한 재판으로 사건 당사자가 입는 피해는 너무나 쉽게 무시되었다. 중요한 것은 역시 사법부는 완전무결한 조직체라는 떠벌림이었다. 설사 어떤 부패사건으로 조금 문제화되는 면을 보여도 사건의 초기단계에서 그 은폐를 위하여 모든 힘을 동원했다. 언론도 협조해 주었다. 검찰은 당연히, 아예 협조가 아니라 공범자의 의식으로 사건의 무마와 은폐에 힘을 기꺼이 빌려주었다. 그렇게 철두철미하게 하니 그런 부패사건이 발생했다는 사실조차 완전히 지워버리곤 했다. 그렇게 수십 년 세월이 지나온 것이다.

판사들은 다른 나라의 사법부에서 그 유례를 찾아보기 힘든 그 왜곡된 질서 속에서 순응하기만 하면 자신의 장래는 보장되었다. 처음에는 숨을 죽이고 발걸음 하나에도 신경을 쓰며 조심을 해야 하나, 철저히 엄격하게 설정된 관료체계의 순서에 따라 점점 지위가 올라간다. 그 밑에 있게 되는 후배 법관들에게는 자신이 해온 길을 그대로 밟아 오도록 요구할 수 있었다. 웬만한 잘못을 저질러도 조직은 모두 알아서 보호해 준다. 기계적으로 한번 정해진 서열은 해당 법관의 잘잘못에 따라 바뀌지 않는다. 철저하리만치 철밥통이다. 그는 점점 편안해짐을 느끼며 그 조직이 안겨다 주는 끝도 없는 안정감에 그게 바로 최선의 조직인 양 생각하는 환상에 빠진다. 변호사 개업을 해도 전관예우前官禮遇에 따라 한솥밥을 먹는다는 의식 속에서 같이 지내온 동료, 선배, 후배 법관에게서 십시일반十匙一飯의 마음으로 특별 대접을 받으며 몇 년간에 수십억 재산을 모을 수 있었다. 이것은 그들의 특권이었고, 남에게 내어주기 힘든, 도저히 그럴 수 없는 기득권이었다. 여기에는 검찰이건 변호사회이건 입장을 같이하지 않을 수 없다. 재조의 경험이 있건 없건 많은 변호사들은 이런 체제하에서 최대의 경제적 수혜자였다. 사건을 처리하는 판사나 검사와 사법연수원 몇 기의 동기라는 이유만으로 그들은 높은 수임료를 사건 당사자에게 부를 수 있었다. 이러한 것은 그들의 독특한 문화양식이자 생존의 형태였다. 이에 의문을 품고 어설프게 비판에 나서는 사람은 범법조凡法曹에 형성된 아름다운 질서를 파괴하려는 것으로, 용서되지 않는 이단아 취급을 받았다. 한국에서 가장 무서운 죄는 '괘씸죄'라고 우스갯소리로 말하는데, 법조계의 경우 이거 장난이 아니다. 그들은 서로 속삭인다. 법조 3륜의 어느 하나라도 타격을 입으면 안 된다고. 그러면 자신들이 누리는 태평성대가 끝장날지 모른다는 위기위식이 그들 사이에서 간단없이 운위되며, 그들의 단결을 더욱 공고히 해왔다.

이 거대한 기득권체계에 저항하는 그 어떤 세력도 사람도, 지고지순至高至純한 체계, 우리 사회의 그 어느 누구와도 비교할 수 없이 뛰어난 품성과 재질을 가진 사람들로만 구성된 사법부를 아무런 근거 없이 해치려는 아주 고약한 세력이요 사람이었다. 그런 사람들은 그들이 생각하는 정의, 어쩌면 초헌법적인 정의에 따라 처단되지 않으면 안 되었다. 그래서 어떤 판사가 국민의 입장을 생각하며 우리가 이래서는 안 되는 것이 아닐까 하는 의문을 표시하였다는 이유로, 그에게 헌법 제12조에 따라 보장된 적법절차의 원칙까지 무시하고 단 한 번의 의견을 제출할 수 있는 기회조차 봉쇄한 채 판사의 자격을 박탈해 버린다. 나아가서 언론사 법조출입팀에게 그 판사의 사생활을 조작하여 알려주고, 인격적으로 형편없는 인간이 한 믿을 수 없는 말로 설득시켜 더 이상 문제가 확대됨을 봉쇄하고, 기자들은 설마 대법원 공보관이 하는 말인데 거짓말이기야 하려고 하는 안이한 의식 속에서 대법원의 어처구니없이 비열한 공작에 그대로 따라가 버린다. 이런 일들이 공공연히 행해져 온 것이 우리의 사법부이다. 한마디로 말해 속으로는 부조리와 모순으로 팽배했으면서도 위선과 가식으로 허우대만 잘 챙긴, 회칠한 무덤이었다.

피를 토하며 절규하는 사법피해자들

국민들은 무시한 채 그들의 기득권을 지키기에 급급했던 사법부. 이를 위해 저지른 그 어떤 은폐나 공작도 오직 관념상의 아름답고도 화려한 사법부의 외관을 지키기 위한 것으로 정당화되었다. 그런 것들이 오히려 우리의 사법부를 지켜 나가는 용기 있는 행위로 간주되었다. 바른말을 하는 후배 법관을 무저항상태로 세워 두고 주먹으로 그의 얼굴을 치며 질타하는 것이 흔들리는 사법부를 곧추세우는 의로운 행위였다.

이런 도착된 현실관, 의식 속에서 전국에는 불행히도 많은 사법피해자들이 생겨났다. 그들은 무리를 지어 다니며 자신들의 억울함을 피를 토하며 절규한다. 하지만 그 어느 누구도 그들의 말에 귀를 기울이지 않는다. 무슨 소리인가? 그래도 우리 한국 사회에서 가장 믿을 수 있는 곳이 사법부요 검찰인데, 거기에서 불이익한 재판과 처분을 받았다고 해서 저렇게 소란을 떠는가? 국가인권위원회도, 국민고충처리위원회도 그들에겐 손을 든 지 오래이다. 물론 사설의 변호사 사무실에 가보았자 대답은 뻔하다. 그들은 현대판 유민들이다. 우리의 역사상 이런 비참한 유민 생활을 한 예는 적지 않다. 최근에는 민가협 소속 회원들이 그러했으나 민주화가 되며 그들의 처절한 한은 상당부분 해소되었다. 그러나 사법피해자들은 내일을 기약할 수 없는 막다른 투쟁을 오늘도 계속하고 있다. 사법피해자들의 공통된 특징은, 재산을 다 잃어버렸다는 점 외에 거대한 공권력을 상대로 하여 싸우는 동안에, 그리고 이 사회의 편견에 휘감겨 살아오는 동안에 정신이 극히 피폐해져 있으며 나아가서는 가정이 박살난 사람이 대부분이다. 또 기존의 법질서에 대한 극도의 불신감으로 그들 옆에 서면 거의 살의까지 느껴질 정도이다. 그야말로 죽기 살기로 법질서에 대든다.

그러나 만약에 그 사법부에서 그리고 검찰에서 언제라도 잘못을 저지를 수 있었다면, 그런 체제로 운용되어 왔다면 우리는 그들의 문제를 어떻게 보아야 할 것인가? 이제 사법부여, 조금은 진실해지자. 가식을 조금은 벗어던지고 말해보자. 한 끼의 맛있는 식사를 위하여 판결을 팔아 버리는 일도 왕왕 행해져 왔던 것이 우리 사법부가 아닌가? 재판날 점찍어 둔 변호사를 가장 뒤에 남게 하여 그로부터 식사를 대접 받으며 한잔 술을 피곤한 몸속으로 넣어 피로를 잠시나마 잊으려고 했던 일은 아주 흔했다. 하지만 그 회합에서 그 변호사가 바로 그날의 사건에 대하여 소정외 변론所定外 辯論을 행할 때 그 말에 귀를 기울이고 무게를 두지 않을 수 없는 것은 판사도 인간인 이상 당연한 일이 아닌가? 우리가 그다지 죄의식을 갖지 않고도 행했던 이런 일들에서도 부정의 소지는 없을 수 없었다. 이번 김홍수 게이트에서 적나라하게 터져 나온, 판사들 세계의 은어로 통용되어 온 '관선변호官選辯護'는 또 어떤가? 선배나 동료 법관이 사건 청탁을 하여오는 것은 심심찮게 본다. 그의 뒤에다 관선변호인이라는 낙인을 찍을 수는 있어도, 현실적으로 그의 부탁을 들어주지 않기란 소위 한솥밥을 먹는 처지에서 참으로 이려운 일이 아닌가? 그런 유의 은어로 또 '고문판사顧問判事'란 말도 있다. '고문변호사'에 빗대어, 판사로서 어떤 개인이나 기업의 이익을 위해 법원 내에서 설치고 다니며 청탁을 일삼는 사람을 가리키는 말이다. 적어도 고문변호사보다는 고문판사의 말이 더 잘 먹혀 들어가리라는 것은 상식적으로 보아도 뻔한 일이다. 우리가 좀더 솔직해지자면 법관들의 비리 연루는 결코 이런 정도에 그치지 않는다. 각자의 경험에 따라 다르겠으나, 판사실에서 구체적인 사건과 관련하여 돈봉투가 오고 가며 판결 거래를 하는 형편없는 인간도 보았고, 새 차를 샀다고 변호사들을 하나씩 호출하여 대금의 일부씩을 부담하라고 요구하는 철면피도 보았다. 아마 그는 차대금보다 훨씬 더 많은 돈을 거두었으리라. 우리의 사법부는 이런 인간들에 대하여도 한없이 관대하였다. 조직의 보호막은 그들에게도 언제나 자애롭게 펼쳐졌다. 징계절차는 개시된 적이 없고, 민원인에 대한 회답은 언제나 똑같았다. 사법부는 여전히 순백純白의 청렴한 조직체로 누구도 이에 대해 반론을 감히 제기할 수 없다는, 쇳소리 쩡쩡 나는 호령이 지나갔다. 그러나, 그러나 그로 인하여 피해를 입은 국민들의 원망과 한은 대체 어떻게 할 것인가?

새로운 지도자의 등장

다행히 최근에 이용훈 대법원장이 취임한 이래 사정이 많이 바뀌었다. 그는 우리 사법부가 과거에 잘못한 일이 있을 수 있다는 말을 취임 전에 행하였다. 이 당연한 말을 그리 쉽게 보아서는 안 된다. 사법부의 수장이 이 말을 해주기를 기다리며, 우리는 가인街人 김병로金炳魯 선생 이래 수십 년 세월을 기다려 왔던 것이다. 사법부에는 절대 잘못이 있을 수 없다는 허황된 논리로 치장하며 그 속에서 부패를 은폐시키고 자신들의 기득권을 챙기기에 급급해 온 것이 그토록 오래되었다. 이를 정면으로 부인하는 말을 다름 아닌 사법부의 수장으로 될 사람이 한 것이 그저 놀랍다. 그 용기는 하늘을 찌르는 기상에서 나옴이다. 그는 또 우리의 사법부가 이제 국민의 사법부로 거듭나야 함을 누누이 말해 왔다. 참으로 옳은 말이다.

그러나 사법부는 대법원장 혼자서 모든 문제를 해결할 수 있는 곳이 아니다. 모든 법관에게 거의 절대적으로 소신에 따라 재판을 할 수 있는 헌법상의 보호가 주어진다. 대법원장이라고 해서 재판상 어느 법관에게 구체적 지시를 할 수는 없는 것이 바로 우리 헌법원칙이고 법치주의의 요체이다. 문제는 기존의 잘못된 사법부의 관행들이 너무나 오래 계속되었고, 적지 않은 법관들은 여전히 이에 물들어 있다는 점이다. 대법원장 혼자 깨어 있다고 해서, 그리고 몇 사람의 훌륭한 법관들의 도움을 받는다고 해서 사법부를 기존의 모습에서 환골탈태시킬 수 있으리라는 믿음은 너무나 나이브naive하다. 결국 중요한 것은 우리 국민들이다. 국민들이 나서서 '열린 사법부', 그 구성원들의 집단 이익보다 국민들의 이익을 우선시하는 사법부로 바꾸어 나가야 한다.

과거사 청산

그러기 위해서 우선 시급한 과제가 사법부의 과거사 청산이다. 과거사 청산이라는 말을 들으면 알레르기 반응을 보이는 사람들이 있다. 이는 왜정 때의 행위에 대한 과거사 청산이 오랫동안 논란되었다는 점에서일 것이다. 사실 왜정의 시기가 너무 길었다는 점에서, 그리고 해방 후에 지금까지 너무 긴 시간이 흘렀다는 점에서 이 과거사 청산은 처음부터 문제의 소지를 안고 있었다. 하지만 사법부의 과거사 청산은 이와는 완전히 다르다.

일그러진 사법부의 구조하에서 피해를 당한 많은 사람들이 아직도 그 구제를 외치며 자신의 모든 것을 불사르고 있다. 그 증거 같은 것들이 아직 많이 남아 있다. 혹자는 우리 민사소송법이나 형사소송법의 절차에 따라 재심을 청구하면 된다고 생각할지 모른다. 하지만 이는 실정을 모르는 말이다. 우리 소송법상의 재심절차는 그 사유나 기간에서 극히 제한적으로 인정될 뿐이다. 기존의 재판이 모두 공정하게 행해졌다는 점을 전제로, 그 재판 후에 형성된 법률관계를 우선시하겠다는, 법적 안정성을 보다 중시하는 입장이다.

우리도 이제 저 불쌍한 사법피해자들의 말에 한번 귀를 빌려주었으면 한다. 그들은 잘못된 재판으로 모든 것을 잃고 법질서에 정면으로 대항하며 떠돌아다니는 사람들이나 그들 역시 소중한 우리 국민들이다. 인혁당 사건과 같은 정치적인 사유로 희생당한 사람들에 대한 구제도 하루빨리 되어져야 한다. 이에 관해서는 우리 사회에 상당한 공감대가 형성되어 있다. 하지만 불행하게도 일반의 재판에서 희생당한 사람들에 대해서는 아직도 우리 관심의 영역 밖에 있다. 대법원장의 인식대로라면, 우리 사법부가 때때로 잘못된 재판을 행해 왔던 것이라면, 그 사건이 정치적인 것이건 그렇지 않고 일반 사건이건 간에 똑같이 취급을 받아 바로잡을 수 있는 기회가 주어져야 한다.

그래서 이런 제안을 하고 싶다. 국가에서 사법피해자들을 심사하는 위원회를 구성하여, 이 위원회가 여러모로 판단하여도 정말 억울하다고 판단되는 사건은 특별히 바로 재심이 허용되도록 하자는 것이다. 다만 그 위원회의 구성원들은 기존의 탈 많은 법조체계와 별로 연이 닿지 않은 젊은 법조인들과 우리 사회에서 건전한 상식을 갖춘 시민들로 구성되었으면 한다. 물론 재심을 허용한다고 해서 바로 구제가 취해지는 것은 아니다. 결국 법원의 재판을 통해서 그 정당성이 인정되어야 최종적인 오류 시정이 되는 것이니, 현행 헌법상의 사법국가주의司法國家主義와도 어긋남이 없다고 본다.

그리고 과거 헌법상의 원칙을 무시하며 사법부에 대해 비판적인 의견을 말했다는 이유만으로 쫓아낸 법관들에게 다시 한 번 그 사유를 심사 받을 수 있는 기회를 주어야 할 것이다. 법관보다 헌법상의 지위가 더 보장된다고 할 수 없는 교수들에게, 더욱이 그들에게는 형식적으로는 소명의 기회 등이 주어졌음에도 다시 재심사를 부여 받을 수 있는 권리가 새로운 법의 제정으로 주어졌다는 점에서 이는 사법부가 당연히 취해야 할 조치라고 본다.

이러한 과거사 청산 작업을 통하여 사법부는 진정으로 국민을 위하여 앞으로 나아가는, 새롭게 형성되는 기풍을 진작시킬 수 있다고 본다. 한 가지 부연하자면, 대법원장은 취임 일성으로 사법부의 과거사 청산을 내걸었으나 지금껏 진척된 것은 하나도 없다. 불길한 조짐이라고 본다.

징계절차의 개선

더 이상 사법부는 무흠결의 완전한 조직체라는 사법무결점주의가 통용되지 않도록 하려면, 비위를 저지른 법관에 대한 공정무사한 징계절차가 행해져야 한다. 그러기 위해서는 기존의 법관징계위원회가 사실상 그 기능을 하지 못하고 오히려 법관 비위 은폐를 도와왔던 점에 대한 철저한 반성이 있어야 한다. 그래서 법관징계위원회의 구성원을 대폭 바꾸어야 한다. 법관 외의 외부인사가 당연히 다수 참여하여야 한다. 그리고 법관의 비위가 신고나 접수되면 반드시 법관징계위원회가 소집되도록 의무화시켜야 한다. 하지만 이런 제도적 개선에도 불구하고 과연 법관징계위원회가 제대로 기능할지는 상당히 의문이다. 잘 알듯이, 우리 사회에서 어떤 집단이건 그 내부를 향한 온정주의의 뿌리는 너무나 깊이 박혀 있기 때문이다.

시법개혁 작업의 안료

지금 국회에서 통과되지 못한 채 지루하게 시간을 끌고 있는 사법개혁 작업의 소산물인 법안들은 실은 과거의 사법개혁 작업과는 그 틀의 차원을 달리한다. 요점은 두 개다. 한국식 로스쿨의 창립과 한국식 배심원제의 채용이다. 전자는 우리 법조계에 아직 어두운 구름을 드리우고 있는 연고주의를 극복해 나간다는 점에서나, 법조인들의 지나친 특권의식을 부수고 시민사회 구성원들과의 동질성을 회복시키기 위하여, 그리고 급변하는 글로벌 세상에서 우리 법조계가 경쟁력을 충분히 확보하기 위하여 다른 대안이 없을 만큼 꼭 필요한 제도이다. 후자는 더 말할 필요가 없다. 세계의 모든 국가가 이 제도를 채용하였거나 채용하고 있는데 왜 우리만 오직 직업법관들에게 법적 분쟁의 해결을 맡겨야 하는가? 그 과정에서 과도하게 관료주의에 기대는 등으로, 우리가 보듯이 숱한 문제가 발생해 왔는데 말이다.

나아가서 고위공직자비리조사처에 관해서 야당의 완고한 반대 입장에 재고가 있기를 기대한다. 사실 이 기관이 설치되면 봇물이 터진 듯 비리를 저지른 판검사에 대한 진정이 접수됨이 예상되고 있다. 다시 말해서 고위공직자비리조사처는 앞으로 법원과 검찰의 공정성을 담보하기 위한 가장 강력한 기관으로 기능할 것이 예상된다. 한나라당이 역으로 제안하는 특별검사제는 분명한 한계가 있다. 왜 한나라당은 이 법안에 굳이 반대하여, 로비에 아주 취약한 우리 사법체계에서 생길 수밖에 없는 억울한 사람들의 가슴에 맺히는 한을 외면하려고 하는가? 다른 이유가 있는지는 모르겠으나 혹시 과거에 잘못된 행위를 저지른 판사나 검사들이 특별한 문제의식 없이 그렇게 했으니 너무 가혹하지 않느냐는 생각을 한다면, 그 법에다 시행일 이후의 행위에 대하여만 고위공직자비리조사처가 권한을 갖는 것으로 해도 되지 않을까 한다.

사법부에 대한 배려

이렇게 숨 가쁘게 말해 오다 보니 마치 사법부가 비리의 온상인 양 하는 인상을 주었을까 겁이 난다. 그렇지 않다. 처음에 말한 대로 사법부에는 올곧게 자신의 직무를 다해 온 수많은 법관들이 존재한다. 전체적으로 평가한 사건 처리의 능률성도 뛰어나다. 다만 그러한 현상과는 별도로, 우리가 현대 민주주의 제도 하에서 사는 이상 몇 사람의 선의와 헌신에 기대어 훌륭한 조직 운용을 기대하는 대신에 제도적으로 우리 사법부를 민주주의 원칙에 충실하게 만들어 가자는 것이다. 또 일부 위선과 가식의 탈 안에 온존시켜 온 모순과 부조리를, 사법부 역시 국민 전체의 뜻에 따라야 한다는 원칙에 따라 드러내고 없애어 진정으로 우리 모두가 자랑스럽게 생각하는 사법부를 만들어 갔으면 하는 것이다. 그리고 그 핵심은, 지금까지 다른 나라에 비하여 우리 사법부에 아주 결여되어 있던 올바른 재판을 위한 통제의 시스템을 확보함이라고 본다.

　이런 작업의 과정에는 사법부에 대한 배려도 반드시 고려되어야 함이 마땅하다. 사실 법관들만큼 격심한 정신적 노동을 하는 직업은 우리 사회에서 다시 찾기 힘들다. 대학교수가 7에 버금갈 것이나, 양자를 다해 본 필자로서는 법관 쪽이 훨씬 힘들다고 생각한다. 그래서 최소한 대학교수에게 인정되는 안식년의 제도를 법관에게도 인정해 주고, 그들의 열악한 근무환경에 대한 개선도 이루어져야 한다. 가령 일본에서처럼 재판부 하나에 법정 하나(일본의 재판부 개념은 우리와 조금 다르기는 하다)가 허용된다면, 법관들은 훨씬 효과적으로 재판을 해나갈 수 있을 것이다.

거듭 생겨나는 비리, 부조리로 지리한 장맛비, 그에 이은 축축한 불쾌감처럼 우리에게 나타나는 사법부가 아니라, 여름날 느티나무 잎사귀를 스쳐 가는 상쾌한 바람 같은 존재로 국민들에게 다가갈 수 있기를 염원한다. 그러기 위해서 사법부의 자정 노력과 시스템의 개선 외에 법관들이 긍지를 가지고 근무할 수 있는 환경을 설정해 줌도 대단히 중요하다. 여기에 소요되는 재원을 우리에게 꼭 필요한 사회적 비용으로 선선히 수용해 나갈 수 있는 자세가 우리 사회의 선진화를 재는 또 다른 척도가 되리라 믿는다. (신동아, 2006. 9.)

지금 로스쿨 공적 1호로 지목되는 내가 앞장서서 로스쿨 도입을 주장한 것이 이채롭다. 사실 그 당시 나는 로스쿨의 순조로운 도입을 위하여 내 할 바를 다하려고 했다. 심지어 국회를 방문하는 길에 로스쿨에 대한 부정적 시선을 가진 노회찬 의원을 설득하기도 했다.

이 글을 기고한 꼭 1년 후 이번에는 검찰을 통렬히 비판한 글을 다시 신동아에 기고하였다. 그것은 당시 최태민 목사와 박근혜 씨와의 관계를 추적한 기사를 신동아가 게재하자 검찰이 동아일보사 압수 수색에 나선 것을 비판한 글이다.

신동아 사태의 압수수색영장은 헌법위반이다

사건의 경과

옛날 매미는 "맴, 맴, 맴!" 하고 정겹고 구성지게 울었다. 그런데 요즘 매미는 "찌리링, 찌리링……." 하고, 무심코 지나칠 수 있어도 때때로 조금 귀에 거슬리는 소리를 낸다. 제비가 거의 없어진 탓에 매미가 너무 창궐하여 한밤중 가로등 전주에서도 울어대는 형편이니, 매미 우는 소리가 예전 같지 않다. 월간지의 성격에 어울리지 않게 밋밋한 색조를 띨 염려가 있으나, 이 원고의 성격상 법학논문을 쓰는 식의 엄밀한 논리적 분석을 해 나가지 않을 수 없음을 이해해 달라. 내용 자체가 요즘 매미소리처럼 약간은 짜증스럽게 들리지 않을까 조심스럽다.

우선 이번 '신동아 사태'의 전말을 간단히 정리해 보자. 신동아 6월호에서 한나라당의 유력한 대통령후보로 경선과정에 있는 박근혜 씨를 대상으로 한 '박근혜 X파일 & 히든카드'라는 제목으로 보도를 하였다. 이것은 옛 중앙정보부가 작성해 박정희 당시 대통령에게 보고한 것으로 알려진 '최태민 보고서'(기자가 입수한 원제목은 '최태민 관련자료'로 A4용지 16쪽 분량)를 토대로 박근혜 씨에 대한 가장 큰 약점으로 일각에서 운위되던 최태민 목사와 박 씨의 관련설에 관한 내용을 언급하였다. 이은 7월호에서 다시 "'전두환 안기부', 박근혜 약혼설과 재산 의혹 수사했다"

는 제목으로 6월호 보도의 후속보도를 내었다.

잘 아는 대로 박 씨와 다른 유력 경쟁후보인 이명박 씨의 과열된 당내 경선이 온갖 잡음을 낳더니 급기야 각종 고소고발 사태로 이어지고, 한구석에서는 안기부와 같은 권력기관이 두 사람의 약점 현출에 개입하지 않았을까 하는 강한 의혹이 제기되었다. '최태민 보고서'도 일반인에게 유출될 수 없는 성격의 것인데, 이것이 신동아 기자에게 어쩐 일인지 유출되어 보도되었다. 이어서 이해찬 전 총리나 열린우리당의 김혁규 의원 등 네 명의 의원 홈 페이지에도 게시가 되었다. 이러한 일련의 유출과정에 현직 국정원 팀장급인 박 모 씨가 역할을 한 것으로 의심을 받았다.

한나라당 대선후보에 대한 음해공작사건을 담당하던 서울중앙지검 특수1부에서는 '최태민 보고서'가 동시다발적으로 유포된 점을 중시하여 그 유출경로에 대한 본격적인 수사에 착수하였고, 그 첫발로 7월 25일 서울중앙지방법원에 신동아 기사를 쓴 두 명의 기자 등의 이메일 등에 대한 압수수색영장을 신청하였다. 영장담당 판사는 웹 스토리지 서버에 보관된 이메일 자료 등의 압수수색영장을 발부해 주며, 다만 4월 21일 이후에 저장, 보관된 자료에 한정한다는 제한을 붙였다.

검찰은 7월 26일과 27일 이 영장을 갖고 동아일보 충정로, 광화문 사옥에서 집행을 시도하였으나 동아일보 기자들의 강한 반발로 물러났다. 그러다 그달 30일이 되어 동아일보에서 관련된 자료를 임의제출해 주는 조건으로 검찰과 동아일보 측이 합의를 하였고, 이 합의에 따라 검찰은 신동아 기자들의 이메일에 대한 압수수색영장을 더 이상 집행하지 않기로 양보하였다. 일단 이렇게 수습은 되었으나 급한 대로 서둘러 한 미봉에 불과했다. 이 사건에서 언론 측이 제기한, 언론의 자유 혹은 취재원 보호와 같은 쟁점들에 대한 해결은 전혀 이루어지지 않았기 때문이다. 검찰은 이 사건이 적법한 영장의 집행에 따른 것임을 강조하며 이에 따르지 않아서는 안 된다는 단순한 논리로 일관했다. 언론의 자유에 관한 쌍방간 토론의 장은 형성되지도 않았다.

언론의 자유는 무엇보다 소중한 가치

언론의 자유는 인간의 정신활동이 외부적으로 표현되는 면을 포착한 것으로, 우리가 자유롭게 숨 쉬고 사유하고 행동하는 공간을 만들어 주는 민주주의의 근간을 이룬다. 한편으로 언론의 자유는 인간적 존엄성을 유지하기 위하여 불가결의 것이기도 하다.

사람은 누구나 외부세계와의 정신적 교통을 통해서 원만한 인격체계를 만들어 간다. 점점 더 완전한 존재로 성숙해 갈 수 있고, 그에 따라 남이 함부로 범접할 수 없는 인격과 존엄성을 갖추어 간다. 이를 위해 가장 필요한 것은, 원하는 정보를 자유로이 마음대로 취득할 수 있어야 하고, 또 누구에게 거리낄 것 없이 자신의 생각하는 바를 표현할 수 있어야 한다. 한편으로는 사회의 구성원인 각 개인이 인류가 만들어 낸 가장 정교하면서 부드러운 정치체제인 민주정치를 유지하고 발전시켜 나가기 위하여 정보의 자유스러운 유통과 취득이 전제되지 않으면 안 된다. 필수적인 전제이다. 이를 통해 민주체제의 구성원들은 올바른 정치적 의지와 정치적 견해를 갖추고 선거와 투표의 과정에서 주권을 행사함으로써 민주적 공동체를 튼튼히 형성해 갈 수 있다. 가히 언론의 자유는 민주정치의 생명선이다.

이러한 뜻에서 언론의 자유는 근대 시민사회의 폭발적 형성과 투쟁이 쟁취해 낸 어떤 자유, 기본권 중에서도 가장 중요한 위치를 차지하는 것으로 흔히 '언론자유의 우월적 지위'라는 말로 표현된다. 우리 헌법에서도 제21조에서 언론의 자유가 기본권의 하나로 당연히 규정되어 있다.

언론의 자유가 성문화되어 효력을 가지는 것 중에서 가장 대표적인 존재로 미국 수정헌법 제1조가 꼽힌다. 원래 미국 헌법에는 기본권에 관한 권리장전이 없었는데, 수정 10개조의 형태로 권리장전이 추가되어 1789년 뉴저지주를 필두로 1791년 버지니아주의 비준을 획득함으로써 효력을 발생하였다. 이 권리장전의 제일 머리에 나오는 수정헌법 제1조에 언론의 자유 등이 규정되었는데, 그 내용상 의회가 언론의 자유를 제한하는 그 어떠한 법률도 아예 제정하지 못하도록 하였다. 우리의 국가체계도 서구식 혹은 미국식의 민주주의를 상당부분 지향하는 이상, 그리고 우리 헌법에서도 언론의 자유가 규정되어 있으므로 미국의 수정헌법 제1조상의 언론자유에 관한 해석은 대부분 우리에게도 그대로 원용된다.

그런데 언론자유의 내용으로서 의사 표현·전파의 자유, 정보의 자유, 신문의 자유 및 방송 방영의 자유가 포함된다고 봄이 일반적이다. '보도의 자유'라는 말도 흔히 쓰는데, 이는 신문의 자유나 방송·방영의 자유를 포괄하는 그보다 더 넓은 개념이라고 할 수 있다. 이 보도의 자유 속에 취재의 자유가 포함된다. 그런데 취재의 자유에는 취재행위의 자유와 취재원을 숨길 수 있는 취재원 비익권秘匿權을 넣을 수 있는데, 취재행위의 자유에 관하여는 이론이 없다. 하지만 언론사나 취재기자가 기사를 작성하게 된 정보원을 숨기며 말하지 않아도 될 취재원 비익권을 인정할 수 있는가에 관하여는 논쟁의 가치는 충분히 있으나, 현행법상으로 볼 때 완전한 형태로서는 인정되지 않는다.

언론의 자유가 가장 발달되었다고 하는 미국에서 취재원을 숨기는 데 관한 방패법shield law이 있다고 말해지나, 이는 어떤 특정의 법률을 말하는 것이 아니고 이를 인정하는 각 주에 따라서 그 내용이 상당히 차이를 이룬다. 연방 차원에서는 1972년의 Branzburg 대 Hayes 사건에서 언론사는 법정에서 취재원을 숨길 수 있는 헌법적 권리를 갖지 않는다고 판시되었다. 그러나 취재원을 밝히라는 요구를 하는 정부는 찾으려는 정보와 압도적이고 강력한overriding and compelling 주州의 이해 간에 실질적인 관계가 있음을 설득력 있게 나타내어야 한다고 판시했다. 그 뜻은, 곧 그런 급박한 경우가 아닌 범위에서는 취재원 비익권이 인정된다는 것이다.

최근에는 상당기간 미국의 조야를 뒤흔든 'CIA 누설사건CIA Leak Case'에서 취재원 비익권이 문제되었다. 2003. 7. 14. 미모의 전직 대사 부인인 Valerre Plame이 CIA의 전 공작원이었다는 사실이 언론을 통해 세간에 알려지게 되었는데, 이것은 그녀의 남편이 이라크 전쟁에 비판적인 견해를 표명한 것과 연관되어 그 보복으로 행해진 것처럼 보였다. 사태의 심각성을 더한 것은 그 누설이 권력의 심장부에서 일어난 점이었다. 이 사건은 엄청난 파장을 야기하다 결국 올해 7월 체니 부통령의 비서실장 Lewis Libby에 대한 30개월의 징역형 선고와 부시 대통령의 이에 대한 사면권행사 등으로 비로소 종결되었다. 이 사건에서 정보누설뿐만 아니라 기자나 언론사가 과연 취재원을 숨길 수 있는가 하는 점에서도 커다란 화제를 불러일으켰다. 정보 누설과정에 관련된 여러 기자 중 뉴욕타임스의 기자 Judithe Miller는 정보누설자의 신원에 관한 정보를 대배심Grand Jury에 밝히는 증언에 동의하기까지 85일간의 구금생활을 할 수밖에 없었다.

언론의 자유에 관한 제한의 일반론으로서, 언론에 대한 검열과 같은 사전 제한은 허용되지 않고 사후적으로 제약하는 경우에도 '명백하고 현존하는 위험clear and present danger'이 있을 때에 한해서 예외적으로 이를 제한할 수 있다는 원칙이 미국에서 수립되었고, 이는 우리 대법원, 헌법재판소의 판례에 의해서도 거의 유사하게 인정되고 있다. 다만 미국에는 명백하고 현존하는 위험의 원칙에 대신하여, 현재에는 Brandenburg v. Ohio 사건 이래 '절박한 무법적 행동imminent lawless action'의 선동 혹은 그런 우려가 있는 표현이 아닌 이상 정부는 이를 처벌할 수 없다는 원칙이 통하고 있다.

요컨대 언론사나 기자가 취재원을 보호하기 위해 그 신원을 숨기는 경우, 그 공개를 법적으로 강제하기 위해서는 공개로 이룰 수 있는 공익이 아주 크다는 점이 시현되어야 한다는 전제에서 나아가 그 비익秘匿이 공익에 명백하고 현존하는 위험을 초래하거나 절박한 무법적 행동 따위로 평가될 수 있어야 한다. 이러한 기본요건들을 갖추지 못한 취재원 공개 강제는 헌법에 의해서 거부된다. 즉 이것은 위헌적인 공권력의 행사이다. 이와 같은 문제의식을 갖고 신동아 사태를 짚어 보자.

이 사건 압수수색영장이 가지는 두 가지 심각한 문제점

검사가 범죄수사에 필요한 때에는 지방법원판사에게 청구하여 발부받은 압수수색영장에 의하여 압수, 수색을 할 수 있고, 사법경찰관이 범죄수사에 필요한 때에는 검사에게 신청하여 검사의 청구로 판사가 발부한 영장에 의하여 압수, 수색을 한다(형사소송법 제215조). 이 사건에서처럼 검찰에서 직접 수사를 하는 경우에는 사법경찰관의 신청이라는 절차는 생략되고, 바로 검사의 청구에 의하여 판사가 이를 심사한 끝에 압수수색영장을 발부하는 절차를 밟게 된다.

이 사건 압수수색영장은 피내사자인 국정원 직원 박 모 씨에 대한 공직선거법 위반 혐의사실에 대한 수사에 필요하다는 이유로 검사에 의해 청구되었다. 그런데 검사는 영장을 청구하며, 압수수색의 범위에 관하여 하등 제한을 두지 않았다. 쉽게 말하자면, 신동아 기자들의 이메일에 관하여 어떤 시간적, 사항적 한계 없이 무차별적으로 압수수색할 수 있는 내용이었다. 약간의 다행스러운 일로 검사의 청구를 받은 영장담당법관은 2007. 4. 21. 이후의 자료에 한해서 압수수색할 수 있다고, 영장의 일부 범위를 제한하였다. 하지만 유감스럽게도 이는 충분치 못한 일이었다. 언론의 자유와 관련하여 좀더 다른 차원, 국가의 근본법으로서 모든 법질서의 상위에 위치하는 헌법적 관점에서 고려할 점이 적지 않았으나 이것이 간과되었다. 동아일보 기자들 등이 이에 반발한 것은 어쩌면 헌법적 관점을 고려하지 않은 이 사건 영장이 초래할 수밖에 없었던 당연한 결과였다.

이번 사태에서 검찰은 일관하여, 적법하게 법원에 의해 발부받은 영장에 따라 법집행을 함에 불과하다는 식으로 말하며, 영장 집행이 일으킨 파장, 그에 대한 반발이 갖는 의미를 애써 축소하려고 하였다. 그러나 동아일보 기자들이 7월 29일 자 성명서에서 "기자를 피내사자의 관련인이라는 이유만으로 언론사를 압수수색할 수 있다면 지구상 모든 언론사는 하루에도 몇 번씩 검찰에 문을 열어 줘야 한다."고 한 것이나, 한국기자협회가 7월 30일 자 성명서에서 "검찰의 요구에 따라 취재원을 공개한다면 누가 언론의 취재 요청에 응하겠는가? 용의자도 아닌 기자들의 메일 공개를 강요하는 것은 사생활 침해다."라고 말한 것은, 헌법적 문제의 핵심을 찌른 것은 아닐지라도 이번 신동아 사태가 갖는 어딘가 석연치 못한 단면을 여실히 표현해 준다. 이렇게 사건 수사의 초동단계에서 언론사나 기자들을 대상으로 압수수색을 하여 취재원을 캐기 시작하면 언론이 정부의 부정과 국가 비리에 대한 기사를 쓰는 게 아예 불가능해질 수 있다. 검찰이 언론에 대해 취재원 공개를 직접 요구하는 것은 다른 수사방법을 구사하여도 안 될 때 하는 최후의 방법이어야 한다. 기자나 언론사는 그들 나름대로, 1961. 7. 30. 한국신문편집인협회가 제정한 신문윤리실천요강 제5조 "기자는 취재원의 안전이 위태롭거나 부당하게 불이익을 받을 위험이 있는 경우 그 신원을 밝혀서는 안 된다."는 의무를 지고 있다는 점도 충분히 고려되었어야 한다. 그러나 이번의 영장 발부나 영장의 집행은 이러한 점들에 대한 배려의 흔적이 전혀 없는, 세차고 거친 풍랑이었다.

앞에서 내린 결론대로 언론사나 기자에게 취재원을 밝히라고 추궁하기 위해서는 그 공개로 달성할 수 있는 공익이 아주 크다는 점이 나타나야 하고, 또 취재원의 비익이 공익에 명백하고 현존하는 위험을 초래하거나 절박한 무법적 행동으로 평가될 수 있어야 한다. 이것이 우리 헌법상의 언론자유와 취재원 비익권의 내용이자 그 한계를 긋는 선의 역할을 한다. 만약 이러한 전제조건들이 충족되지 않은 상태라면 그 취재원 공개 요구는, 설사 그것이 적법한 절차를 밟아 발부된 영장의 집행에 기한 것이라 해도 보다 큰 틀에서 우리 국가나 공동체의 근본을 정하는 헌법적 가치관을 충족하지 못하는 것이다. 그리고 그 영장은 형식적으로는 법률에 적합한 것일지 몰라도, 그 법률 위에 존재하며 법률을 정당화시키는 헌법에 위반하는 것으로 평가하지 않을 수 없다. 헌법에 위반한다면 법률에의 적법성은 완전히 무의미하게 된다.

이러한 관점에서 이번 신동아 사태의 압수수색영장은 두 가지 큰 문제를 안고 있다. 첫째로 동아일보 기자들에 대한 이메일 압수수색영장은 너무나 성급했다. 영장을 발부할 만한 요건을 갖추지 못한 영장에 기한 것이었다. 동아일보 혹은 관련 기자들의 취재원 비익이 공익에 명백하고 현존하는 위험 혹은 그 비익이 절박하고 무법적인 행동으로 평가받을 만한 여하한 사유도 존재하지 않았다. 국정원 직원의 정보유출사건에서 그 직원이 정식 피의자도 아니고 피내사자의 신분이었다. 피의자건 피내사자건 범죄의 혐의를 받고 있다는 점에서 별반 차이를 갖는 것은 아니나, 그가 피내사자로 있다면 사건은 극히 초동의 단계이고 여기에서 수사를 멈추건 말건 하등 외부적 효과를 발생시키는 것이 아니다. 그만큼 범죄혐의의 수준이 낮다거나 혹은 수사기관에서 수사의 필요성을 강하게 느끼지 못한다거나 하는 단계인 것이다. 이 사건에서 나타난 검찰의 태도를 보면 아마 전자의 쪽에 무게를 둘 수가 있다. 여하튼 이제 막 사건의 수사가 시작된 단계이고, 검찰은 동아일보사와 관련 기자들이 취재원을 숨기기 때문에 그것이 수사에 결정적인 장애를 초래하고 있다는 따위의 그 어떤 사유를 입증하지 않았다. 아니, 아예 이를 주장한 일 자체가 없었다. 거칠기 짝이 없게도 검찰은 제대로 된 다른 수사과정을 밟지 않은 채, 막바로 동아일보사나 기자들에 대한 수사로 사건 해결의 단초를 열려고 했던 것으로 보인다. 취재원 비익권의 제한을 정당화시킬 만한 어떤 전제조건의 충족도 없었던 셈이다. 이 점에서 이 사건 압수수색영장

집행은 헌법상 보장된 언론의 자유를 부당하게 침해한 것이다.

둘째 그 압수수색의 범위가 너무 넓었다. 국가안보, 질서유지, 공공의 복리 등을 위해 국민의 자유나 기본권을 제한할 수 있기는 하되 제한하는 경우 그 제한의 범위는 필요최소한도에 그쳐야 한다는 것이 헌법 제37조 제2항의 해석상 요구된다. 이를 비례의 원칙 혹은 과잉 금지의 원칙이라고도 하는데, 헌법재판소의 판례나 학설에 의하여 확고하게 인정된다. 하지만 이 사건에서는 그렇지 못했다. 담당 법관은 검사의 영장 청구에 대하여, 이를 시간적으로 제한하는 단서를 달긴 했어도 영장의 사항적 적용범위에 관하여는 검찰의 청구를 그대로 따라 그 어떤 제한도 두지 않았다. 백보 양보하여 이 사건에서의 압수수색의 영장 집행이 수사상 꼭 필요하다고 했어도 사건과 관련된 이메일을 특정하여 압수수색했어야 하고 또 이렇게 할 수 있었다. 기자의 이메일 계정에서 피내사자인 박 모 씨와 주고받은 이메일이 있는지 이를 서버에서 확인한 뒤 그 부분만 특정해서 출력할 수가 있는 것이다. 그러나 이 사건에서는 무모하게도 기자의 사적인 내용, 수사 대상과 전혀 무관한 정보, 자료까지 포괄적으로 압수수색을 실시할 수 있도록 해줌으로써 이 사건 압수수색영장은 기자가 갖는 언론자유뿐만 아니라 헌법상 보장된 사생활의 자유 등 다른 기본권도 심각하게 침해하였다.

이처럼 이 사건 압수수색영장은 우리 공동체가 갖는 지고한 가치를 시현해 놓은 헌법에 부합하지 않았다. 영장의 발동요건을 충족하지 못했고, 또 그 영장의 집행범위를 너무나 넓게 잡음으로써 헌법을 그르쳤다. 헌법에 규정된 기자들의 기본권을 부당하게 침해했다.

법-검 커넥션의 검은 장막

그러면 왜 이런 일이 발생했을까? 검찰이나 법원의 투철하지 못한 헌법 의식이 그 주요한 원인을 제공했을 것이다. 법조실무의 일선에서 일하는 사람들의 헌법에 부합하는 일처리 방식에 관한 안이한 접근, 헌법적 가치에 관한 경시 등은 어제 오늘의 일이 아니다. 혹은 이 사건 영장에 관여한 법관, 검사들이 별 생각 없이 이 사건에서 짚어질 수 있는 헌법적 문제점들을 간과했을 수도 있다. 헌법은 그들이 일상적으로 다가가기에는 조금 먼 곳에 위치해 있음이 사실이다. 그래서 이 영장에 관여한 법관, 검사만을 유난히 질책할 수는 없는 일이다.

필자는 이번 사태의 원인을 법현실적인 측면에서 한번 찾아보고 싶다. 이런 위헌적인 법집행의 현실을 가능하게 한 보다 구체적이고 직접적인 원인을 찾아보려는 것이다.

해방 이후부터 줄곧 법조계는 특권적 의식의 온상이었다. 법조계에 일하는 사람들이 갖는 능력에 대한 엄청난 과대 포장에서 비롯하여, 그들이 하는 모든 일에 대한 비판의 봉쇄로 이어졌고, 그 속에서 그들의 특권적 이익이 온존되어 왔다.

그런데 이익 실현과 그 항구적 보장을 가능하게 하기 위한 방법으로서 법원, 검찰 간에는 떳떳치 못한 커넥션이 형성되어 왔다. 그 가장 대표적인 것을 들라치면, 법원에서는 검찰의 구약식

청구에 관하여, 검찰에서는 법원의 보석 허가나 구속적부심 허가에 대하여 서로가 '노 터치'(no touch : 이런 영어가 성립할는지 모르나 이 말이 '노다지'라는 단어의 기원이라는 설이 있듯 막대한 이득을 법조계에 안겨 준다는 점에서 일부러 사용한 것이다.)하는 것이다. 그 방면의 사건은 검찰과 법원이 서로가 상대방을 존중하여 그대로 놔둔다는 뜻이다. 예를 들어 보자. 벌금형에 처할 수 있는 경미한 범죄사건에 관하여 검찰이 벌금을 매겨 형사소송법 제448조 이하에 따라 구약식청구를 한다. 판사는 이를 받아 준비된 용지에 간단히 서명날인만을 함으로써 약식명령을 내고, 피고인이 이를 받아들이면 그대로 사건이 종결된다. 판사가 특별히 이의를 발하여 통상재판절차로 회부하면 구약식청구가 빛을 잃고 일반의 재판절차에 따라 재판을 하게 된다. 문제는 이러한 약식절차에 적합한 경미한 사건이 아닌 경우에도 때때로 구약식청구가 된다는 것이다. 교통사고로 사람을 사망케 한 경우 보통은 구속되어 재판을 받아 실형 혹은 집행유예의 형을 받게 된다. 그러나 검찰이 봐줘야 할 사건이면 벌금을 매겨 구약식청구를 할 수 있고, 판사가 이에 이의를 제기하지 않고 서명한다면 피고인은 벌금형으로 끝나게 되는 것이다. 하지만 이것은 약과일 수도 있다. 강간치상 사건에서 피해자와 합의가 되었다면, 강간은 빼버리고 상처가 난 부분만 적당히 발라내어 벌금형의 구약식청구를 하여 확정시켜 버릴 수 있다. 법적으로 말하자면, 강간을 하다 상해를 입힌 강간치상 사건의 경우에는 합의가 되어도 아주 중한 형을 피고인이 선고 받게 된다. 강간치상 죄는 형법상 그 법정형이 무기 또는 5년 이상의 징역형이고, 성폭력범죄의 처벌 및 피해자 보호 등에 관한 법률상으로는 무기 또는 7년 이상의 징역형이다. 벌금형으로 끝나는 것과는 하늘과 땅의 차이를 이룬다.

필자는 어느 법원장이 관내 법관들을 상대로 한 취임 훈시에서, 바로 이 의혹의 소지가 많은 검찰의 구약식청구에 대하여 판사는 어떤 일이 있어도 개입해서는 안 되고 그대로 검찰의 청구를 통과시켜 주어야 한다고 강변하던 일을 지금도 생생히 기억한다. 그만큼 이것이 법원과 검찰간의 관계에서 큰 역할을 하는 사안인 점을 알 수 있다. 그 법원장은 나아가, 검찰의 구약식 청구를 그대로 통과시켜 주는 것은 우리 법조계의 아름다운 전통이라고 말하던데, 무엇이 그리도 아름답다는 것인지는 잘 이해할 수 없었다. 이렇게 법원이 검찰을 봐주는 대신에 검찰 역시 법원에서 처리하는 사건, 특히 구속적부심이나 보석 허가에 의혹을 갖게 되는 경우가 생겨도, 역시 법조의 아름다운 전통이 우선되어야 한다는 관대한 마음으로 시선을 비켜 주는 것이었다. 이것이 법원과 검찰 간에 오랜 기간 수립된 검은 커넥션의 가장 중요한 내용이다.

이런 법원, 검찰의 커넥션에 영장에 관한 부분도 들어갈 수 있다. 구속기간 연장 허가에 관하여 법관들이 검사의 청구기간에 대하여 거의 통제를 하지 않는다든지, 또 이 사건에서 나타난 형태의 영장인 압수수색영장에 대하여 거의 그대로 통과시켜 준다든지 하는 따위이다. 잘 알다시피, 수사의 과정에서는 적지 않은 경우 하나의 세력이 다른 반대세력을 누르기 위한 수단으로 수사를 이용하기도 한다. A라는 범죄집단이 B라는 범죄집단의 비위사실을 은밀히 수사기관에 제보하여 핵심인물을 검거토록 하여 무력화시켜 버리는 따위와 같다. 이렇게 균형을 이룬 양대 세력 간의 갈등에서 수사기관을 이용하여 상대세력을 제압하는 수법을 쓸 때 압수수색영장은 긴요하게 쓰일 수 있다. 가령, 상대집단의 정상적인 영업을 위하여 꼭 필요한 설비나 장부 같은 것을 범죄의 수사에 필요하다는 이유로 전부 압수해 버릴 수 있게 한다면, 범죄의 성립 여부와 관계없이 엄청난 타격을 상대편에 안겨 줄 수 있는 것이다.

지난 십몇 년간 민주화과정이 착실하게 진행되어 이제 이런 극단적으로 비열하고 더러운 치부가 우리 법조계에 여전히 존재할 여지는 없어 보인다. 그런 면에서 우리의 수사기관을, 또 법원을 신뢰하고 싶다. 하지만 그 가능성이 완전히 없어졌다고 단정하지는 말자. 그랬으면 얼마나 좋으련만 현실은 그렇지 못한 듯하다.

적어도 과거에는 분명히 이런 어처구니없는 일들이 존재했다. 법조계는 시민사회의 개입을 철저하게 막음으로써 이를 은폐해 왔다. 그렇게 하여 사법권력, 법조권력은 전혀 통제 받지 않는 무소불위의 권력으로 국민 위에 군림했다. 민주화와 사법개혁의 진행으로 그 권력에 점차 통제의 고삐가 씌워지긴 했어도 아직은 미흡하다. 사법개혁은 여전히 미완의 장으로 남아 있다. 한편으로는 과거의 잘못된 관행이 내용적인 면에서는 많이 개선

되었어도 형식상은 그대로 내려오는 경우도 있다.

이 사건에서 필자가 압수수색영장이 이런 음침한, 범죄의 냄새를 풍기는 법원, 검찰 간 커넥션의 일환으로 발부되었다고 말하는 것은 결코 아니다. 그럴 여지는 전혀 없다. 하지만 검찰은 헌법적인 관점에서 도저히 용납될 수 없는 무모한 내용을 담아 이 사건 압수수색영장 청구를 하였다. 법원은 이에 대하여 기간 제한을 가하였을 뿐 실효성 있는 제한을 하나도 가하지 않은 채 바로 통과시켜 주었다. 이것을 설명하기 위한 하나의 방법으로, 검찰의 행위에 대하여 별로 간섭을 하지 않으려던 과거의 잘못된 관행이 껍데기만은 그대로 현실에 남아 있기 때문에 그렇게 되었다고 설명할 여지가 있는 것이다. 그리하여 이번 사건과 같이 헌법적 관점에서는 도저히 납득하기 어려운 영장의 발부와 집행이 버젓이 이루어지게 되었다고 볼 수 있다.

새로운 언론관의 정립이 필요한 때

노무현 정권이 들어서고 난 이후 정권이 추구하는 우선적인 개혁과제로 언론개혁이 부상했다. 신문 등의 자유와 기능 보장에 관한 법률, 방송법, 뉴스 통신 진흥에 관한 법률이 새로 만들어지고, 급기야는 언론에 대한 광범한 제한을 규정해 놓은 언론 중재 및 피해 구제 등에 관한 법률이 등장했다. 이러한 언론법제의 새로운 정비에 관하여는 언론의 자유를 침해하는 독소조항이 다수 포함되어 있다는 이유로 끊임없는 비판이 제기되었고, 2006. 6. 29. 헌법재판소는 이러한 언론 개혁 입법 중 몇 가지 중요한 부분이 위헌이라는 역사적 판시를 하였다.

그러나 이러한 언론법제의 정비보다는 권력에서 끊임없이 쏟아낸 기성언론에 대한 비난과 언론기사에 대한 소송 등 직접적인 대응이 지루한 소모전의 양상을 띠며 전개되어 왔다. 이를 바라보는 국민들은 피곤한 안색을 감출 수 없게끔 되었다. 마치 메마른 땅 끝에다 먼지를 풀풀 날리며 무익하게 쟁기질을 해대는 모습이었다.

그런데 이런 일련의 과정에서 누가 잘했고, 잘못했고를 따지기 전에 커다란 문제가 하나 야기되었다. 우리 모두가, 우리 사회 전체가 언론자유의 중요성에 대하여 불감증에 걸려 버리게 되었다는 사실이다. 이번 신동아 사태를 이러한 맥락에서 파악할 수도 있다고 본다. 그렇지 않고서야 그래도 법을 전공한 사람들이 운영하는 검찰, 법원에서 어찌 이런 위헌적인 압수수색을 버젓이 언론사에 대하여 도모하려고 하였겠는가.

물론 언론의 자유를 고전적인 시장이론을 방불케 하는 사상의 자유시장론에 따라서만 파악할 것은 아니다. 현대의 복잡한 사회적, 경제적, 정치적 변화에 따라 언론자유도 그 내용이 상당부분 변하게끔 되었다. 지금은 언론의 자유가 매스미디어의 특권이라는 식으로 더 이상 생각할 수는 없다. 언론의 자유에서 매스미디어 측의 권리도 일정부분 보장되어야 하나 일반 국민의 알 권리, 정보의 자유도 중요하다. 언론사의 대기업화 독과점화에 따른 해악을 막기 위하여 언론사 내부의 편집권 편성권을 독립시켜야 하는 필요성도 강하다. 불완전하게 변형된 사상의 시장 기능을 회복시키도록 노력하면서, 일방으로는 언론사의 공정성을 긍정적인 방향으로 확보해 나갈 수 있도록 끊임없이 지혜를 모아야 한다.

하지만 이러한 현대사회에서의 언론자유의 변용에도 불구하고, 언론의 자유가 민주정치의 생명선으로서 혹은 사회 각 구성원의 건전한 인격의 발전을 위하여 필수불가결한 역할을 한다는 사실은 여전하다. 언론의 자유가 무시되는 현실은 생각하기만 해도 끔찍하다. 언론의 자유가 부당하게 제한된다고 하면 그 사회는 도저히 민주사회라고 할 수 없다. 언론의 자유는 여전히 우리 헌법이 추구하는 최상위적 가치질서 위에 있다.

기성 언론세력에 대하여 가장 많은 시빗거리를 야기했던 것으로 평가될 이 정권이다. 그러나 이제 정권은 곧 끝이 난다. 새롭게 탄생하는 지도자가 행사하는 새로운 리더십에 의한 정국운영, 그중에서도 보다 건설적인 언론정책의 수립이 앞으로 요구된다. 어차피 우리 사회는 더 이상 보수나 진보 그 어느 쪽으로만 기울어지는, 상대방을 배제하는 식의 구도가 아니다. 진보의 입장에 선다고 해서 보수 언론사가 가지는, 우리 사회에서 그것이 행사하는 역할의 중요성을 과소평가해서는 안 된다. 거꾸로도 마찬가지이다. 새로운 시대에서는 진보와 보수가 상호간의 막가는 투쟁에 그침이 아니라, 서로가 국민들을 위한 선의의 경쟁을 벌여 나가는 아름다운 모습을 보여주길 꿈꾼다. 그곳에서는 국민의 신경을 예리하게 긁는 정권과 언론의 무익한 대립이 사라져 있을 것이다. (신동아, 2007. 9.)

이런 글들이 검찰의 일상에 따라 검찰 수뇌부에 보고되었을 것이다. 여러 검사들이 읽고, 그들 대부분은 나에 대한 분노와 적개심을 가누기 어려웠을 것이다. 내가 아는 한 검찰은 하나의 거창하고 일사불란한 조직체로서 조직에 손해를 가하는 사람에게는 반드시 보복을 한다. 비록 시간이 벌어져도 검찰은 응징할 사람은 반드시 응징해 왔다. 이번 일도 그러한 차원에서 이뤄진 것으로 짐작한다.

검찰이 얼마나 조폭류의 비정상적인 조직으로 기능해 왔는가 하는 점에서 내가 옆에서 직접 보고 들은 재미있는 예가 있다. 과거 인사이동이 있어 전출하는 판, 검사에게는 전별금을 주는 관행이 있었다. 검사가 타 지역으로 전출하는 경우 지역 유지나 관내 업체 경영자들이 줄을 지어 전별금을 바쳤다. 전별금을 그냥 수령하는 것이 아니었다. 전별금을 바쳐야 마땅한 사람이 그러지 않은 경우 이 사람들만을 체크한 명단을 만들어 후임 검사에게 교부하였다. 후임 검사는 그들을 말 그대로 조져 주었다.

2015. 6. 30.

밤에 효현이 엄마, 아빠가 법률상담을 하기 위해 찾아왔다. 롯데마트에 근무하는 효현이 아빠가 부하 직원의 일로 골치를 썩이다가 송사에 휘말렸다고 했다. 그들의 처지에 공감했다. 그 구렁텅이에서 무사히 빠져나오도록 나름의 지식을 동원해 설명해 주었다. 그런 한편으로 그분들에게 의젓하게 말하는 내가 그러고 있을 처지가 아니라는 사실을 깨달으며 자조의 실소를 머금었다. 내 모든 것이 일순의 판단, 그것도 순전히 남의 판단에 달린 위기의 순간인데 말이다.

성경은 과연 신앙을 온전하게 하는 완전한 텍스트일까? 그렇지 않다고 본다. 많은 허점을 찾을 수 있다. 그러면 왜 하느님은 최소한 그 텍스트에 쓰인 잘못된 내용을 개입하여 바로잡으시지 않았을까? 어찌 보면 하느님은 참 범상하고 무심한 존재이다. 우리가 하느님을 모르고 살아도 하등 거리낄 것이 없다. 하느님을 의식하고 하느님을 경배하며 살아가는 삶이 보다 튼튼하다는 것은 맞다. 그러나 대부분의 삶은 여기에서 비켜나 있다. 하느님은 신앙을 가지도록 강요하지는 않는다. 각자의 주체적 결단에 맡긴다. 이래서 신앙을 갖는 것은 힘든 일이다. 열렬하고 올바른 신앙을 마음에 심는 것은 더더욱 어려운 일이다.

2015. 7. 1.

내가 그와 조연숙을 상대로 고소한 사건의 담당자인 강북경찰서 이지영 경사로부터 전화가 왔다. 그 참에 몇 가지 떠보았다. 이 경사는 명예훼손 사건을 무혐의 의견으로 송치할 작정이었다. 역시 대구에서는 제대로 되는 일이 없다. 그가 조연숙과 나에게 해코지하겠다는 모의를 하였다. 그에 따라 그가 조연숙에게 법전원 교수들의 이메일 주소들을 수합, 정리하여 보내었다. 조연숙은 법전원 교수들에게 그 이메일 주소를 사용하여 교수들에게 나에 대한 엄청난 내용의 비난을 퍼부었다. 이런 인과관계가 분명한데 어찌 그를 무혐의처분함이 옳다는 의견을 검찰에 올린단 말인가. 저쪽이 가진 수사나 재판에서의 파워에 비하면, 내가 가진 힘은 새털같이 가벼울 뿐이다.

복잡한 생각을 억누르고 집에 와서 부랴부랴 불출석사유서를 작성했다. 이 경사의 사건 처리가 공정성을 결했다. 이 경사의 소환에 응하지 않고 검찰에서 소환하면 응하겠다고 썼다. 쓸모없는 일이라는 것을 잘 알면서도 고양이에게 잡아먹히는 생쥐가 마지막으로 찍 소리를 내는 심정이었다.

2015. 7. 6.

아내가 홍일수의 연구실에 또 찾아갔다. 역시 쫓겨났다. 간신히 판결 선고로 인한 파국을 막고 합의를 하는 것이 좋지 않겠느냐는 말을 전했다고 했다. 이어 이상율 교수의 연구실에도 갔다. 그를 달래서 합의를 위해 노력을 해달라는 말을 했다고 했다. 경주 출신인 이 교수는 아내가 경주 토박이라는 점을 강조하며 접근했으나 냉담했다. 아내의 눈물겨운 분투였다.

아내가 며칠 전 경주고등학교 동문회를 움직여 이 교수를 설득하려고 했던 일이 있다. 동문회장이 사촌 형부여서 부탁을 했던 것이다. 그러나 잠시의 탐문을 거친 뒤 사촌 형부는 이 교수가 지금 홍일수의 오른팔 역할을 하고 있고, 오직 나를 파멸시키는 데 전력을 기울이고 있으니 불가능할 것이라는 답을 해온 일이 있다. 어쩌면 그렇게 모진 사람일까? 이 교수에게는 지금 그와 나 둘 중에서 누가 옳고 그르냐는 문제가 되지 않을 것이다.

2015. 7. 7.

변호사시험 모의고사 채점이 끝났다. 다른 할 일이 없었다. 연구실에 앉아 자료를 정리했다. 그러면서 장맛비에 수채화처럼 물든 교정의 풍경을 힐끔거렸다. 어느 누구도 간섭할 수 없는 절대적 자유의 공간에서 사색의 시간을 가지는 것이 기뻤다.

지금까지 나는 무엇을 바라며 살아왔을까? 지금 내가 가장 원하는 것은 무엇일까? 앞으로 여생을 어떻게 살아 나가야 할까? 무지갯빛 채색은 이제 더 이상 내 인생에 존재하지 않는다. 지나간 일들에 대해서도 깊은 회오의 염에 사로잡혔다. 가급적이면 다른 사람들에게 희망을 주고 마음을 평온하게 해주는 존재로 인정받고, 아이들 뒷바라지나 잘하고 사는 것이 내게 주어진 가장 큰 임무가 아닐까?

2015. 7. 10.

16일로 예정된 선고 재판이 자꾸 머릿속을 어지럽힌다. 아, 제발 별일이 없어야 할 텐데. 만약 검사의 구형처럼 징역형이 나오면 어쩌지? 명예 하나만을 지키며 살아온 내 인생 전체에 먹물을 튀길 텐데. 그리 될 리가 없어. 여러 징후로 보아 절대 그럴 리가 없어. 이렇게 자문자답하며 하루를 지냈다. 내가 관여할 수 없는 요인에 의해 내 운명이 결정된다는 것은 처절한 아픔이다.

최근 판사들이 자기 좋은 대로 안이하게 선고하는 일이 잦다는 말을 이곳저곳에서 들었다. 과거 내가 변호사를 할 때 한 번씩 보기도 했으나, 요즘 들어 판사들의 직업에 대한 자부심이 옅어지며 그런 예가 부쩍 늘었다고 한다. 그러나 서민 판사는 그런 유의 재판관이 아니리라는 믿음을 나는 흐릿하게나마 가지고 있다.

하느님은 공의를 굳건히 세우시리라. 파수꾼이 새벽이 오기를 기다리듯 나는 하느님의 말씀을 간절히 기다린다.

어린 지숙이가 판결 결과가 나쁠까 봐 몹시 걱정한다는 말을 아내에게서 들었다. 지숙이에게 말했다. "아빠는 우리 사회를 위해 해야 할 일을 떳떳하게 했다. 이 일로 혹시 손해를 보더라도 담담하게 받아들이자."

2015. 7. 15.

내일이 선고날이다. 홍일수의 인간성에 대하여 그토록 열을 올려 비난하던 사람도 재판과정에 있는 나를 위해서는 아무런 도움을 주지 않았다. 스스로 증인을 서겠다고 나선 사람조차 그의 책략에 물러서며 나와의 연락을 끊었다. 어떤 사람은 왜 나를 증인으로 신청했느냐며 거품을 물고 덤볐다. 가증스럽게도 증인으로 나와서 대담한 위증을 행한 사람도 있었다. 재판과 직접 관련을 맺지 않은 이더라도 대부분의 주위 사람들은 내게서 멀리 떨어져 있으려 했다. 온갖 불리한 조건 속에서의 악전고투였다. 일찍이 판사를 했던 사람이 초라한 피고인 신분으로 법정에 서 있어야 했다. 자신이 가진 가장 소중한 것들을 죄다 잃어버릴 수 있다는 불안에 떨며 재판장의 자비를 구하고 있다. 아, 재판날마다 매번 쥐구멍이라도 있으면 들어가고 싶은 심정이다.

이판규 교수가 극도의 초긴장 상태에 있는 내게 갑자기 전화를 걸어왔다. "내일 선고형량을 미리 말해드릴까요? 징역 6월에 집행유예 2년입니다. 헤, 헤, 헤." 희한한 인간이다. 내가 판사를 할 때 피고인의 선고형량에 고심을 거듭하다 자면서 그 사건에 관해 꾼 꿈에 힌트를 얻어 형량을 바꾸어 선고한 일도 있다. 담당 판사도 이처럼 형량을 확신 못하거늘 국외자가 어떻게 정확한 형량까지 예측하여 말해 주는 것일까. 이판규는 그에 대해 그토록 혐오, 비난의 말을 늘어놓으며, 나와 전 변호사에게 법정에 가서 자기가 알고 있는 사실을 전부 증언하겠다고 철석같이 몇 번이나 약속했다. 더욱이 요청하지 않았음에도 스스로 그렇게 약속했다. 그러면서도 나중에 이를 뒤집고 증인으로 나와 나에게 유리할 수 있는 대부분의 사실에 대해 증언을 거부하였다. 그런데 어떻게 저 인간이 형량을 저처럼 구체적으로 콕 집어 나에게 말할 수 있을까? 이판규는 이미 그와 손을 잡고 더욱이 그의 뒤에 선 거대한 힘의 소유자와 상의를 하였고, 또 법원 내부에 말을 통하여 그런 확답을 통보받던 것이 아닐까? 실제 이판규는 전 총장의 비호를 받으며 3년 넘게 본부 보직을 꿰차고 있었으며, 전 총장과 마음을 통하는 사이이다. 아, 무서운 사실이다. 어떻게 바깥 사람이 선고일 전 판사의 형량을 미리 알고 있다고 큰소리칠 수 있단 말인가! 사법은 무너졌다. 처참히 무너졌다.

2015. 7. 16.

어세 밤늦게 전 변호사에게서 연락이 왔다. 선고기일이 8월 11일로 변경되었다고 했다. 우리의 주장에 대한 재판장의 고려가 좀더 심화되었다고 좀 들뜬 목소리로 말했다. 이판규 교수의 선고형량 고지로 무너졌던 재판부에 대한 신뢰가 다시 살아난다. 그럴 리가 없지. 서민 판사가 그럴 사람은 아니지. 그리고 이 사건에 숨은 여러 복잡한 의미에 재판장이 이제 눈을 돌리기 시작한 것 같다.

아침에 출근하여 임윤수 법전원장을 찾아갔다. 지난번 사법시험 존치를 위한 국회 토론회에 내가 좌장으로 참석한 데 대하여 주위에서 불평과 불만이 많다고 했다. 심지어 그러려면 로스쿨에서 나가라고 하는 말까지 나온다고 했다. 지난 6월 18일 대한변호사협회와 서울지방변호사회 주체로 열린 토론회에서 하명우 대한변협회장의 간청으로 사회를 맡은 것을 두고 하는 말이었다. 주제 발표를 하거나 토론을 한 것도 아니다. 사법시험 존치론에 관한 찬반 의견을 공정하게 개진시키며 전반적 회의를 주제하는 역할을 맡았다. 그런데 이처럼 심한 말을 해댄다. 지금 로스쿨 교수들은 하나로 뭉쳐 로스쿨의 이익에 반하는 어떤 견해들도 적대시한다. 그들의 비이성적 행동으로 결함 많은 한국의 로스쿨은 조금도 개선되지 못하고 있다. 자신들의 밥그릇을 챙기기 위해 올바른 법조양성제도의 확립이라는 공익을 철저하게 배반하고 있다.

2015. 7. 19.

아내의 말이다. 그가 나를 기소하는 결과를 얻어내는 데에는 큰 배경에 의지하지 않았겠느냐고. 그래서 더욱 합의를 하지 않으려 했던 것이 아닐까 의심스럽다는 것이었다. 아내 말이 타당했다. 만약 내가 무죄를 선고 받을 가능성을 그가 조금이라도 상정한다면 이럴 수는 없을 것이다. 법원의 상층부와 연결되어 선고의 윤곽에 관해 미리 알지 않은 다음에야 이러지 못했으리라.

어쩌면 전前 총장이 개입하고, 나아가 권력의 심장부와도 연결된 것인지 모른다는 생각을 오래전부터 해왔다. 그러나 자세한 말을 아내에게 할 수 없었다. 그렇지 않아도 힘들어하는 아내에게 치명적인 상처를 안겨줄 수 있기 때문이었다.

변호사 사무실을 통하여 재판부에 '정상에 관한 피고인 의견서'를 제출했다.

2015. 8. 1.

아, 어떻게 될까? 그에 대해 내가 말한 사실이 허위거나 허위의 고의에 입각했다는 점을 검찰이 입증했다고 볼 수 없다. 내가 그런 말을 하게 된 것이 공공의 이익의 관점에서 용납이 된다는 점을 내 쪽에서 입증했다고 볼 수 있다. 그의 거짓말과 야비함도 상당히 입증했다. 그밖에 내 행위의 배경을 이루는 정상들도 설득력 있게 제시했다. 내 게시판 글로 인한 영향은 미미했다. 그리고 글을 이메일로 보낸 사람은 내가 아니라·총장 선거에서 1등을 하였으면서도 총장으로 임용되지 못한 김이열 교수였다. 그러나 김 교수는 전혀 불리한 조치를 받지 않았다. 김 교수를 처벌해 달라는 취지가 아니다. 김 교수가 무사히 있음을 내 사건에서 고려하여 달라는 것이다. 그리고 그는 내 실명을 직접 거론하며 나를 게시판에서 비판했다. 반론의 기회를 사용했다. 전 변호사의 견해도 나와 일치했다. 여러 객관적인 정황은 유리하다.

그럼에도 재판장의 말 한 마디는 이 모든 것을 잔인하게 허물 수 있다.

2015. 8. 2.

내게 주어진 모든 조건을 받아들여야 한다. 내가 싫어하든 좋아하든 그것은 그대로 내게 군림한다. 이번에 다행히 괜찮은 결과가 나온다면 작은 것에 만족하며 여생을 보낼 것이다. 한 떨기 풀꽃처럼, 들꽃처럼 다소곳이 한편에 서서 내 몫을 겸손하게 실행하며 비바람에 자신을 온전히 맡길 것이다.

사람이 세상에 태어나 할 일이 아무리 많다 하더라도 제 가족에 대한 의무가 가장 우선이다. 내가 자유의 몸이 되면 딴것 바라보지 않고 아이들을 위해 아버지로서 묵묵히 할 일을 해나가고 싶다. 아이들을 생각하면 가슴이 먹먹해진다. 나아가 내가 할 수 있는 작은 봉사의 기회를 엿보고 싶다. 내 손길이 누군가에게 위안과 배려의 의미를 가질 수 있다면 기꺼이 손을 뻗치겠다. 앞으로 내가 활동할 수 있는 기간을 10년 내지 15년으로 잡고 아침 이슬처럼 반짝이게 하리라.

2015. 8. 7.

어제 검찰에서 나의 처벌을 다시 강력히 요구하는 '검사 의견서'를 냈다. 형사재판에서는 아주 이례적인 일이다. 공판과정에서 공판검사는 대부분의 시간을 졸린 눈으로 귀찮다는 듯이 임했는데, 결심을 하고 나서 이렇게 하는 이유는 무엇인가? 다시 대구지방검찰청에 나의 처벌을 성사시켜 달라는 강한 청탁이 들어간 것이 아닌가 하는 생각이 들었다. 일단 전 변호사가 간단한 반박문을 최종 변호인 의견서에 쓴 뒤 내가 수정을 하여 내기로 했다.

이 사건 수사검사인 권일문과 공판검사인 이양순에게 묻고 싶다. 무엇보다 먼저 피고인인 내가 그토록 요청하는데도 불구하고 왜 거짓말탐지기 조사를 하지 않았는가? 이 사건은 양측의 말이 극명하게 엇갈린다. 이것만 했어도, 아니 수사과정에서 그와 나의 대질조사만 한 번 했어도 누가 거짓말을 하는지 가늠할 수 있었다. 둘째, 나와 내 가족이 얼마나 큰 고통을 겪었는지 알고 있는가? 부실한 수사를 했음에도 나를 무리하게 기소했다. 검찰권이라는 국가권력을 돌팔매질하듯 던졌다. 그 돌에 맞아 나와 내 가족은 비명을 질러 왔다. 나아가 룸살롱을 술 한잔하는 가라오케 바로 무리하게 둔갑시키고, 나에 대해 유리한 말을 한 이구만 교수의 증언을 수사기록에서 빼버리는 행위는 무엇인가? 이것은 명백히 검찰 수사권의 오용이다.

음모에 의해 그들이 상부로부터 나를 기소하고 강하게 처벌하라는 주문을 받았을 수는 있다. 그러나 젊은 검사들이다. 최소한의 양심과 정의관을 갖고 있어야 할 사람들이다. 법조 대선배인 내가 강하게 사실을 부인함에도 단 한 번의 조서만을 받은 채 기소했다. 공판과정에서는 내 말이 허위라고 애써 강변하며 강한 처벌을 요구하고 있다. 기가 막힌 일이다.

오! 반전

2015. 8. 11.

법정 앞에 도착해 아내와 함께 묵주기도를 드렸다. 떨리는 마음을 진정시키며 오로지 주님이 이끄시는 대로 따라가겠다고 작정했다. 안으로 들어가니 놀랍게도 홍일수가 떡하니 버티고 앉아 있었다. 내가 겪는 굴욕의 현장을 즐겁게 목격하겠다는 욕심으로 가득 차 있었을 것이다. 어쩌면 미리 들은 내용대로 선고 결과가 낭독되는 것을 여유 있게 확인하겠다는 욕심이 발동했을지도 모른다.

차례가 되어 앞으로 나갔다. 재판장의 말이 여러 번 굴곡을 일으키며 돌았다. 놀랍게도 처음에 성매매 사실은 허위사실임이 입증되었다고 하는 것이 아닌가. 나는 상신하여 몸을 지탱할 수 없었다. 증인석 의자를 집고 간신히 섰다. 그런데 차츰차츰 내게 유리한 말들이 나왔다. 결국은 "피고인은 무죄!"라고 선고했다. 허리를 깊이 숙여 인사했다. 돌아 나오는데 아내의 얼굴이 벌겋게 상기되어 있었다. 눈언저리는 눈물로 젖어 있었다. 아내의 손을 꼭 잡았다. "그동안 얼마나 고생이 많았나."라고 고마움을 표시했다.

눈앞에 비치는 세상의 모습이 달랐다. 이제 나는 자유를 찾았다. 그의 마수에서 풀려났다. 아, 얼마나 오랜 시간이었나. 기쁜 마음을 애써 눌렀다. 지난 1월에 변호사시험을 출제하고 돌아와 바로 기소된 사실을 알았다. 그로부터 지금까지 단 한 순간도 편한 마음을 가진 적이 없었다. 이 시련의 시기에 나를 지탱해 준 것은 오직 가족애와 신앙이었다.

집에 와서 그동안 신세를 끼친 사람들에게 전화를 했다. 내가 앞으로 살아가며 갚아야 할 빚을 결코 잊지 않겠다. 그리고 아마 엄청난 압력을 물리치고 판결을 선고했을 서민 판사의 심정을 고맙게 헤아린다.

2015. 8. 16.

반전反轉의 감격은 조용하게 가라앉았다. 그토록 염원하던 일상이 돌아왔다. 불안과 초조에 시달리던, 그리고 거대한 힘의 존재에 대한 두려움에 떨던 나날들이 일단 지나갔다. 남들이 "얼굴이 좋아졌네요."라고 인사를 했다. 스스로 거울을 바라보아도 얼굴에 화색이 도는 듯했다.

마치 초현실의 세계에 들어갔다가 나온 듯했다. 현실세계에서는 도저히 있을 수 없는 일들이 내 눈앞에서 태연히, 그리고 지극히 자연스럽게 진행되었다. 수십 년에 걸친 법조의 경험에서 듣도 보도 못한 일들이었다. 징역형을 선고받을 것이라는 공포감에서 벗어날 수 없었다. 그렇게 되면 엄청난 변화가 초래된다. 교수직에서 강제해직당하고, 연금은 반으로 줄어든다. 무엇보다 아이들의 장래에 미치는 영향은 또 얼마인가. 매일 굳은 얼굴로 내 앞에 증폭된 시계의 초침소리를 내며 닥치는 불공정한 운명을 사형수처럼 기다렸다. 1심 판결로 이와 같은 상황이 극적으로 반전되었다. 나는 그들의 물샐틈없는 덫에서 드디어 풀려났다.

수한이가 내일 50사단에 입대한다. 두 번째 입대. 이번은 공익근무를 위한 입대이다. 이제 수한이는 예견 가능한 장래를 갖게 되었다. 가족끼리 모여 피자와 치킨을 사다 놓고 간단한 파티를 벌였다. 이런 행복한 순간들에 감사한다.

2015. 8. 18.

판결에 대해서 곰곰이 생각해본다. 서민 판사는 자신에게 밀려오는 압력을 힘겨워하며 성매매는 인정하지 않되 내 행위를 공익에 부합한 것으로 판단하는 타협적인 태도를 취한 것이 아닐까? 변론요지서에서 내가 말한 사실이 허위거나 허위의 고의에 입각했다는 점을 검찰이 입증해야 한다는 점을 누누이 설명하고, 이에 관한 대법원 판결을 거시했다. 그러나 판결문에서는 이에 관한 판단이 전혀 없다. 그냥 성매매 사실이 인정되지 않는다고 짧게 판시했을 따름이다. 무언지 이상하다. 어쩌면 무죄판결을 한 것 자체가 엄청난 용기를 필요로 했던 것일지 모른다.

선고에 압력을 행사할 때 법원장은 조용히 재판장을 부른다. 사건을 이렇게 결론 내는 것이 좋지 않을까 하며 의견을 말한다. 법조의 대선배이자 직접적인 인사평정권자인 법원장의 말은 재판장에게 하늘 위의 소리로 들려오기 마련이다. 기꺼이 법원장의 의견을 좇는다. 이것을 물리치고 자신의 판단을 우선시키기 위해선 그만큼 손해를 감수하겠다는 강한 의지가 없이는 불가능하다. 법원에서는 한 번씩 이렇게 양심이 분출되곤 한다. 그러나 그것은 극단적인 예외에 불과하다.

그는 한사코 거짓말탐지기 조사를 받지 않으려 했다. 이 점을 항소심에서 충분히 주장하여 허위사실이라는 판단을 뒤엎지 않으면 안 된다. 전운이 다시 감돌기 시작한다. 일전을 불사하며 최선을 다해야 한다.

공익근무를 위해 마지막 훈련을 받고 있는 수한이, 그리고 힘들어하는 현숙이를 생각하며 묵주기도를 바쳤다.

2015. 8. 22.

서울에 다녀왔다. 어제 조영래 변호사의 추모사업을 준비하는 서울지방변호사회에 가서 장시간 인터뷰를 했다. 조 변호사와 생전에 각별한 인연을 나누었던 사람들 몇을 선정하여 그분과의 추억을 글로 써 내게 하고, 또 영상으로도 담았다. 내 인터뷰는 영상을 제작하기 위한 것이었다.

그분은 마주 대할 때마다 큰 산과 같았다. 많은 세월이 흘러 그분과의 만남은 내 인생에 내려진 축복의 하나였음을 깨닫는다. 그분을 생각하며 행동의 방향을 올바르게 정하려고 노력했고, 그분에 대한 기억을 떠올리는 것 자체로 나는 곧 순수한 젊은 날로 돌아갈 수 있었다.

법률신문에 그분과의 인연을 말하는 칼럼을 하나 쓴 적이 있다.

세상은 아름다우니

산방山房의 문을 여니 가을로 넘어가는 부드러운 햇살이 너그러이 쏟아진다. 자라기를 멈춘 풀잎은 이제 한 해의 갈무리를 한다. 풀밭을 자세히 들여다보면 메뚜기, 방아깨비들이 뛰어다닌다. 풀잎처럼 다른 존재를 품어 준다는 것, 그것은 언제나 좋은 일이다. 무엇보다 아, 시원한 아침 공기가 코끝을 스친다. 탄식처럼 말이 새어 나왔다. "참, 세상은 아름답구나!"

언뜻 이 말은 남의 흉내를 내었다는 데 생각이 미친다. 그것은 고 조영래 변호사가 들려준 말이었다. 아마 장기표 씨였을 게다. 그리고 그가 1986년의 5·3인천사태로 구속되었다가 풀려난 때의 이야기일 게다.

돈독한 우정을 가졌던 두 사람이었다. 장기표 씨는 출소 후 제일 먼저 조 변호사의 허름한 하숙집을 찾아왔다. 둘은 근처의 얕은 산비탈을 올랐다. 한 마디 말도 없었다고 한다. 야산 위에서 시가지를 훑어보며, 느닷없이 장기표 씨는 "세상은 아름답다!"는 말을 내뱉었다. 입에서 그냥 튀어나온 말이었다. 다시 두 사람 사이에는 침묵이 흘렀다. 하지만 그 말이 조 변호사에게는 너무나 인상적이었다. 몇 년 후 조 변호사는 그의 사무실을 자주 찾았던 내게 그 말을 전해 주었다.

조 변호사나 장기표 씨가 꿈꾸었던 새로운 세상의 모습은 무엇이었을까? 그들이 가진 꿈의 품격은 무척 높았다. 그리고 꿈을 실현시킬 수 있는 개인적 자질도 아주 넉넉한 사람들이었다. 그러나 조 변호사는 하늘이 두려워했는지 단명으로 그를 거두어 갔다. 한때 나는 이를 슬퍼하며 종잡을 수 없이, 정말 '시도 때도 없이' 눈물을 흘렸다. 장기표 씨는 현실정치의 모순들에 가장 정확하게 부딪히며 상처를 입고 뜻을 이룰 수 없었다. 그의 순수함만큼이나 좌절의 정도는 컸다.

산에는 1년 중 대개 새벽이면 안개가 낀다. 삶의 고단함만큼이나 무겁게 깔리는 안개다. 안개는 멀쩡한 세상을 의문부호로 가득 차게 만든다. 안개를 바라보면, 가둘 수 없는 불안에 초조하게 달린다. 안개가 가린 깊은 숲 속에서 무엇이 곧 튀어나올 듯한 느낌이다. 하지만 안개가 걷히고 맑게 되면 보기에는 좋으나, 그 속에는 거대한 위선과 폭력이 숨어 있음을 알아차린다. 이것들은 여차하면 뛰어나와 사람을 덮친다. 어깨에 올라타 무겁게 짓누른다. 신음하는 모습을 보며 가학성의 웃음을 낄낄거린다. 그래서 삶이란 안개가 짙게 끼건, 그 안개가 걷혀 맑게 드러나건 간에 간단치 않은 법이다.

삶의 기대치를 줄이고, 낮은 자세로 세상을 바라본다. 한 떨기 들꽃처럼 피었다 시드는 삶이다. 누구인들 객기로 이런 말 하지 않는 사람이 없고, 그러면서도 누구도 이처럼 살 수 없다는 사실을 잘 안다. 그럼에도 그렇게 살려고 애써 볼 수는 있다. 찌꺼기로 남은 과거는 조용히 흘려버리고, 얼마 더 지속될지는 알 수 없으나 남은 날들을 관조하며, 그날들이 세워지는 세상에 경의를 표한다. 세상은 우리가 어떻게 바라보느냐와 아무 상관 없이, 우리의 삶을 초월하여 존재한다. 처연한 아름다움의 빛을 내며……. (법률신문, 2011년 9월 26일)

서울지방변호사회에서 돌아오는 길에, 그분이 돌아가시고 난 후 그분을 생각하며 흘렸던 많은 눈물들이 다시금 뿌려지며 눈앞이 흐려졌다.

오늘 현숙이와 헤어져 내려올 때 현숙이는 내 모습이 사라질 때까지 내내 나를 바라보고 있었다. 현숙이에게 아빠와 엄마는 너를 위해 항상 기도를 하고 있겠다고 카톡으로 문자를 보냈다.

2015. 8. 23.

성경 전체를 통해서 예수 주위의 사람들은 끊임없이 예수에게 정치적 역할을 부여하려고 애를 썼다. 나아가 그것에 편승하여 자신의 이익을 꾀하려고 했다. 그 기대가 어긋났을 때 여러 차례에 걸쳐 사람들이 떠나갔다. 예수의 가장 위대한 과업인, 비참하기 그지없는 처형에 즈음해서는 거의 누구도 옆에 남아 있지 않았다. 예수가 의도했던 것은 영적, 정신적 구원이자 승리였다. 이것을 대부분의 사람들은 이해하지 못한 채, 예수의 죽음에의 여정이 일관되게 진행되었다.

현숙이의 오늘 시험을 위한 간곡한 기도가 예수 주변에 있던 사람들이 품었던 망상적 행동과 비슷할지 모른다. 다만 나는 그 아이의 아비로서 내가 할 수 있는 간절한 소망을 품었을 뿐이다. 그래도 이 경우 내 의지는 결코 크게 취급받을 수 있는 성질의 것이 아니다. 인간의 의지는 오직 순수하고 명료해야 한다.

2015. 8. 28.

어제 저녁에 임윤수 원장, 이판규 교수와 함께 식사를 했다. 술도 마셨다. 노래방까지 갔다. 집에 들어온 것이 아마 새벽 2시쯤 되었을 것이다. 그동안 임 원장은 그의 편에 노골적으로 서서 내 말에는 귀를 기울이지 않았다. 로스쿨의 공적인 나를 향해 그럴 수밖에 없었을 것이다. 이 교수는 그와 나 사이에서 오락가락하다 결국 그의 쪽으로 갔다. 그럼에도 이 사람들과 같은 대학에 남아 있는 이상 그들의 비위를 어느 정도는 맞춰 줄 수밖에 없다.

이 교수의 말에 의하면, 홍일수는 이번 판결에서 성매매의 혐의가 벗겨져 자신이 얻을 수 있는 것을 다 얻었노라고 떠들며 다닌다고 했다. 그다운 행동이다.

오늘은 영 기분이 좋지 않았다. 간혹 술을 마시고 놀 수는 있다. 그러나 지조나 신의, 정직 같은 덕목은 찾기 어려운 사람들—적어도 그들은 나에게 그렇게 대했다—과 어울려 그들의 환심을 사려고 노력하는 모습을 보였다는 사실이 부끄럽다. 그동안 많은 시간을 통해 얻은 자성이 과연 무엇이라는 말인가? 그것들이 너무 가벼워 아직 내 안에 내려앉지 못한 채 약간의 울렁임만 있어도 떠나간다면 너무 허망한 일이다.

2015. 8. 30.

주일이다. 성당에 갔다. 성당까지 차를 몰고 가야 하는데 지숙이가 성가대에 참여하니 항상 남보다 먼저 성당에 간다. 미사 전 빈 시간을 활용하여 묵주기도를 바쳤다. 오늘은 기도 뒤에 시상이 떠올랐다. 오래간만에 시 한 편 지었다. 내 가슴이 피폐해졌었던 모양이었다. 그동안 몇 번이나 시를 쓰려다가 실패했다. 다시 시를 쓸 수 있게 되었다는 것이 얼마나 감사하고 행복한 일인지.

지나가는 여름

비 내린 후 깊어진 성당 마당

새들 지저귀는 사이로

가을 빛 천천히 내려앉는다

아직 여름이라

매미 소리 가득한데

계절은 아픈 소리 삼킨 채

멀리 가라앉는다

뭐 하나 좋아질 리 없는

쓸쓸함에 목이 메고, 걸상에 앉아

옅어지는 빛 매만진다

2015. 9. 5.

2심 재판을 다시 받는 일이 걱정스럽다. 그러나 돈이 많이 드는 사선변호인은 선임하지 않으려고 한다. 1심에서 충분한 심리를 거쳤다. 그런 만큼 2심의 결론은 마음을 놓아도 되지 않겠느냐고 주위에서 말한다.

그가 1심에서 재판장을 상대로 노골적인 거짓말을 한 것이 오히려 그에게 부정적인 결과를 낳았다는 평가가 있다. 때문에 2심에서는 거짓말을 조금은 삼가지 않을까 기대한다.

2015. 9. 10.

가을바람이 조금씩 불어온다. 따스함이 차츰 그리워지는 계절로 접어들었다.

어제 대구지방법원 형사항소부에서 보낸 소송기록 접수통지서가 도착했다. 대구지방검찰청에서는 내가 그와 조연숙을 상대로 고소한 사건의 진술을 청취하겠다는 연락이 왔다. 다음주 화요일로 약속을 잡았다. 다시 그와의 싸움을 위한 준비태세에 들어가는 셈이다. 어제와 오늘 대구지방검찰청에 제출할 여러 서면들을 작성했다.

한 가지 의문이 머릿속을 맴돈다. 왜 예수님은 이웃을 사랑하라고 누누이 강조했을까 하는 점이다. 붓다도 자비심을 무척 강조했다. 공자 역시 타인에 대한 측은지심이 인仁의 근본이라고 설파했다. 그런데 현실적으로 우리와 이웃하고 있는 사람들의 면면을 살펴보면, 그 추악하고 사악하고 탐욕스러움이 도저히 사랑을 베풀기에 마땅치 않은 사람도 있다. 예수님은 과연 이런 이웃에게도 조건 없는 사랑을 베풀어야 한다고 했을까? 사랑을 베풀기도 어렵거

니와 설사 사랑을 베푼다고 해도 이를 전혀 받아들일 수 없는 사람도 있다. 뛰어난 극기의 능력을 가지지 않았다면 어찌 이와 같은 경우에 사랑 베풀기에 헌신할 수 있을까? 과연 예수님께서 이 모든 경우까지 포함시켜 말씀하셨을까? 타인에 대한 사랑의 의미에 대해 깊게 생각한다. 이것이 자기의에 함몰된 또 다른 모습이라는 의심을 하면서.

2015. 9. 15

대구지방검찰청에 고소인 진술을 하러 갔다. 조수윤이란 검사가 젊은 남자일 것이란 선입견이 무너졌다. 여성검사였다. 조사는 주로 계장이 했으나, 조 검사가 한 번씩 들러 설명을 해주곤 했다. 온화하고 화사한 모습이 인상적이었다. 나는 지금도 그와 합의를 할 의향이 있다고 조 검사에게 말해 주었다. 1심 판결 선고 후이니 합의가 별 의미를 가지지 못할 것이다. 그래도 항소심 심리 시에 이 사정이 참작될 것으로 본다.

조 검사는 홍일수가 조연숙의 명예훼손행위에 대하여 적어도 방조범의 죄책이 있지 않을까 하고 말했다. 법률가라면 누구나 당연히 이렇게 생각할 것이다. 두 사람이 연락을 가져오다가 나를 곤경에 빠뜨리기 위하여 역할분담하에, 그가 로스쿨 교수들 이메일 주소를 수집하여 정리한 뒤 조연숙에게 주고, 조연숙은 이를 사용하여 로스쿨 교수들에게 나를 인간 이하로 비방하는 끔쓸 내용의 비방글을 보내었다. 그럼에도 경찰 수사과정에서는 철저히 무시되었다. 두 시간 동안의 취조를 마치고 집으로 돌아왔다.

그는 내가 합의를 요청하더란 말을 전해 들으면 내가 세 불리한 것으로 지레짐작하며 거부할 가능성이 높다. 그러나 어쩌면 그렇게 바보짓을 하지는 않을 것으로 보이기도 한다. 그런데 조사과정에서 그가 이 사건에서도 역시 얼마나 나를 중상 비방하는 많은 자료를 제출해 왔는지 알게 되었다. 설령 내가 그를 용서하더라도 하느님은 불의한 그의 행위를 결코 용서하지 않으시리라.

2015. 9. 18.

서울에 다녀왔다. 고 고현철 교수 추모 및 대학의 자율성 회복을 위한 전국교수대회에 참여하기 위해서였다. 고 고현철 교수는 부산대 재직 중인 얼마 전 대학 총장의 직선제가 폐지되는 것에 항의하고 대학의 민주화를 주장했다. 그러다가 교육부의 대학 행정 방침에 항의하며 투신하여 목숨을 끊었다. 한 인간이 자신의 생명을 걸고 말하려고 한 그 무엇인가에 최소한의 경의를 표하기 위해 갔던 것이다. 대회장인 여의도 산업은행 옆 길바닥에 따가운 땡볕을 받으며 몇 시간을 앉아 있었다. 온몸에 땀이 흐르고 무척 힘들었다. 그러나 고 교수는 우리 사회의 공의를 위하여 목숨까지 희생했다. 그런 분에 대한 마음의 부채를 조금은 덜었다는 안도감이 든다.

2015. 9. 20.

주일미사 강론에서, '영성이 깊다'라는 말은 곧 하느님과 나와의 관계가 깊음을 의미한다고 신부는 말씀했다. 그리고 그 영성의 핵심은 마음을 비우고, 욕심을 버리고, 그 뒤에는 자신을 포기하는 것이라고 했다. 적절한 말이다. 우리가 하는 기도의 근본이 하느님과의 대화를 의미하듯이 영성은 곧 하느님과의 관계 설정에서 생기는 것이리라.

그러나 현실을 둘러보면, 인간이 하느님을 모상으로 하여 창조되었다고 하면서 어찌 이렇게 연약하고 불완전한 존재인지를 절감하지 않을 수 없다. 얼마나 많은 사람들이 자신의 존재에 불만을 가지며 좌절하는지 모를 일이다. 하느님과의 대화에서 이 모든 장애와 불완전함이 빠짐없이 극복될 수 있을까? 영성이 가득해지면 육신의 부족함에 더 이상 얽매이지 않을 수 있을까? 현실에 발을 딛고 섰을 때에는 하느님께 오직 부르짖지 않을 수 없다. 하느님, 저희를 불쌍히 여기소서.

2015. 9. 26.

추석 연휴에 들어갔다. 내일이 추석인데 벌써 많은 상점들이 문을 닫았다. 내일은 새벽에 일어나 성당에 가서 연도미사를 드리고, 조부모님, 부모님 산소의 성묘를 할 계획이다. 과거의 나 같았으면 새벽에 성당에 간다는 것은 상상도 못할 일이었다. 그만큼 나 자신이 변했다고 할까. 지나간 나와 지금의 내가 갖는 가장 큰 차이는 신앙의 내면화, 착실화이다. 아직 충분하지는 않다. 그러나 이제 신앙은 내 생활의 일부가 되었다. 기꺼이 이것을 지금보다 더 키워 나가고 싶다. 또 어떤 외부의 자극이나 유혹에서도 이를 지켜내고 싶다. 이 신앙을 통해 바라보는 인생의 방향이 올바르다고 굳게 믿는다. 그럴 때 마음 또한 굳세어지리라.

후그 보일르 주교는 "묵주기도를 열심히, 또 자주 바치는 사람은 은총과 성스러움 속에서 성장할 것이다. 성모님의 특별한 보호와 영원하신 하느님과의 우정을 즐기게 될 것이다."라고 했다. 내 나머지 삶의 모든 날에 걸쳐 묵주기도를 바치고, 그 은총 속에서 살고 싶다.

아, 이 평온한 날들에 감사한다.

끝이 없는 길

2015. 10. 3.

검찰이 제출한 항소이유서가 집에 도착해 있었다. 아내와 오래간만에 치킨을 시켜 놓고 맥주를 한잔 마시다 아내로부터 그것을 건네받았다. 입맛이 싹 달아났다. 그곳에 적힌 나에 대한 철저한 불신에 기가 죽었다. 검사의 직무로서 당연하다고 할 수도 있다. 그러나 어쩌면 이렇게 완전히 색안경을 끼고 볼 수 있을까? 내가 살아온 날들이 있고, 또 저들의 법조 대선배가 아닌가? 답답함이 치밀어 올랐다. 공판검사인 이양순이 썼을 것이다. 법정에서 어떤 일들이 일어났는지 직접 보았고, 몇 증인들이 홍일수가 어떤 사람인지 증언하는 것을 들었으면서도 어쩌면 이렇게 완고할까? 가슴이 쿵덕거리며 마음이 불안정의 늪 속으로 미끄러져 갔다. 그동안 누렸던 평온이 여지없이 깨어졌다. 이렇게 약해빠진 내 자신이 부끄럽고 불만스러웠다. 내일부터는 마음을 다잡아 답변서를 작성하리라.

2015. 10. 11.

항소심 답변서의 최종본을 완성했다. 내일 법조윤리 수업을 마치고 직접 법원 민원실로 가 접수시킬 계획이다.

주일날 교중미사 강론에서 다룬 복음의 말이 무겁게 다가왔다. 마르코 복음 10장 17절 이하에 나오는 선한 부자 청년의 이야기였다. 예수님께서는 계명에 따라 착하게 살아온 그 청년을 가상하게 여겼다. 그러면서도 그가 감당할 수 없는 말씀을 던졌다. "너에게 부족한 것이 하나 있다. 가서 가진 것을 팔아 가난한 이들에게 주어라. 그러면 네가 하늘에서 보물을 차지하게 될 것이다. 그리고 와서 나를 따라라." 그러나 청년은 그렇게 할 수 없음을 슬퍼하며 예수님 곁을 떠났다.

짧지만 성공적인 변호사생활을 거쳐 축적된 내 재산도 남들이 보기에는 많아 보일 것이다. 그런데 길을 가는, 나와는 아무 인연도 없는 남루한 행색의 군중을 향하여 내 재산을 나눠 주어야 한다는 것은 어려운 일이다. 나는 도저히 그렇게 할 수 없을 듯하다. 한 가정의 가장으로서 아직 아이들 교육도 다 끝나지 않은 상태에서 어찌 그럴 수 있겠는가.

신부는 강론을 하면서, 토마스 아퀴나스의 신학대전에는 완덕을 이루지 못한 사람도 천국에 와 있고, 그래서 천국에는 여러 층이 차별화되어 존재하는 것으로 써 있다고 했다. 이것을 교회의 교리로 받아들이지는 못했다고 하는데, 현실적인 인간의 모습을 생각할 때 보다 합리적인 상상이 아닐까?

내가 할 수 있는 일은 아이들의 아버지로서 내게 주어진 역할을 다 하되, 어려운 사람들을 위하여 또 내가 할 수 있는 역할을 마다하지 않는 것이다.

2015. 10. 16.

초등학교 저학년 무렵으로 기억된다. 내가 살던 수성교 바로 건너 마을에 '소금쟁이'라고 불리던 소녀가 가끔 나타났다. 지금 지식으로 보면 뇌성마비에 걸렸을 것으로 짐작된다. 걸음을 펄쩍펄쩍 뛰듯이 걸어 별명이 그렇게 붙었다. 나를 비롯한 아이들은 이 소녀가 나타나면 무척 재미있어 했다. 돌을 집어 들어 소녀에게 던졌다. 놀란 소녀는 돌을 피하여 펄쩍펄쩍 뛰어 도망갔다. 그 모습을 즐기며 아이들은 자꾸 돌을 던졌다. 어느 날 어떤 어른이 돌을 던지는 우리들을 책망했다. 당시 우리는 왜 꾸중을 받아야 하는지 이해할 수 없었다.

그보다 조금 더 어릴 때였다. 그러니까 초등학교에 입학하기 전의 대여섯 살 때였다. 아이들과 함께 수성교를 건너 방천시장 쪽으로 놀러가는 중이었다. 다리 중간에 어떤 사람이 다 헤어진 옷을 입은 채 구걸을 하고 있었다. 나는 너무 마음이 아파 걸음이 떨어지지 않았다. 앞서 지나친 아이들이 뒤처진 나를 알아채고 불러서야 겨우 그곳을 떠날 수 있었다.

이 두 가지의 사건은 불과 몇 년 사이를 두고 일어났다. 그런데 그 두 사건에서 나타나는 내 모습이 너무나 큰 차이를 보인다. 이 모순된 양상에 혼란을 느낀다. 그러나 그 어떤 이유로도 내가 '소금쟁이' 소녀에게 행했던 가혹한 행위에 대한 면책은 있을 수 없다. 나는 그 잘못에 대한 회한을 평생 끌고 갈 수밖에 없다. 사도신경에 있듯이 '죄의 용서'가 그리스도교 신앙의 요체이고, 하느님께 그 죄를 사해 달라고 간구하면 봄바람에 눈이 녹듯 없어질 수 있을까? 그렇지 않다. 하느님께서 용서해 주시는 것과는 완전히 별개로, 내 마음에 이미 주홍글씨로 새겨진 그 죄를 영원히 벗어날 수 없을 것이다.

살아오며 저지른 그 숱한 과오들에 대하여도 마찬가지이다. 그 죄들에 대한 자각은, 나의 보잘것없음을 깨닫게 한다. 그래서 하느님께 나를 더 가까이 가게 한다. 하느님이 용서해 주실 것이라는 믿음은 내가 자신을 용서할 수 없다손 치더라도 큰 위안을 준다.

2015. 10. 25.

매일 스마트폰 앱으로 '매일미사'를 읽고 있다. 여기에 나타나는 성경의 말씀들은 하나같이 우리에게 열렬한 신앙의 자세를 요구한다. 한 치의 긴장 이완도 허용치 않는 표현들이 올라온다. 그러나 나와 같은 일반 신자에게 이 정도의 열렬한 신앙을 한 순간 놓침이 없이 가지도록 요구하는 것은 무리이다.

구약의 많은 선지자나 예언자, 그리고 신약의 바울과 같은 위대한 사도들도 하느님과 항상 교통했던 것은 아니라고 본다. 그들이 가졌던 하느님이나 예수님과의 교통은 긴 일상의 줄에서 순간순간의 매듭에 지나지 않았을 것이다. 바울 사도는 로마서 11장 33절에서 "그분의 판단은 얼마나 헤아리기 어렵고, 그분의 길은 얼마나 알아내기 어렵습니까."라고 했다. 위로부터의 뜻을 전해 받아 매듭이 지은 것이 아닌 나머지의 대부분 시간 중에, 그들은 자유의지를 가진 개별적 인격이었다. 우리와 똑같은 존재였다. 따라서 그들이 문서상으로 남겨 오늘의 우리가 보는 그들의 언동에도 하느님의 의지가 개재되지 않은 부분이 많았을 것이다.

어찌 보면 우리는 흐릿한 유리창을 통해 하느님의 세계를 바라보고 있는지 모른다. 유리창에 의해 변형된 모습으로, 진정한 모습과는 거리가 있다. 이 한계를 어떻게 극복할까? 오직 하느님과 우리가 직접 영적 교섭을 할 때 그 세계를 바로 볼 수 있지 않을까? 그러나 그 교섭은 순식간에 지나간다. 또 교섭의 시간에 하느님의 세계를 전체로서 파악하는 것도 불가능한 일로 보인다.

결국 아주 불완전하고 불충분한 종교적 경험을 통해서 우리는 신앙을 유지해 나가야 한다. 성경에서 보이는 그 철저하고 완벽한 믿음을 상시적으로 갖추기란 참으로 지난한 일이다. 유일한 해결책이 있다면 우리의 약함과 완전하지 못함을 하느님께 고백하며 우리를 통째 하느님께 맡기는 것이다. 그 길 외에 신앙의 완전성을 유지할 수 있는 방법은 없지 않을까?

2015. 10. 30.

어제 고등학교 동기인 이승철 원장 상가喪家에 가서 윤일규 교수를 만났다. 윤 교수는 아주 우수한 인물로 삼성전자에서 임원으로 초빙했다. 그러나 이를 거절하고 그냥 경북대 교수로 있다. 윤 교수는 내게 그가 겪었던 참혹한 송사에 관해 상세히 말해 주었다. 무려 2년에 걸쳤던 송사는 결과가 좋았으나, 안타깝게도 그의 건강을 결정적으로 해쳤다.

나 또한 무엇보다 걱정되는 것은 나 자신이 황폐화되는 것이다. 수시로 솟구쳐 오르는 그, 이상율, 김일균, 허윤 교수, 이 네 사람에 대한 분노와 증오가 내 억울함을 달래기는커녕 속을 잿더미로 만든다. 이래서는 안 된다고 생각하면서도 어쩔 수 없이 그쪽으로 끌려간다.

아, 내게 신앙이 존재하지 않았더라면 나 역시 어찌 윤일규 교수처럼 되지 않았으랴. 분한 마음을 고쳐먹고 어지러운 사태를 수습하기가 나 혼자의 힘으로는 도저히 불가능했다. 윤일규 교수에게 이제라도 신앙이 허락되어 평안과 건강이 주어지기를 간절히 빈다.

2015. 11. 7.

중앙일보에 고 조영래 변호사에 대한 서울지방변호사회의 추모사업 연재 기사가 실렸다. 추모사업에 나도 일원으로 가담할 수 있어서 기뻤다. 그분을 기억하는 사람의 하나로 내 말이 기사 가운데 몇 번 실렸다. 실로 내 청장년 시절은 그분에게 단단한 끈으로 묶인 삶이었다. 80년대 말 서울가정법원 판사로 있을 때 그분의 사무실에 자주 들렀다. 뛰어난 공감능력과 출중한 개인적 능력은 어디에서건 돋보였다.

한번은 그분에게 내가 중학교 다니며 겪은 비참한 경험을 말했다. 공납금을 가져오지 못했다고 담임선생은 나무 막대기로 머리를 갈겼다. 그것도 마치 장난치듯이. 나는 아파서 눈물이 났다기보다는 왜 이런 일로 내가 맞아야 하는지 도저히 이해할 수 없어서 울었다. 공납금을 가져가지 못한 것이 어찌 어린 소년의 책임이랴. 그분은 내 말을 듣고 나서 조용히 말했다. "나도 그와 비슷한 경험을 갖고 있어요."라며 집안이 어려워 학교로부터 고초를 겪은 일을 이야기해 주었다.

나에게는 언제나 커다란 산과 같이 보이던 분이었다. 그분이 돌아가신 다음에 얼마나 울었는지 모른다. 아, 하느님의 위로와 자비가 그분의 영혼에 함께하시기를.

2015. 11. 14.

일본에서 돌아왔다. 서울지방변호사회가 일본의 법조양성제도를 살피는 여행에 동참한 것이다. 오사카, 교토, 도쿄를 거친 대단히 충실한 여행이었다. 가는 곳마다 그곳의 변호사회, 검찰, 재판소 혹은 로스쿨을 두루 둘러보는 빡빡한 일정으로 채워졌다.

11일 우리 일행이 히토츠바시대학에 갔을 때에는 하나모토 씨가 반갑게 맞아 주었다. 차와 과자를 참석자들에게 돌리는 등 최선을 다해 우리를 대접했다. 타다노 교수에게 미리 말을 해둔 덕도 어느 정도 작용했을 것이다. 그러나 어쩐지 하나모토 씨가 스스로 역할을 하지 않았는가 하는 생각이 들었다. 27년 전 내가 그 대학에 객원연구원 신분으로 있을 때 그녀는 미혼이라 우에노 씨로 불렸다. 그 뒤 결혼하고 나서 한번 만난 적이 있었다. 지금까지 대학에 근무할 줄은 상상하지 못했다. 무언의 표정 속에 그녀의 반가운 마음이 가득 담겨 있었다.

이번 일본 여행은 과거를 거슬러 올라가 젊음과 노쇠함의 간격을 깨달은 여행이었다. 일본에 파견되는 최초의 한국 법관으로서 유학 간 것이 1989년으로 일본의 새로운 연호 헤세平成 원년이었다. 그리고 내 나이 33세였다. 지적 능력은 최고도에 달했던 때였다. 지금도 그때를 회상하면 흐뭇한 미소를 짓곤 하는 일이 있다.

게이오대학 일본어 교습과정에 먼저 다녔다. 당시는 일본의 국력이 최고조에 이르러 세계의 젊은이들이 일본을 배우러 몰려들었다. 자연스레 그 교습과정에는 미국이나 유럽 학생들이 많았다. 한 번은 교수가 테이프를 틀어 준 뒤 나를 가리키며 "신申 상, 지금 들은 것을 한번 말해 줄 수 있겠어요?"라고 청했다. 나는 그 내용을 말하고, 교수는 칠판에 적기 시작했다. 칠판의 좌상단에서 우하단까지 가득 적었다. 그런데 그 모든 내용이 실제 테이프의 그것과 단어 한 자 틀리지 않았다. 교실에 있던 서양 친구들이 발을 구르고 손뼉을 쳤다. 평소에 그들은 나를 무척 좋아하고 따랐다. 그 뒤 그곳 교수들은 약속이나 한 듯이 나를 부를 때 꼭 '텐사이天才 신 상'이라고 불렀다. 또 다른 일본인 스승으로서 대표적 진보 헌법학자인 스기하라 야스오 선생은 당시 일본에 들른 한국 스승인 김철수 선생을 만나는 길에 "신申 상은 일본에 있으면 얼마든지 뻗어나갈 사람인데, 귀국을 한다고 하니 무척 안타까워요."라고 말씀하셨다. 김철수 선생으로부터 이를 전해 들었는데, 그 말씀의 뜻이 무엇인지 이따금씩 곰곰이 반추하곤 한다. 스기하라 선생은 어쩌면 내가 지금과 같은 곤경에 빠질지 모른다는 예측을 하시면서 그렇게 말씀하신 것이 아닐까 하는 부질없는 생각에 요즘 빠지기도 한다.

세월은 제멋대로 달아났다. 어느 일본인이 다이아몬드처럼 반짝인다고 했던 내 눈은 이제 흐릿해졌다. 스스로 잘 믿지 못할 만큼 기억력의 강도는 크게 쇠퇴했다. 인간에게 있어서 늙음은 어떤 의미를 가질까? 나뭇잎은 바싹 말라 줄기와의 연결부분이 약해져 중력을 감당할 수 없을 때 낙하한다. 낙엽은 바람과 비에 쓸리고 정처 없이 땅바닥을 굴러다닌다. 늙은 모습은 바로 이와 같은 것이다. 삶은 기약 없다. 소멸은 빤히 예정되어 있다.

그러나 이처럼 어처구니없이 곧 사라질 존재라 하더라도 늙으면 다행인 점도 있다. 젊었을 때는 모든 것이 과잉이다. 넘쳐나는 욕구 속에서 갈피를 잡을 수 없다. 특히 이성에 대한 정욕은 본인이 감당하기 힘들 정도이다. 더욱이 과거에는 여성 비하의 의식이 보편화된 속에서 엇길로 나가기 일쑤였다. 사람들은 대체로 청춘의 날들이 아름다웠다고 회고한다. 오직 앞을 향하여 창창하게 뻗어 나갈 것만을 생각한다. 그 공간을 채우는 충만함이 삶의 시름을 잊게 만든다. 그러나 이내 유한성을 깨닫고 생의 쓸쓸함을 만나게 된다. 창창히 뻗어 나간 뒤에 따르기 마련인 그 거창한 불확실성에 의해 계속 고통을 받지 않을 수 없는 것이 젊음의 숙명이기도 하다.

나이가 들면 외모건 생활이건 초라하게 쪼그라들게 된다. 그러나 불확실의 고통은 현저하게 준다. 자신의 삶에 대한 연민이 남에게로 옮겨 가기가 비교적 쉬워진다. 믿음을 가지고 있으면 이것이 더욱 용이하다. 사유와 통찰이 깊이를 더하며 무엇이건 조금 더 긴 호흡으로 내다볼 수 있는 은혜가 따를 수 있다. 노후화한 신체가 물리적 고통을 많이 안겨주지 않는 한 늙음은 이렇게 아름답게 반짝인다. 95세의 김형석 박사(그의 철학적 사유를 담은 수상록은 과거 우리 세대의 필독서였다)는 그래서 자신의 인생을 돌아보며 60대 전반에서 75세까지가 인생에서 가장 좋았다는 말을 했는지 모른다.

나는 지금 어느 수준의 건강이 있다. 남에게 고개를 숙이지 않고 살 재산이 있다. 아이들은 균형 잡힌 심성으로 예쁘게 자라고 있다. 가족은 못난 나를 세상에 다시없는 존재로 떠받든다. 때때로 이렇게 구족具足의 안심에 사로잡힐 때가 잦다. 이것이 행복이 아니고 무엇이랴. 더욱이 신앙까지 갖추고 있으니 더 말할 나위가 없다. 나는 이 나이가 되어 겨우 삶의 평안을 찾았으나, 뜻하지 않게 송사에 휘말렸다. 내 모든 것이 불안정한 토대 위에서 기우뚱거리며 엎어지려 하고 있다.

2015. 11. 27.

오래간만에 경주 집에 왔다. 사위는 고요하다. 가끔씩 멀리서 차 소리가 어렴풋이 들린다. 그 밖에는 모든 사물이 정적 속으로 빠져들었다. 과거를 돌이켜본다.

내가 얼마나 보잘것없는 존재였던가를 깨닫는다. 없는 집의 자식으로, 더욱이 10남매 중의 막내로 태어났다. 오직 공부 잘하는 재주밖에 없었다. 다행히 머리의 회로는 잘 구성되어 있었던 셈이다. 초등학교 때부터 엄청난 독서를 했다. 어린 나이에 하루 신문을 몇 개나 읽으며 한자를 스스로 깨쳤다. 그러나 내 손으로 모든 것을 일구어 가야 했다. 누구도 나를 도와주는 사람이 없다는 인식을 하면서 자랐다. 그런 성장과정에서 적지 않은 무리가 뒤따랐다. 그냥 내가 힘들었던 것은 좋았다. 그러나 다른 사람들에게 상처를 준 일도 많았다.

시골 촌놈이 어떻게 하다 보니 서울대 법과대학에 들어갔다. 그러나 법학 공부가 죽기보다 싫었다. 법이란, 그리고 법학이란 세상에서 강자의 이익을 지속시키기 위한 도구에 지나지 않는다고 생각되었다. 도저히 맨 정신으론 법학 책을 읽어 나갈 수 없었다. 없는 돈에 막걸리라도 사다 마셔 취해서야 겨우 책을 읽을 수 있었다. 이렇게 시작한 법학 공부이니 얼마나 지겹고 고통스러웠으랴. 거기에다 늙으신 부모님의 기대를 저버리지 않기 위해 사법시험을 보아야 했다. 암기에 암기를 반복하는 모진 수험생활을 견디기 어려운 날이 많았다. 서울 근교 절에서 공부할 때에는 매일 새벽에 일어났다. 칼바람 부는 계곡 개울가로 가서 얼음을 깬 뒤 얼음이 둥둥 뜬 대야 속의 물을 알몸에 퍼부었다. 그러고 나서 불기 한 점 없는 법당에 들어가 참선을 했다. 이렇게 내 몸을 학대하지 않고서는 도저히 심화心火를 끌 수 없었다.

수십 년의 세월 동안 나는 대학 입학시험과 사법시험에 관한 악몽을 꾸어 왔다. 사법시험도 어려운 시험이기는 했으나, 대학 입학시험도 그랬다. 당시는 지금의 수능을 예비고사의 형태로 보았는데, 정작 대학 입학에 있어서는 그 성적이 전혀 고려되지 않았다. 본고사라고 하여 각 대학에서의 시험성적이 당락을 결정했다. 서울대학의 수학시험은 어렵기로 소문났다. 가난한 집 자식인 나는 과외도 한 번 받을 수 없었다. 대신에 동급생들을 모아 스터디 그룹을 만들어 공부했다. 어려서부터 축적된 독서량 탓에 국어과목은 언제나 전교 1등이었다. 세계사 같은 과목은 교사가 수업을 하다가 잘 모르는 것이 있으면 "신 군!" 하며 나에게 물었다. 그러나 수학에는 약했다. 『수학의 정석』을 다섯 번이나 풀고 수학 교과서를 아예 암기하였다. 미적분의 수치까지 모두 암기하였다. 수학 교사도 조금 피곤하면 나에게 대신 교단에 나와 설명하도록 했다. 교과서를 모두 암기한 덕에 책 한 번 보지 않고도 미적분 수업을 동급생들에게 가르친 일이 기억난다. 스터디그룹 아이들은 일본의 입시수학 문제까지 구해 풀었다. 그러나 여전히 불안했다. 역시 아니나 다를까 대학 입학시험에서 수학을 망쳤다.

악몽은 시험이 얼마 남지 않았는데 공부가 거의 되지 않은 상태여서 미칠 듯한 초조감에 쫓기는 내용이다. 사법시험과 대학 입학시험이 번갈아 꿈에 등장했다. 이렇게 시달리다 보니 자연히 내 자식들은 내가 걸었던 험한 길을 다시 걷게 하고 싶지 않았다. 아이들이 어릴 때 집사람이 아이들을 영어학원에 데리고 다녔다. 나는 아이들이 보는 앞에서 영어학원 교재를 모두 죽죽 찢었다. 험난하게 살았던 나와는 다른 인생을 아이들에게 살게 하고 싶은 의도였다. 아이들이 내 괴이한 행동을 얼마나 이상하게 바라보았겠는가. 이제 그러지는 않는다. 또 그런 무지막지한 방법이 아무 소용도 없고 부작용만 초래할 뿐이라는 점을 잘 안다.

내가 그래도 자부심을 갖는 것은 아이들에게 단 한 번도 무엇을 했으면, 어떤 길로 나갔으면 한다는 따위의 말을 하지 않았다는 점이다. 오직 자신이 원하는 대로 좋아하는 것을 추구하며 살기를 바랄 뿐이라고 말해 왔다. 지금 나는 단지 아이들이 좀더 평탄하게 삶을 살아갈 수 있도록 뒷바라지를 다하고 싶다. 그리고 아이들이 구김 없는 성장을 거쳐 타인에 대한 배려와 존중의 의식을 부족하지 않게 갖추었으면 하는 바람을 갖는다.

2015. 12. 12.

25년 전 오늘 조영래 변호사가 세상을 떠났다. 당시 나는 대구에서 경주 법원으로 출퇴근하며 차 안에서 눈물을 무던히도 흘렸다. 어째서 하늘이 이처럼 크신 분을 일찍 불러 갔는지 이유를 알 수 없었다. 그분의 풍모를 떠올리면 눈물은 아무 때나 걷잡을 수 없이 흘러내렸다. 더구나 그땐 불행했던 내 결혼생활이 나를 우울증의 깊은 수렁 안으로 떠밀어 넣은 상태였다. 내 처지와 조 변호사에 대한 그리움이 상승작용을 일으키던 나날이었다.

어제 서울지방변호사회에서 열린 조영래 변호사 25주기 추모행사에 참석했다. 그분과 함께 했던 젊은 날의 우수를 돌이켜보며 마음의 파고를 잠재울 수 있었다. 또 어떤 면에서는 울퉁불퉁했던 긴 세월을 살아남아, 그분의 추모행사에서 그분에 관한 증언을 하며 추모의 마음을 더할 수 있었던 것이 그나마 다행한 일이었다. 변호사회관 앞마당에 그분의 흉상이 들어섰다. 흉상을 어루만지며 잠시 깊은 감회에 젖었다.

변호사회관 1층에서 열린 추모 전시회의 한 모퉁이에는 내가 한 말이 패널에 크게 적혀 있었다. "조 변호사님하고 자주 뵙고 했던 것이 제 일생을 살아가면서 큰 행운이었다고 생각합니다. 지금은 보잘것없는 존재로 그냥 평범한 시민으로 살아가고 있습니다만, 조 변호사님하고 만나서 그때 제가 받아들였던 여러 가지 새로운 느낌들, 그런 것들을 평생을 통해서 간직하고 가는 거죠. 지금까지 제가 살아오면서 잘한 것은 거의 없습니다만, 조 변호사님의 정신을 이어받고 있다, 하는 그런 느낌, 그 소신은 항상 가지고 있어요."

2015. 12. 24.

성탄 전야 미사에 다녀왔다. 다시 신앙을 가진 후로 처음 맞는 크리스마스다. 2006년 부활절에 세례를 받았다. 미국 클리블랜드 성당에서였다. 그때 받은 영어의 직독직해의 은혜가 새삼스럽다. 바로 그날 잠자리에서 일어나며, 이제 미국인과 자연스레 대화를 할 수 있겠구나 하는 생각이 퍼뜩 들었다. 보통의 경우 우리는 영어를 들을 때 영어를 한국어로 바꾼 뒤 인식한다. 반응이 늦어 정상적인 대화가 어렵다. 그런데 그날 영어를 영어 그대로 받아들일 수 있게 된 것이다. 이렇게 되어야 어학공부가 쉬워지고 또 자신감을 갖게 된다. 이번에는 어떤 은혜를 받았을까? 그렇다. 지난 1월 이후 내게 일어났던 여러 가지 변화들, 그리고 1심의 무죄판결에 대하여 나는 무릎을 꿇고 겸손하게 감사의 기도를 드려야 마땅하다.

대구대교구 조환길 타대오 대주교는 성탄메시지에서 "주님의 은총을 입어 그분의 사비하심을 이미 체험한 우리들은 세상 사람들에게 하느님께서 무서운 심판관이 아니라, 인자하신 아버지시라는 것을 알릴 의무가 있다."라고 말씀했다. 나도 은총을 받은 사람이다. 주어진 책무를 다해야겠다. 분노와 불평보다는 감사와 만족, 그리고 앞으로 나아가려는 정성이 나를 채우도록 마음가짐을 바로 해야겠다.

1818년 요셉 모어 신부가 쓰신 그 유명한 〈고요한 밤, 거룩한 밤〉 캐롤이 들린다. 그분은 당시 오스트리아의 성니콜라우스 성당에서 사목했다.

고요한 밤 거룩한 밤 만상이 잠든 때
홀로 양친은 깨어 있고
평화 주시려 오신 아기 평안히 자고 있네
평안히 자고 있네

숙성의 시간

2016. 1. 1.

새해다. 해가 바뀌었다고 해서 시간의 연속성에 변화가 일어나는 것은 아니다. 하지만 다른 사람처럼 이 시점부터 새로운 의미를 부여하며 마음을 채근하는 심정이 된다.

오늘은 또 내 환갑날이다. 오래간만에 식구들이 경주에 다 모였다. 나와 현숙이는 이틀 전부터 경주 집에 와 있었다. 아내와 지숙이는 대구에서 어제 왔다. 수한이는 컴퓨터 강습을 마치고 오늘 비로소 올 수 있었다. 아이들이 크니 모두 함께 자리하기가 힘들다. 이렇게 오래간만에 가족이 다 모였으니 이보다 더 기쁜 일이 어디 있으랴.

올 한 해 우리 식구들 모두가 건강했으면 좋겠다. 아이들마다 소망하는 일들이 이루어지길 빈다. 현숙이는 언론정보학과 대학원을 다니고 있으나, 아직 장래의 방향을 잘 잡지 못하고 있다. 수한이는 연애에 열중하며 디자인 쪽 아르바이트에 열을 올린다. 지숙이는 대학 입시가 걸려 있다. 열심히 노력해서 자신의 소망을 이뤄나가기를 빈다. 나아가 신앙 속에서 꿋꿋한 마음가짐을 가질 수 있기를 빈다. 나 자신을 위해서도 다짐하고 빈다. 막막한 바다 위를 떠다니는 작은 배 같은 삶에서 하느님을 향한 믿음으로 확실한 방향을 정해 나아갈 수 있었으면 좋겠다. 지금 쓰고 있는 책『한국 법학전문대학원 교육정책의 평가와 그 개선책』은 순조로운 진척을 보이고 있다. 서울지방변호사회에서 연구 의뢰를 받은 책이다. 또 올해는 전태일 열사 기념과 현창 사업을 위해 상당한 노력을 기울일 작정이다.

저녁에 경주 보문호숫가 '베르사유' 음식점에서 조촐한 회갑연을 가졌다. 우리 식구와 처갓집 형제들, 아이들, 경주에서 친하게 지내는 몇 사람이 왔다. 회갑연이라는 말을 하지 않고 그냥 저녁 한번 같이 하자고 했다. 경주중학 조광식 교사가 헌신적으로 사회를 맡아 자리를 빛냈다. 내 시 두 편을 골라 낭송을 했다. 지숙이가 〈동심초〉 등 가곡 두 곡을 불렀다. 황명강 선생은 기타 반주로 노래를 불렀다. 마지막에 손명문 건축사무소장이 〈오 솔레미오〉 외 한 곡을 열창했다.

나이를 먹는 것은 서럽고 아쉬운 일이다. 그러나 오늘은 내 삶에서 더할 나위 없이 빛날 추억으로 남을 것 같았다. 모두에게 감사한다.

2016. 1. 12.

황의인 변호사의 초청으로 이인복 대법관, 이상훈 대법관, 김종훈 변호사와 함께 저녁을 같이했다. 법과대학 학보인 〈Fides〉의 편집을 함께한 인연이 지금까지 이어지고 있다. 지난해 말에도 한 번 만났는데, 신년회라는 명목으로 다시 만난 것이다. 이인복 대법관은 올해 8월이면 임기만료로 은퇴한다. 이상훈 대법관은 그 6개월 후에 은퇴한다. 4월에는 2년 후배인 김종훈 변호사, 3년 후배인 이수범 변호사 등이 주도하여 나와 이인복, 이상훈 대법관 세 명의 환갑잔치를 함께 해주겠다고 했다. 고마운 일이다. 1년 후배로는 이번에 행자부 장관이 된 홍윤식이 있다. 오래 만나지 못했다. 무척 만나고 싶은 사람이다.

맥주에 소주를 부어 만든 폭탄주를 거듭 마셨다. 술잔이 돌아가며 여러 이야기가 오고갔다. 그러다가 지금 내가 쓰고 있는 책이 화제가 되었다. 한국의 법학전문대학원 제도를 비판하는 이 책의 내용에 공감하기도 하고, 걱정도 해주었다. 이상훈 대법관은 "이번에는 남에게 상처 주는 이야기는 하지 마라."고 당부했다. 뜨끔했다. 나를 생각하는 안타까운 마음에 한 말이었다. 그러나 책에는 로스쿨과 관련하여 우리 대학사회의 치부를 적나라하게 드러내는 표현이 다수 깔려 있다. 내 나이가 되어 남의 말을 들을 짓을 하는 것은 부끄러운 일이다. 로스쿨의 잘못된 운용을 지적하는 책의 성격상 그런 내용이 들어가지 않을 수 없어서 고민이다.

모임을 마치고 나오는데, 황 변호사가 자꾸 자기 차를 타고 같이 가자고 했다. 거듭 사양하자 자신도 차를 둔 채 봉은사역에서 삼성역까지 추운 밤거리에 나를 배웅해 주었다.

그가 실의에 빠져 군에 입대했을 때 나는 그의 소재를 알려고 노력했다. 그러나 내 손길이 미치는 것을 알면 그는 면목이 없어 다른 곳으로 가 버렸다. 나는 다시 그가 있는 곳을 알려고 수배했다. 이 일을 나는 잊었다. 그는 오롯이 기억하고 있었다. 어제도 부인과 함께 이에 관해 얘기를 나누었다고 했다. 헤어질 때 그를 꼭 안아주었다. 그와의 우정이 한층 더 따뜻해졌음을 느꼈다.

2016. 1. 18.

신은 합리적일까? 그렇지 않다. 합리성은 예측 가능성에 있다. 신의 행동은 우리가 예측 가능한 범위 안에 있지 않다. 만약 신이 우리가 예측 가능한 존재라고 한다면, 그래서 열심히 기도하면 반드시 보답을 내려주고, 나쁜 일을 하는 사람에게는 반드시 벌을 내려주는 식으로 존재를 확실히 드러낸다면, 우리가 신을 믿는 것은 아주 쉬운 일이다. 우리가 이성적으로 생각하면 신은 이런 존재가 되어야 마땅하다. 그러나 한편 달리 생각하면 이래서 우리가 신을 믿는다면, 우리는 신의 단순한 노예가 된다. 거기에 기쁨이 있을까? 아니다. 우리가 신의 모습을 그리는 데 도움을 주는 우리의 이성도 마비될 것이다. 신도 이런 우리를 바라시지는 않을 것이라고 생각할 수 있다. 신이 우리에게 이성과 자유에의 동경, 창조력을 주신 것은 바로 우리가 자유의지를 갖기를 원했기 때문이다. 자신의 의지에 따라 선택하도록 하고, 그 선택이 의미 있는 것일 때 기뻐하시는 것이다. 우리도 그때 진정한 기쁨을 갖는 것이다.

불합리의 공간에서 희미하게 깜빡거리는 불빛을 찾아 나아가듯이 신을 발견해 가는 과정은 결코 쉬운 일이 아니다. 엄청난 인내와 끈기, 소박함으로의 회귀가 필요하다.

요한복음 2장 1절부터 예수님이 카나의 혼인잔치에서 물을 포도주로 바꾸는 기적을 행하신 일이 나온다. 11절은 다음과 같이 기술되었다. "이렇게 예수님께서는 처음으로 갈릴래아 카나에서 표징을 일으키시어, 당신의 영광을 드러내셨다. 그리하여 제자들은 예수님을 믿게 되었다." 제자들이 자신들의 눈앞에서 일어난 기적을 본 것이다. 그래서 예수님에 대한 존경과 복종의 마음을 가지게 된 것이다. 그 후에도 그들은 예수님이 일으키는 숱한 기적을 본다. 그러면서도 베드로와 같은 사람은 예수님을 부인한다. 결국 부활한 예수님을 마주하고 난 다음에야 온전한 믿음을 가지게 되었을 뿐이다.

그러면 그 성인의 반열에 든 사도들과 우리 사이에 무슨 차이가 있을까? 우리가 성서시대 사도들이 본 것처럼 많은 기적들을 보았다면, 우리라고 해서 그만한 믿음을 못 가졌을까? 어느 쪽으로든 장담할 수는 없을 것이다. 하지만 우리 중에서 탄탄한 믿음을 키워낸 사람은, 단 한 번 눈으로 예수님의 기적을 보지 않고도 그런 것이니 참으로 귀한 존재라고 할 것이다.

2016. 1. 31.

예수님은 공생활을 시작하시고 나서 많은 기적을 베푸셨다. 그러나 고향인 나자렛에 가서는 기적을 하나도 일으키시지 않았다. 오히려 자신이 선포하는 복음이 이스라엘 민족만을 위한 것이 아니고 국경을 넘어 이민족에게도 해당되는 것임을 설교하셨다. 주민들은 화가 났다. 그들은 예수님을 벼랑으로 몰고 가 떨어뜨리려고 했다. 예수님이 그들에게 기적을 베푸시지 않은 이유는, 그들에게 기적이 회심의 계기가 될 수 없다는 것을 아셨기 때문이다. 기적은 단순한 이적으로 그치는 것이 아니다. 기적을 통해 신앙의 바른 관계가 정립될 수 있을 때 비로소 의미가 있다. 그러지 못할 때 기적은 불량한 풍선처럼 바람을 넣자마자 펑 터져 버린다.

기적은 함부로 생기는 것도 아니다. 오래 참고 소망을 익혀 갈 때 눈앞에 보일 수 있는 것이다. 기적의 의미를 이해할 수 있을 때라야만 기적은 생긴다. 결국 가장 필요한 것은 기적을 기적으로 받아들일 수 있는 마음의 토양이다. 이것은 믿음의 숙성에 의해 생긴다. 번잡한 세상사 속에서도 이에 휘둘리지 않고 신앙의 중심을 잡아나가야 한다. 쉬운 일이 아니다.

2016. 2. 6.

설을 쇠기 위해 경주 집에 와 있다. 아이들은 내일 온다. 현숙이는 서울에서, 수한이와 지숙이는 대구 집에서 온다. 마음이 설렌다. 이 나이가 되어서도 아이들은 내 기쁨과 희망의 원천이다.

내부고발자들이나 사회에서 도태된 사람들이 자살로 생을 마감하는 이유를 알게 되었다. 나에게도 그런 어두운 충동이 가끔 불쑥불쑥 솟아올랐기 때문이다. 충동이 올라오면 앞날이나 다른 것을 보는 눈이 갑자기 가려지는 듯했다. 누명을 덮어쓰고, 세상의 오해에 시달리고, 로스쿨 교수들의 집단적 린치를 받아야 했을 때 내 앞에서 빛은 사라졌다. 신앙과 아이들에 대한 사랑이 간신히 빛을 다시 찾아주곤 했다.

2016. 2. 10.

한 학기를 꼬박 바쳐 준비한 원고가 '로스쿨 교수를 위한 로스쿨'이란 제목으로 곧 출판된다. 원래는 '한국법학전문대학원 교육과정의 평가와 그 개선책'으로 준비를 하고 글을 썼으나 독자들에게 보다 선명한 인상을 주기 위해 제목을 이렇게 달았다. 요컨대, 한국 로스쿨은 로스쿨 교수들의 이기주의에 의해 변형된 형태로 수많은 결함을 노정시키고 있다는 뜻을 품고 있다. 그러므로 로스쿨 학생들을 위한 로스쿨로 하루빨리 개혁해야 하고, 나아가 우리 실정에 바람직한 새로운 법조양성제도를 찾아야 한다는 내용이다. 아침에 교정본을 출판사에 넘겼다. 목요일에 2차 교정본이 온다. 이를 퇴고하면 사실상 내가 할 일을 다 하는 셈이다.

오래간만에 책에서 놓여나게 되었지만, 상당히 허전하다. 준비해 온 책 『전태일 평전』을 다시 읽는다. 나는 여생을 전태일 열사와 조영래 변호사의 현창을 위해 바치겠다고 결심한 터다. 조 변호사가 쓴 이 책을 이제야 읽게 되니 부끄럽기가 그지없다. 변명을 하자면, 이 책을 읽으며 내가 감수해야 할 고통과 연민을 가급적 피하고 싶었던 인간적 나약함에 그 탓이 있었다. 두 분을 떠올리며 칼럼을 쓴 적이 있다.

전태일과 조영래

전태일은 1970년 11월 13일 스물두 살의 나이로 자신을 불살랐다. 한 살 많은 조영래는 1971년 사법시험 합격 후 서울대생 내란음모사건으로 실형을 복역하고, 또 민청학련 사건 관련자로 수배되어 1974년부터 1979년까지 6년이라는 기나긴 시간 동안 도피생활을 한다. 이때 전태일의 삶에 관하여 '어느 청년 노동자의 삶과 죽음'이란 책을 집필하였는데, 이것이 1983년 서슬 퍼렇던 전두환 정권 치하에서 출판되었다. 그 후 오랜 세월에 걸쳐 스테디셀러인 『전태일 평전』으로 젊은이들의 가슴에 소박한 들꽃을 피우며, 사회와 공동체 그리고 소외되고 약한 이웃에 대한 의식을 깨워왔다. 이수호 전태일재단 이사장의 말에 의하면, 조영래의 유족은 기꺼이 책의 인세를 전태일재단에 귀속시켜 지금까지 재단의 주된 수입원이 되고 있다고 한다.

한국의 근현대사를 일별할 때 우리 민족의 집단무의식에 가장 큰 영향을 미친 사건을 나열해 본다면, 동학혁명, 한일합방, 해방, 6·25전쟁 등등이 머리에 떠오른다. 조금 더 시간의 줄을 앞으로 당긴다면 우리는 전태일 열사의 분신을 빼놓을 수 없다. 이 사건 이후 그 영향권 내에서 일어난 많은 일들이 한국의 민주화를 결정적으로 형성해 온 것이다.

전태일의 분신은 국가권력이나 자본가의 탐욕, 시장경제의 폐해에 대한 단순한 항거가 아니었다. 그는 맑고 순수한 영혼을 가진 무지렁이 청년에 불과했다. 하지만 그는 자신의 열악한 처지에도 동료 공원들의 비참한 사정을 헤아리며 그들을 돕기 위해 최선을 다한 사람이었다. 주린 배를 움켜쥐면서도 가혹한 노동으로 핏기를 잃어가는 어린 여공들에게 붕어빵을 사주는 여리디 여린 청년이었다. 그의 슬픔은 사회 밑바닥에 깔린 수많은 이름 없는 영혼들을 향한 것이었다. 그리고 그가 흘린 눈물은 방울방울 수정처럼 반짝이며 숱한 사람들에게 영감을 주어왔다. 어떤 면에서 그는 우리의 정신과 의식의 세계를 변혁시키는 선각자였고, 종교가였으며, 문화창조자였다.

그러나 만약 조영래가 책을 통해 전태일을 다시 살려 놓지 않았더라면 우리가 전태일에게 접근하여 그 모습을 살피는 데 커다란 장애가 있었을 것이다. 조영래는 절박한 도피생활을 하는 와중에 마침 그때까지 일실되지 않고 남아 있었던 전태일의 일기(그중의 일부는 당시 이미 없어졌다)와 그 어머니 이소선 여사, 그리고 그의 형제들에 대한 숱한 탐문을 할 수 있는 시간을 얻을 수 있었다. 전태일의 막냇동생 전순옥은 조영래가 어린 자기를 옆에 앉혀 두고 세상을 이해하기 위해 신문을 꼭 읽어야 한다고 자상하게 권하던 모습이 잊히지 않는다고 증언한다. 그 무렵 전태일의 가족은 세상 누구보다도 비참한 나락의 처지에 떨어져 신음하고 있었다. 가난한 도망자 조영래는 자신이 처한 위치보다 더욱 낮은 곳으로 내려가 유족들을 위로하였다. 그리고 전태일을 추모하는 가장 효과적 수단인 책을 내기 위해 온 힘을 기울였다.

조영래는 망원동 수재사건, 부천서 성고문 사건, 여성정년차별 사건 변론 등을 통해 해방 후 가장 뛰어난 법조인의 한 사람으로 추앙을 받는다. 그러나 그는 여기에 그치지 않는다. 꺼지지 않는 활화산인 전태일 정신을 일으키고, 그것을 바탕으로 정당한 법의 실현을 통해 사회적 약자에게 존엄한 인격의 개체로서 살아갈 수 있도록 끊임없이 노력함으로써 지금 우리 시대의 사표가 되었다.

한 살 터울의 두 사람은 만난 일이 한 번도 없었으나 아름다운 영혼의 교제를 맺었다. 그 결합은 우리 현대사에 불멸의 탑을 이루어 우뚝 서 있다. (주간동아, 1123호)

2016. 2. 14.

오늘은 사순 제1주일이다. 사순절의 의미는 그것이 영적 투쟁의 시기라고 하는 데 있다. 로마제국의 콘스탄티누스 대제는 313년 밀라노 칙령을 반포했다. 그래서 그리스도교를 공인하고 그리스도교에 대한 박해를 끝냈다. 이때부터는 더 이상 순교를 통해 하느님을 증거할 수 없게 되었다. 그 이후 많은 수도자들은 스스로 광야에 나갔다. 시련과 유혹의 환경을 만들어 극복하려고 했다. 아마 예수님이 치른 광야 40일간의 수련과 사탄의 유혹에 관한 성경의 기록을 본받으려는 생각에서일 것이다. 그들은 시련과 유혹을 극복하며 개인의 영적인 성장을 위한 싸움을 전개했다. 그런 영적인 싸움이 집적된 정신적 노력이 그리스도교인의 신앙 안에 자리를 잡게 되었다. 그리하여 '재의 수요일'을 영적 전쟁을 시작한 날로 삼아 그때부터 예수님의 부활일까지의 40일간 악과 투쟁하며 하느님을 증거하기 위한 보속과 믿음의 실천시기를 지내는 것이다.

사순시기에 가장 중요시해야 하는 것은, 하느님을 증거하는 생활을 해야 한다는 것이라고 한다. 하느님을 증거하기 위해 자신과 외부의 여러 가지 유혹들과 맞서는 투쟁을 하는 것이다. 그 투쟁 끝에 부활의 영광을 누릴 수 있는 새로운 생명으로 탄생하는 것을 지고한 목표로 설정하고 있다.

루카복음에 기록된 것을 보면, 예수님은 40일간의 광야생활에서 사탄으로부터 세 가지 중요한 측면에서의 공격을 받았다. 첫째, 재물욕이고, 둘째, 권력욕이며, 셋째, 자기과시욕이다. 사탄은 우선 예수님에게 돌더러 빵이 되라고 하라며 유혹했다. 그러나 예수님은 사람은 빵만으로 살지 않는다고 하셨다. 사탄은 이어서 예수님에게 모든 나라를 보여주며 자신에게 경배하면 그 모든 권세와 영광을 주겠다고 했다. 그러나 예수님은 하느님만을 경배하고 섬길 것이라고 하며 거절하셨다. 끝으로 사탄은 예수님을 예루살렘 성전 꼭대기에서 밑으로 떨어져 보라고 유혹했다. 그러나 예수님은 하느님을 시험하지 말라고 일축하셨다.

신부는 오늘 강론에서, 사탄의 유혹을 가장 잘 이겨내는 방법은 묵주기도라고 했다. 묵주기도를 드릴 때 성모마리아님이 인도하시고 지켜주시기 때문이라고 했다. 성모마리아님은 그 조각상에서 보다시피 뱀으로 형상화된 사탄의 목덜미를 밟아 사탄을 억제하는 데 가장 큰 힘을 발휘하시는 존재이다.

나는 다시 신앙을 회복한 이래 지금까지 단 하루도 묵주기도를 빠뜨리지 않았다. 앞으로도 계속할 작정이다. 묵주기도로 신앙의 아름다운 열매가 맺어지길 기다리련다.

2016. 2. 20.

아침에 지신밟기패가 경주 집에 들렀다. 흥겹게 놀았다. 그들은 매년 우리 집을 찾아 주었다. 무척 고마운 일이다. 끝나고 일행 중 한 명이 내게 말을 걸었다. "이 집이 수한이 집이지요?" 아들 수한이의 동기인 류하경의 아빠였다. 오랫동안 하경이를 할머니에게 맡겨 놓고 외지 건설현장 등에서 막노동을 한 모양이었다. 철부지였던 하경이는 이제 간호사가 되어 현대병원에 근무하며 제 몫을 다한다고 했다. 오래전 경주남산 삼릉 앞 칼국수집에서 일하던 하경이 할머니에게 하경이 학용품을 사 주시라며 적은 액수나마 돈을 드린 일이 있었다. 할머니는 하경이 아빠에게 자주 내 말씀을 하신다고 했다. 작은 정성이 참 요긴하게 쓰였다니 기뻤다.

예수님의 고통은 어쩌면 우리 인간이 보편적으로 걸어가야 하는 길을 예시해 주는 것이 아닌가 하는 생각이 얼핏 들었다. 만약에 우리가 자신의 십자가를 지고 가지 않는다면, 삶의 깊이를 온전하게 깨달을 수 없는 것이 아닐까? 예수님은 자신의 전 생애를 던져 그 괴로움을 극적으로 나타내신 것이지만, 우리는 그처럼 극적인 형태는 아니더라도 고통의 길을 걸어야만 한다. 그렇게 함으로써 우리의 삶을 더욱 풍성하게 할 수 있다. 또 타인과의 공동체, 연대의식을 키울 수 있다. 우리가 십자가를 지는 고통을 거부하고 안락과 편의의 길만 걷기를 추구한다면, 우리는 정신적 멸망의 길로 접어들기 십상이다.

하느님께 희망을 거는 사람은 현세적인 두려움이나 핍박, 분열, 수고, 불행을 부끄러워하지 않는다고 한다. 루카복음 9장 28절 이

하에서 나오는, 예수님의 '거룩한 변모'를 본 베드로는 흥분하여 그 산에서 초막을 지어 예수님을 모시고 살고 싶다고 했다. 그러나 그것은 현세적이고 순간적인 만족감에 도취되어 한 말이었다. 그는 예수님과 함께 산을 내려와 번잡한 일상에 묻혀야 했다. 모진 시련을 겪어야 했다. 예수님은 베드로에게 그런 삶을 요구하셨다. 우리들에게도 당연히 그러하신다. 우리의 마음을 변화시키신 뒤 현실에 만족하거나 안주하지 않고 십자가의 고통을 지도록 요구하신다.

2016. 2. 25.

서울 아이들 집에서 이틀을 자고 왔다. 일이 많았던 탓에 열흘쯤 지내다 온 기분이다. 그저께 서울에 도착하여 출판사와 『로스쿨 교수를 위한 로스쿨』 책의 출판계약을 체결했다. 이어 전 서울변호사회장 라한설 변호사와 환담했다.

라한설 회장은 하명우 대한변협회장에게 전화를 하여 대한변협 법학전문대학원평가위원회의 위원장을 나로 임명함이 어떠하냐는 의견 개진을 해주었다. 위원장이 되면 지금의 옹색한 위치를 대번에 벗어날 수 있게 된다. 나는 그의 일당에 동조하며 내게 차가운 눈총을 보내는 이른바 이론교수들에 둘러싸여 있다. 엉뚱하게 사법시험 존치론자로 낙인찍혀 학생들의 배척을 받고 있다. 위원장이 되면 로스쿨의 개혁과 법조양성제도의 개편에 역량을 발휘할 수 있게 될 것이다. 학자로서 내 생의 마지막 임무로 생각하며 열심히 해보고 싶은 자리이다.

홍일선 교수 정년퇴임 기념 논문 봉정식장에서 홍일수를 만났다. 그는 여전히 득의만면한 태도로 활발하게 움직였다. 그 꼴을 보는 것이 너무 싫었다. 다음주 금요일 『로스쿨 교수를 위한 로스쿨』 책이 출간되면 그 자리에 있던 많은 로스쿨 교수들 또한 나를 향하여 일제히 손가락질을 할 것이다. 그 생각을 하니 갑자기 숨이 막혔다.

안윤식 변호사와 저녁식사를 함께했다. 안 변호사와 사적인 자리를 갖기는 처음이었다. 오랜 세월에 걸친 안 변호사의 실패와 좌절을 위로해 주고자 일부러 연락하여 만났다. 안 변호사는 10년 넘는 세월에 걸쳐 하나의 사건을 두고 무려 18건인가의 소송을 했다. 그러나 너무나 분명한 진실을 목전에 두고서도 모두 패했다. 우리 사회에는 이와 같이 사법과정에서 공정하게 다루어지지 못한 사례가 너무나 많다. 그중에는 오해에 기한 것이거나 소송에서 자신의 할 바를 충분히 다하지 못한 데서 초래된 경우도 있으나, 경찰이나 검찰, 그리고 법원에서 분명히 의도적으로 불공정한 처우를 하는 경우가 왕왕 있다. 우리나라의 사법신뢰도가 OECD 국가 중 밑바닥에 있는 것은 이와 같은 현상이 편만하고 있다는 사실을 웅변해 준다. 간신히 벗어나기는 했으나, 나 역시 검찰의 편파적이고 어리석은 기소에 의해 지금 얼마나 큰 고통의 과정을 거쳐 왔던가. 안 변호사의 불운이 어서 끝나기를, 그와 그의 가족에게 삶의 기쁨이 다시 돌아오기를 하느님께 간절히 기도한다.

2016. 2. 28.

우리에 대한 하느님의 인내를 나타내는 성경 구절들이 있다. 루카복음에는 3년 동안 열매를 맺지 못한 무화과나무일지라도 한 해더 거름을 주어 살핀다는 비유가 나온다. 이사야서 42장 3절에는 '갈대가 부러졌다고 해서 꺾지 않으시고, 심지가 깜빡거린다고 해서 끄지 않으시는' 하느님으로 나타난다.

인내의 하느님을 하루속히 받아들이는 결단을 내려 생명의 길로 과감히 들어서야 한다는 설교를 자주 듣는다. 나는 이 말에 저항감을 느낀다. 신앙의 요체는 결국 체험이다. 이론적으로 배워 터득할 수 있는 것이 아니다. 그렇다면 아무리 인내의 하느님을 설파한다고 해도 신을 마주 접하는 체험을 갖지 못한 사람에게 효험이 있을까? 체험을 한 사람도 그렇다. 베드로는 그토록 많은, 예수님이 행하는 기적을 옆에서 보았다. 심지어 '거룩한 변모'를 하는 예수님을 직접 보았다. 그리고서도 나중에 예수님을 부인하지 않았는가. 세상 사람들 중에서 베드로와 같은 체험을 한 사람은 어느 누구도 없다. 그런 사람들에게 신앙이 깊지 못하다고 그 결단의 주저를 나무랄 수는 없지 않은가. 이 의문에서 나는 벗어나지를 못하고 있다.

물론 엷은 신앙의 체험을 한 사람도 확고한 신앙을 구비할 수 있다고 생각할 여지는 있다. 점차 신앙의 길로 들어서면서 성령의 인도하심에 따라 더욱 깊은 종교적 체험을 한다는 전제 아래서. 우리가 의지할 것은 이와 같은 추론밖에는 없다. 그러나 그 길을 외로이 걸어가는 것은 쉽지 않은 일이다. 더욱이 이렇게 해서 얻은 신앙이 설교자들이 흔히 말하는 자신의 목숨과도 바꿀 수 있는 결단에 의한 것이 되기에는 큰 어려움이 따른다.

나는 과연 이 모든 난관을 뚫고 나가, 죽음 앞에 섰을 때 하느님을 전심전력으로 믿고 의지할 수 있을까?

2016. 3. 3.

아내와 함께 영화 〈귀향〉을 보았다. '귀'는 '歸'가 아니라 '鬼'였다. 영어로는 'Spirit's Home Coming'으로 표기했다. 보고 나서 마음이 아플까 봐 망설이다가 결국 보게 되었다. 무척 슬픈 영화였다. 한동안 갈피를 잡을 수 없는 생각들이 몰려온 탓에 입이 열리지 않았다. 그러나 보기를 잘했다는 느낌이 들었다. 무엇보다 위안부 할머니들의 심정을 이해했다. 그분들의 고통에 깊은 공감을 가질 수 있었다.

당시 끌려간 사람들은 지숙이보다 더 어린 아이들이었다. 분하고 원통한 일이다. 하지만 한편으로는 베트남에서 우리 군인들이 저지른 양민학살을 생각하지 않을 수 없다. 재작년 아마 6박 7일이던가 베트남에서 한국군에 의한 양민학살지를 순례했다. 그때 가졌던 참혹한 마음을 잊을 수 없다. 한국군을 증오하는 위령탑마다 그 아래에서 무릎을 꿇고 분향하며 억울하게 숨진 넋을 위로하였다.

위안부 할머니와 베트남전 당시 한국군에 의해 학살된 베트남인들을 위하여 기도한다. 아, 이런 참상이 없는 세상이 되기를 기도한다.

파열

2016. 3. 5.

페이스북에 새로운 책 『로스쿨 교수를 위한 로스쿨』이 나온다는 것을 포스팅했다. 반응이 뜨거웠다. 많은 댓글이 달렸다. 그중에는 나를 걱정하는 내용으로, 로스쿨 찬미론자들이 보복하지 않을까 하는 언급이 들어 있었다. 실제 나를 향해 칼을 겨누고 호시탐탐 기회를 노리는, 그와 동류의 로스쿨 신봉자들이 결코 가만있지 않을 것이다. 로스쿨 찬미론자, 로스쿨 신봉자라는 표현을 쓰지만, 그들은 사실 로스쿨이 가져다주는 달콤한 이익을 향유하며 이것을 절대 포기하지 않겠다는 생각을 하고 있을 뿐이다. 그러면서 로스쿨을 만들 때 붙인 이상적인 구호들이 현실에서 모두 구현되고 있는 양 꾸며 말하는 사람들이다. 그들은 다시 온갖 말을 지어내어 나를 구렁텅이에 빠뜨리려고 할 것이다. 선량한 학생들을 선동하여 내게 가장 치욕적인 수단인 강의 중단 등의 행위까지 강요하지 않을까 우려스럽다.

그런데 우리 집에서 먼저 문제가 발생했다. 서울에 간 지숙이가 아버지의 일을 걱정하며 엄마에게 연신 카톡으로 메시지를 보냈다. 책의 출판으로 내 입장이 어려워질 것이라며 울먹이는 글이었다. 내가 항소심에서 유죄판결을 받을 가능성이 늘어나고, 우리 집의 가계가 아주 궁색해질 터이니 대학 입시를 위한 성악 과외도 받지 않겠다고 했다. 그 아이의 여린 마음을 주님께서 지켜주시기를.

그리고 이번에는 그들의 농간에 호락호락 넘어가지 않을 자신이 있다. 책에 실리는 내용들이 실증적 자료에 의해 뒷받침되는 것들이기 때문이다. 물론 두렵다. 저쪽은 엄청난 크기의 조직이다. 다시 거대조직을 상대로 혈혈단신 싸움을 거는 셈이다. 하지만 잘못된 로스쿨을 개혁하기 위하여 누군가는 반드시 떠맡아야 할 책무이다. 연구를 끝내고 원고가 완성된 것이 공교롭게 항소심을 앞둔 시점이 되었으나, 어쩔 수 없는 일이다. 책의 서문에서 책의 전반적 내용을 간명하게 설명하였다.

이 책의 원고를 한참 쓰고 있던 지난겨울 어느 날, 가까운 친구 몇이 모여 서울의 어느 거리에서 저녁을 먹고 있었다. 대법관을 지낸 친구가 불쑥 말을 넣었다. "애야, 이번 그 책을 낼 때 다른 사람 마음 상하지 않게 해라." 글로 인해 말썽을 일으키고 불이익을 입곤 했던 나에 대한 안타까움에 한 말이었다. 밤에 잠자리에 들어서도 그 말이 계속 생각났다. 심기가 촛불처럼 자꾸 흔들리며 내가 공연한 일을 하고 있는 게 아니냐는 자책이 터진 자루에 물 새듯 흘러내렸다. 하지만 내가 이 사회를 위해 꼭 해야 할 역할을 포기할 수는 없다는 내면의 소리가 억제될 수 없었다.

나는 로스쿨에 처음부터 지금까지 교수로 근무해 왔다. 여러 가지 돌아가는 형편을 보며 로스쿨에 문제가 많다는 의식은 갖고 있었다. 그리고 로스쿨을 졸업한 변호사들이 겪는 그 처절한 고투를 보며 그들에 대한 '선생'으로서 깊은 동정심을 품어 왔다. 그런데 이 책의 원고를 쓰기 위해 여러 자료를 참조하고, 특히 외국의 법조양성제도에 관한 자료를 탐색하며 내가 평소에 지녔던 인식이 엄동嚴冬의 밤하늘처럼 단단하게 굳어졌다. 그렇다. 다른 나라에 비해 우리 로스쿨 교육은 형편없었고, 로스쿨은 또 학생들의 이익 따위는 안중에도 없이 운영되고 있음을 확연하게 깨달았다. 내 손에 넣어진 이 진실을 감추어 둘 수는 없는 일이다. 내 손을 펌으로써 어떤 손해를 보고 핍박을 당한다 하더라도 이는 내가 우리 사회의 구성원으로서 조용히 감내해야 할 몫이다. 그래서 나는 손안에 있는 진실을 드러내기로 결심했다.

2010년도에 나는 대한변호사협회의 변호사백서간행위원회의 위원 일을 잠시 맡았다. 위원회에서는 로스쿨 교수인 내게 법조인양성제도 중 법학전문대학원 부문의 집필을 맡겼다. 그래서 '법학전문대학원이 갖는 문제점과 그 보완책'이라는 원고를 썼다. 법학전문대학원 운영에 관한 전반적 과정을 짚은 온건한 내용의 글이었다. 그러나 원고의 수합과정이 끝나고 백서가 나올 무렵 위원장이 내게 전화를 하였다. 내가 쓴 원고는 대한변호사협회의 이사회에서 지적이 되어 전부 삭제할 수밖에 없다고 했다. 귀를 의심했다. 수정도 아니고 전부 삭제라니! 그것도 일방적 통고로 하다니! 자세한 과정을 잘 알지는 못한다. 하지만 이 일을 계기로 나는 법학전문대학원이 우리 사회에서 벌써 엄청난 영향력을 가진 기득권세력이 되어 있다는 사실을 절감했다. 아마 그분들의 자식이나 손주들 상당수가 로스쿨에 들어갔거나 했을 것이다. 그들은 스스로 나서서 로스쿨에 대한 어떤 비판이라도 막아내는 방패를 자임했을 것이다. 그들만이 그러했겠는가.

로스쿨의 강고한 세력화는 더욱 확장되었다. 어느새 우리 사회에서 로스쿨에 대한 비판을 허용하지 않는 '침묵의 카르텔'이 형성되었고, 고착의 모습을 보였다. 그러던 중 뜻하지 않은 곳에서 찌지직 소리가 나더니 이 억센 카르텔에 손상이 생기기 시작했다. 2015년 1월에 함께 당선된 대한변호사협회장과 서울지방변호사회장은 공교롭게도 모두 로스쿨제도가 가진 일부 폐해를 지적하며 '사법시험 존치'를 선거공약으로 내세웠다. 대표적인 변호사 단체의 수장인 두 사람이 임기 개시와 함께 '사법시험 존치'에 관한 활발한 활동을 벌여 나가면서, 빈틈이 전혀 없어 보이던 그 튼튼한 로스쿨 지배체제에 균열이 일어나기 시작했다. 상황이 급속히 달라지더니 어느새 로스쿨제도에 대한 국민들의 부정적 여론이 대세를 이루게 되었다.

2015년 6월에 대한변호사협회와 서울지방변호사회 등이 공동주관하여 국회에서 열린 '사법시험 존치를 위한 국회 대토론회'에서 나는 좌장을 맡아 보았다. 로스쿨 교수로서 발표나 토론을 맡을 수는 없다고 고사하였더니 맡으라고 한 역할이었다. 얼마 후 법학전문대학원장들의 모임으로서 로스쿨이 가진 힘의 결집체인 법학전문대학원협의회에서 일이 벌어졌다. 모 로스쿨원장은 나를 '로스쿨 공적 1호'로 지칭하며 성토하였다. 세심하게도 내가 과거에 쓴 글들까지 수집하여 와 특정 부분을 지적하며 비난했다. 그리고 나 같은 인간은 빨리 로스쿨을 떠나라고 하는 험상궂은 추방의 언사가 행해졌다. 언필칭 교수라고 하는 사람이 헌법상의 학문의 자유나 언론의 자유에 대한 고려가 전혀 없이 그런 야만적인 행태를 보이는 것 자체가 그들이 느끼는, 기득권체제의 고수에 대한 불안, 초조감에 다름 아닐 것이다.

그 후 2015년 12월에 법무부가 4년간 사법시험 폐지를 유예한다는 방침을 발표하고 나서 법학전문대학원 학생들의 수업 거부, 변호사시험의 거부, 그리고 법학전문대학원 교수들의 변호사시험 출제 거부방침으로 어지럽게 이어진 현상을 잘 기억하고 있으리라. 이 현상에서 법학전문대학원 학생들과 법학전문대학원 교수들은 일체가 되어 투쟁을 전개하였다. 하지만 과연 그들이 벌인 투쟁전선의 내부에서 이해관계를 함께했을까 하는 점에 큰 의문을 갖지 않을 수 없다.

결론부터 말해 보자. 한국의 로스쿨은 철저하게 로스쿨 교수를 위한 것이다. 로스쿨제도의 도입으로 가장 큰 혜택을 입은 사람들이 로스쿨 교수들이다. 그러나 로스쿨제도로 인해 가장 큰 피해를 입고 고통을 겪는 사람들이 있다. 그들은 바로 로스쿨 학생들이다.

로스쿨 교수를 먼저 보자. 우선 그들은 과거 법학부 시절과는 비교할 수 없을 정도로 나아진 환경에서 강의를 할 수 있게 되었다. 로스쿨 인가를 받기 위해 각 대학은 수십억 원의 돈을 들여 새 건물을 짓고 부대시설을 꾸민 덕분이다. 그리고 일주일에 여섯 시간의 수업을 하면 되나, 웬만하면 억대의 연봉을 받아 경제적으로 꿀리지 않는 생활을 한다. 하지만 이러한 외면적 변화보다 더욱 중요한 수혜가 있다. 과거 법학부 교수들은, 처음부터 학문의 세계를 동경하여 교수직으로 나아가서 이를 천직으로 살아온 사람들을 제외하고는 사법시험에 합격하지 못하여 교수가 되었다는 '이류의식'에 스스로 부끄러워한 사람들이 조금 있었다. 소위 '전투적 이론교수'가 되어 선봉에 선 사람들은 대체로 이 자괴의식이 두터운 사람들이다. 그들은 로스쿨 도입에 온몸을 바쳐 뛰어들었다. 이제 로스쿨제도가 정착되자 그들은 예측했던 대로 정확히, 그 의식에서 벗어날 수 있게 되었다. 그사이 법조인과 법학교수의 사회적 지위가 서서히 그리고 완전히 역전되어 버린 것이다. 그들이 오매불망悟寐不忘으로 그리던 꿈이 달성된 것이다. 국가나 지방자치단체의 주요 공직이나 중요한 위원회에 그들은 과거와는 비교할 수 없을 정도로 많이 진출하게 되었다.

나아가 그들은 로스쿨 교수에게 주어지는 안락한 여유가 다른 곳으로 번져 나가는 것을 원하지 않았다. 로스쿨 출범과 함께 갑자기 대학에 들어온 법조실무 경력을 가진 교수들을 괴롭혔다. 가장 교묘하고 질 낮은 방법은 교수의 대학생활에 불가결의 요소를 이루는 논문의 심사를 통해서였다. 그리고 부끄러움을 모르는 파벌싸움이나 대학사회 내부의 보직이나 다른 이익을 둘러싼 패악질은 로스쿨에서도 여전히 행해졌다. 여기서 말하는 '그들'이나 '전투적 이론교수'는 물론 적은 수에 불과하다. 그리고 이들이 대학사회에 저지르는 오염의 색칠은 고결한 양심과 지성을 가진 교수들에 의해 정화의 반작용을 거친다. 한국의 대학에는 이렇게 최고의 지성과 최하의 반反지성이 공존한다. 그러나 한 가지 분명한 것은, 아직 한국의 대학은 법치주의와 민주주의제도의 기초를 이루는 법조인 양성을 해낼 만큼 공정하고 합리적인 곳이 아니라는 점이다. 유감스럽지만 공공성, 구성원의 평균적 윤리의식의 수준, 도덕성 등의 점에서 한국대학은 아직은 미국이나 일본 혹은 독일, 프랑스 등의 대학과는 비교할 수 없다. 로스쿨제도가 법률가 양성의 주체를 종래의 국가에서부터 시민사회 혹은 자율성이 보장된 대학으로 옮겨 놓았으므로 그 한 가지만으로써도 상찬을 받아야 한다는 사람이 있으나, 말문이 막힌다. 이 얼빠진 주장은 어쩌면 숨은 의도를 숨기고 외부를 포장한 것으로, 고대 이스라엘의 회칠한 무덤이다. 위선자여, 화 있을진저!

이 책에서 적나라하게 드러나듯이, 로스쿨 교육과정은 다른 나라와 달리 심하게 왜곡되어 있다. 그 본질은 교수들의 이해관계에 지나치게 함몰되어 그 이익만을 반영하는 구조로 되어 있는 것이다. 이 구조하에서 교수들은 비교적 편안한 교수생활을 할 수 있다.

그러나 로스쿨 학생들은 어떠했는가. 로스쿨 교수들이 학생들의 입장을 고려하지 않은 채 짜놓은 무질서하고 헝클어진 교과과정을, 나아갈 방향을 잡을 수 없는 채 받아들이며 허겁지겁 공부했다. 그리고 우리나라가 대륙법체계 국가인 이상 영미법계 국가와는 달리, 불가피하게 개념법학식의 공부를 하지 않을 수 없다. 법학 공부를 해나감에 있어서 법조문의 엄격한 해석이 가장 긴요하기 때문이다. 이에 따라 각 법학과목에 걸쳐 방대한 암기사항들이 발생한다. 그리고 과거와 비교하여 엄청나게 불어난 판례도, 미국과는 달리 우리에게는 우선 암기의 대상이다. 이를 어느 정도는 해내야 법률시장에서 걸음마라도 할 수 있다. 여기에다 최소한 구비해야 할 법조실무의 테크닉을 배우는 것이 필요하다. '요건사실론', '입증책임론'의 기본이라도 익히지 않으면 대륙법계 국가에서 법조인이라는 전문직 종사자가 될 수도 없다. 하지만 이를 가르쳐 줄 수 있는 시간도, 교수도 로스쿨에는 거의 없다. 그럼에도 3년의 기간 안에 법학이론과 실무수습의 과정을 거쳐 '우수한 법조인'을 양성할 수 있다고 떠벌린다. 이것은 사실에 입각한 선량한 주장이 아니다. 억지가 더덕더덕 붙은 불순한 구호이다. 이 억지 구호 밑에서 시야가 제한된 학생들은 제대로 앞을 쳐다보며 나아갈 수 없었다. 법학이론의 습득도 제대로 되지 않고, 더욱 실무의 수습은 지리멸렬했다.

이렇게 학생들은 과중한 수업부담과 공허하고 빈약한 법실무에 갈피를 잡지 못한 채 고통스럽게 학창생활을 보내야 한다. 그러나 전투적 이론교수들은 여전히 로스쿨은 지고지선地高至善의 제도라고 확성기로 바깥세상에 끊임없이 소리쳤다.

학생들이 변호사시험에 합격하여 법률시장에 뛰어들게 되었다. 그들은 여기에서 그 시장이 얼마나 냉혹하게 자신들을 맞아주는지를 뼈저리게 느껴야 했다. 유력한 아버지나 할아버지를 두지 못한, 소위 '금수저', '은수저'를 물고 나오지 못한 대부분의 로스쿨 출신 변호사들은, 용케 법원의 재판연구원이나 검사로 임용된 몇 사람들을 제외하곤 동지섣달 추위에 알몸으로 사시나무 떨듯 떨었다. 상당수는 기성의 변호사들에게 부당한 착취의 대상이 되었다. 법률시장은 이미 소위 '청년 변호사'들에겐 황폐화되어 있었다. 황무지라도 조심스럽게 일구며 씨를 뿌리려는 그들에게 더욱 견디기 어려운 일이 있었다. 로스쿨을 나온, 제대로 공부를 하지 않은 '얼치기 변호사'라는 모욕적인 대접은 군데군데 널려 있었다. 사정이 이러함에도 전투적 이론교수들은 로스쿨 정원을 입학하려는 학생이 있는 한 무한정으로 늘리고, 졸업하는 학생들이 모두 변호사 자격을 취득하게 해야 한다는 무책임한 주장을 거듭해 왔다. 심지어 로스쿨에서 실무과정을 완전히 배제해 버리고, 실무는 변호사가 되어 경험하면 되는 것이라는 주장까지 한다.

그나마 변호사시험을 통과한 경우는 그래도 법조인이 되고자 하는 자신의 소망을 이루었으니 다행이다. 하지만 변호사시험을 통과하지 못하는 사람도 있다. 과거 사법시험의 경우에는 사법시험에 실패했어도 큰 상처를 받지 않은 채 사회의 다른 직역에 진출하는 것이 가능했다. 그러나 이제는 다르다. '고합격률의 패러독스'라고 할까, 변호사시험을 합격하지 못한 사람들은 평생을 다른 사람 앞에 떳떳하게 나서기가 어렵다. 이 책에서 독자들이 보게 될, 다른 나라에서처럼 세밀하고 사려를 베푸는 교과과정이 그들에게 마련되어 있어서 이를 따라 했으나 불행히도 합격하지 못했다면 그래도 이를 수긍할 수 있을 것이다. 하지만 교과과정이 교수들의 이해관계만을 반영하며, 제대로 된 강의를 하지 않는 일부 교수가 로스쿨에 존재한다면 그의 불합격은 결국 개인이 감내할 수 있는 몫을 초과하게 될 것이다.

이 책을 읽으며 독자들은 우리의 로스쿨제도가 같은 대륙법계 국가 중에서 가장 내용이 빈약한 것임을 자연스레 알 수 있을 것이다. 독일도 프랑스도 일본도 이런 식으로 법조인을 양성하지는 않는다. 그런 나라들에서 그럴 리가 없다. 로스쿨을 졸업한 변호사들이 자신이 맡은 역할을 제대로 할 수 없는 것은 우선 개인적 불행이다. 나아가 그 변호사들과 접촉하는 국민들이 피해자가 될 수 있다. 여기에 그치지 않는다. 로스쿨에서는 지금 법철학과 같은 기초법학이 허물어지고, 세계화의 주요한 상징이 될 수 있는 국제법 등의 과목이 몰락하였다. 학생들은 너도나도 법학의 기본은 무시한 채 변호사시험에 합격하기 위한 필사적인 노력을 한다. 이들이 이 책에서 보는 독일과 프랑스 그리고 일본의 법조양성체계에 의해 기본을 중시하며 세심하게 길러진 법조인들과 경쟁을 한다고 한번 생각해보라. 우리는 그들의 상대가 될 수도 없다. 끔찍한 일이다. 이는 실로 국가적 재앙이다.

여기에서 우리는 국가가 과연 그 책무를 다했는지를 따져 물어보지 않을 수 없다. 국가 혹은 교육부나 관련기관은 로스쿨의 물적 시설, 수업환경에는 관심을 가졌지만 역할은 그에 그쳤다. 로스쿨의 도입이나 그 운영에 있어서 목소리를 크게 낸, 한 줌에 지나지 않는 전투적 이론교수들의 의견을 과다하게 반영하였다. 그 의견의 잘못된 것을 걸러낼 수 있는 여과장치가 전혀 작동하지 않은 채였다. 허울 좋은 '대학의 자율화'에 모든 것을 걸고, 로스쿨의 교육과정을 로스쿨에 그대로 맡겨 버렸다. 다른 나라의 법조양성제도를, 특히 우리와 같은 대륙법계 국가의 그것을 살펴보면, 기가 막힐뿐더러 무섭기까지 하다. 우리와 같은 나라는 없다. 도대체 법조를 이토록 망가뜨려 놓고 어쩌잔 말인가. 우리 국가는 이 슬프고도 안타까운 현상을 외면했다. 한 사람의 건실한 법조인이 학업의 과정을 거친 끝에 무사히 탄생할 수 있도록 하는 데 국가는 관심이 없었다. 어쩌면 관심이 없었다기보다는 전반적인 사태의 흐름을 파악하지도 못했다. 파악을 하기 위한 노력을 기울이지도 않았다.

지금 우리 사회에서는 로스쿨을 둘러싸고 거칠고 날선 전선이 형성되어 있다. 이 전선에는 우리 사회의 가장 큰 병폐인 '양극단의 진영논리'라는 해악이 그대로 미치고 있다. 로스쿨을 옹호하는 사람들은 대체로 진보의 가치를 존중하는 사람들이다.

그러나 로스쿨은 진보와 보수에 따라 달리 볼 문제가 아니다. 소수의 탐욕과 이기심이 공공선의 달성이라는 멋진 포장을 하고 숨어 들어와 해악을 끼친 경우이다. 과대하고 무책임한 선전을 하고, 여기에 성급한 동조가 붙어지며 그런 결과가 초래되었다. 더욱이 이것이 공동체 전체의 일각을 허물어뜨리려는 중대한 국면으로 발전하려고 하고 있다. 로스쿨 옹호론자들은 제발 선입견에 사로잡히지 말고 이 책을 한번 읽어 보기를 권유하고 싶다. 위에서 말한 그 '소수'에 해당하지 않는 한 로스쿨 개혁의 시급한 공동체적 과제에 동참하리라 확신한다.

어쩌면 많은 사람들은 이 책이 로스쿨에 관하여 지적하는 점들에 관해, 특히 대륙법계 국가의 법조가 갖는 특성 등에 관해, 로스쿨 도입의 과정에서 충분히 고려되었을 것이라고 생각할 것이다. 하지만 그렇지 않다. 공식적으로 남아 있는 자료에서 그런 점에 관한 논의를 찾아볼 수 없다. 놀라울 정도로, 단지 미국식 로스쿨제도를 도입하느냐 마느냐 하는 단순한 논의에 함몰되며 마치 귀신에 홀리듯 반대의견이 휩쓸려 가버렸다.

한편으로는 이 책을 쓴 나도 로스쿨 교수로서 지금까지 내가 한 행동, 내가 누려온 부당한 편익에 대한 참회를 하지 않을 수 없다. 나 역시 다른 교수들처럼 내가 맡은 과목이 보다 나은 위치를 차지할 수 있게끔 노력을 해왔고, 자신의 편안한 교수생활이 로스쿨 전체의 알맞은 교과과정의 편성보다는 우선했다. 이렇게 로스쿨 교육과정이 엉망이 되는 데 나는 커다란 일조를 하였다. 그리고 로스쿨 학생들이 겪는 고통에 말로는 공감한다고 하면서도 그들을 위해 뭐 하나 제대로 한 일이 없다. 나는 우리 사회에 용납될 수 없는 엄중한 죄를 저질렀다! 이 사실을 잘 안다.

이 책은 다른 외국의 사례와 비교하여, 한국의 로스쿨이 로스쿨 교수를 위한 제도로 전락했으며, 로스쿨 학생들이나 국민의 의사와는 동떨어진 채 왜곡되어 운영되는 점을 주로 교육과정의 점에서 파헤쳐 보았다. 법학전문대학원은 이제부터 서슴없이 개혁되어야 한다. 개혁의 핵심을 이루는 하나는 '로스쿨 교수를 위한 로스쿨'에서 '로스쿨 학생을 위한 로스쿨'로 바꾸는 것이다. 다른 말로 하자면, 로스쿨 교수에게 과다하게 주어진 특권적 지위를 빼앗고, 반면에 로스쿨 학생들이 겪고 있는 고통을 가급적 덜어 주려고 노력하는 것이다. 나아가 이제라도 늦지 않았으니 올바른 법조양성제도의 새로운 그림을 그려야 한다. 전체 국가적 차원에서 로스쿨을 통해 올바른 법조인들이 양성되어 나올 수 있도록 바뀌어야 한다. 그래서 법조계가 바로서고, 이어서 우리가 좀더 굳건한 법치주의의 토대를 갖추어야 한다. 이와 같은 개혁에 이 책이 작은 참고자료로 제공되기를 바란다. (신평, 『로스쿨 교수를 위한 로스쿨』, 2016.)

요즘은 잠자기 전에 "주여, 주여!" 하고 부를 때가 많다. 온몸에 가려움증이 도져 잠을 잘 못 이루는 날이 계속되기 때문이다. 지난번 서울 아이들 집에 갔을 때 난방이 제대로 되지 않아 추위에 떨었다. 그래도 방은 조금 나아서 아이들을 그곳에서 자게 하고,

나와 집사람은 찬 마룻바닥에 잤다. 그때 이후로 가려움증이 생긴 것 같으나, 실은 그전부터 증상이 시작되었을 것이다. 심한 스트레스로 면역력이 약해진 것이 그 원인 같다.

2016. 3. 12.

어제 서울에 올라왔다. 제본소 사정으로 책이 늦어져서 두 권을 가제본 상태로 출판사 김 사장에게서 받을 수 있었다. 라한설 전 서울변회장과 하명우 대한변협회장을 만나 한 권씩 전했다. 하명우 협회장에게 법학전문대학원 평가위원회와 관련된 이야기를 솔직하게 털어놓았다. 평가위원회가 시급히 활동해야 한다는 점, 그리고 내가 그 위원장이 되는 경우 책의 출판으로 인한 로스쿨 측, 좀더 구체적으로는 로스쿨 교수들의 비열한 보복을 피할 수 있다는 점을 유리한 점으로 들었다. 적지 않은 변호사들이 이 책의 출판을 기다리고 있다는 말을 직접 들었다고 하 협회장은 말했다. 책이 출판되면 한국의 법조양성제도에 대한 근본적인 의문이 일 것이다. 이로 인한 제도개혁의 폭발적 논의가 예상된다. 다음주에 다시 서울에 올라와 내가 아는 지인들에게 책을 나누어 주려고 한다. 그때가 되면 바로 이 폭발을 일으킬 뇌관 하나가 터질 것이다.

2016. 3. 13.

사람은 자신의 마음을 '가난'하게 하고 신 앞에 무릎을 꿇을 때에 자신의 정체성을 완전히 회복할 수 있다. 그 외의 국면은 모두 바람 앞에 날리는 무의미한 먼지에 불과하다. 임사체험near-death experience을 깊게 한 사람은 우리 영혼이 육체에서 분리되었을 때 궁극적으로 커다란 빛의 존재 앞에 선다고 한다. 그 빛은 세상 어느 빛보다 밝으나 조금도 눈에 거슬리지 않는다. 그 앞에서 사람은 주마등처럼 흘러가는 자신의 일생을 바라보며 참회의 심정에 빠진다. 이것이 바로 '신과의 대면'일 것이다. 유체이탈의 경험을 가진 나로서는 이와 같은 경험담이 사실일 것으로 본다. 그런데 만약에 우리가 죽음 뒤가 아니라 살아서 '신과의 대면'을 할 수 있다면 그 이후의 인생이 얼마나 더 값진 것이 되겠는가. 그 대면 후에도 약한 우리 존재는 세파에 여전히 흔들리겠으나, 중심은 신에게 묶여 확고한 위치를 차지할 것이다. 그렇게 할 수 있었을 때 죽음 후에 다시 만나는 신 앞에서 잔잔한 마음으로 고백하며 신을 찬양할 수 있을 것이 아닌가.

유일신 사상에서 신은 당연히 세상의 조물주이다. 그는 이 지구상에 존재하는 모든 인류의 수에 한 사람 한 사람이 가진 체세포의 수를 곱한 만큼의 별을 우주의 공간에 만드신 분이다. 그 하나의 별과 다른 하나의 별 사이 거리는 태양을 축구공의 크기로 압축했을 때 서울과 로스앤젤레스 간과 같다. 우주의 대부분은 암흑공간이고, 그 암흑을 밝히는 별의 숫자가 우리의 상상을 초월할 만큼 많다는 것이다. 그리고 이것은 3차원에서의 이야기이다. 어쩌면 3차원을 뛰어넘는 다차원이 존재할 것이다. 최신 천체물리학에 따르면 우주는 다중적 구조로 이루어졌다는 가설이 힘을 얻고 있다고 한다.

우리는 이런 신을 받아들여야 한다. 인격신이기는 하되 만물의 창조주로서의 그분 존재를 잊어버려서는 안 될 것이다. 이와 같은 신이라면, 우리가 인식하는 가톨릭과 개신교의 교리상 차이 같은 것은 아주 사소한 것이다. 불교나 이슬람 등 타 종교의 신봉자라도 신을 섬기고 신의 뜻에 부합하는 행위를 하는 사람은 종국적 구원을 받을 수 있다는 제2차 바티칸공의회의 정신이 신의 모습을 잘 드러내는 것이다. 종교간 차이를 들며 어느 쪽을 신이 더 좋아하실 것이라고 믿는 것은 아주 어리석다. 중요한 것은 우리가 자신의 아집과 집착을 버리고 신과 대면하는 것이다. 그 대면에서 우리 존재의 의미를 찾는 것이다. 그 대면은 지극히 엄숙하다.

아무리 우리가 혼돈의 깊은 속에서 헤맬지라도, 그것으로 인한 고통에 힘겨워할지라도 우리가 신을 찾는 행위를 계속한다면 결코 혼돈 속에서 무의미하게 사라지지는 않을 것이다. 나는 하느님의 자비와 은총을 믿고 『로스쿨 교수를 위한 로스쿨』 책을 세상에 내며 담대하게 나선다. 이 책으로 내가 다시 어떤 참혹한 시련에 봉착하더라도 묵묵히 견뎌 나갈 것이다.

2016. 3. 20.

『로스쿨 교수를 위한 로스쿨』을 여러 사람에게 발송했다. 영세한 출판사라 제대로 일을 진척시키지 못해 며칠 전에 겨우 나왔다. 책에서 행해진 비판은, 그와 그의 일당들이 벌여 온 잘못된 행동, 나아가 내가 사시 존치론자라는 등 나에 대해 거짓으로 행해진 부당한 공격을 그 대상으로 일부 포함한다. 로스쿨을 개혁하고 대학사회를 바로잡는다는 명분에도 불구하고 어찌할 수 없이 마음을 불안하게 만든다. 하루빨리 그들과의 대결 상태를 벗어나고 싶으면서도 불가피하게 다시 긴장과 대립이 예견되어 신경이 곤두선다.

2016. 3. 22.

꿈에 그가 나타났다. 그가 내 옆을 스치며 반말로 시비를 걸었다. 화가 난 나는 그를 쫓아가며 연신 "거짓말쟁이, 이 거짓말쟁이야, 이놈!" 하면서 부르짖었다. 그러자 그는 비실비실 구석으로 사라졌다. 재판날이 다가오니 압박감이 다시 몰려오는가 보다. 재판은 당사자에게 있어서 엄청난 소모전이다. 그리고 그 결과가 인생 전체에 미치는 영향이 너무나 크다. 그러니까 더욱 그 과정이 견디기 힘들다. 한국에서 내부고발자가 이 과정을 무사히 통과하여 무죄를 받아내는 경우는 아주 드물다.

1심 재판은 내게 무죄를 선고했다. 그러면서도 그의 성매매 사실에 관해 그의 주장을 받아들여 허위사실이라고 인정했다. 판결문은 아주 간략하게 그 사실을 인정할 수 없다고만 했다. 그러나 판례에 따르면, 그 사실 즉 성매매가 없었다는 사실에 관해 검찰이 기본적인 입증책임을 진다. 그럼에도 판결문에는 검찰의 입증책임 여부에 관한 설시가 전혀 없다. 이 판결은 소위 '타협 판결'인 것이다. 적당히 짜깁기하여 재판에 관여하는 사람들의 노골적인 불만을 누그러뜨리려 내리는 판결이라는 뜻이다. 그에 대한 배려가 읽히는 판결이고, 또 이렇게 판결을 쓰게 된 데에는 서민 판사에게 가해진 말할 수 없는 힘의 행사가 있었으리라고 추정할 수 있는 것이다. 실제 서 판사는 결심을 하면서 이 사건과 관련하여 많은 연락을 받았다는 사실을 실토했다. 오죽하면 판사가 법정에서 그런 말까지 했겠는가.

항소심 답변서에서 성매매 부인에 관한 그의 말을 믿어서 안 된다는 점을 누누이 설명했다. 그 논거로서 그가 1심 재판과정에서 보여준 여러 거짓말을 들었다. 소송에서 진실을 밝히는 것이 이리도 힘들다. 내가 판사를 하고, 변호사를 할 때에도 물론 그런 점에 대한 인식이 다소 있었다. 그러나 내가 바로 이처럼 억울한 처지에 빠지니까 이를 뼈저리게 느끼게 된다. 얼마나 많은 사람들이 나와 같은 심정을 느끼며 좌절하고 분노했을까? 나는 판사로서, 변호사로서 그들의 마음을 얼마나 헤아려 주었던가? 실로 깊은 반성과 회오에 빠지지 않을 수 없다. 남은 인생에서 나는 그런 사람들의 아픔을 어루만져주며 살아야 할 것이다. 이것이 이 일을 통해 하느님이 내게 안겨준 소명의 하나가 아닐까 한다.

2016. 3. 24.

국민일보 기자가 내 책『로스쿨 교수를 위한 로스쿨』과 관련하여 인터뷰를 하겠다고 오늘 경주까지 찾아오기로 했다. 인터넷상에서는 벌써 나를 인신공격하는 글들이 빠르게 퍼져나가고 있다. 어젯밤 그런 글이 실린 포털사이트 '다음'에 신고를 했다. 책에 사용된 팩트가 잘못되었다거나 책에서 제시된 의견과 다른 의견을 갖는다는 식의 글을 쓰면 얼마나 좋으랴. 그럴 자신이 없으니 야비한 인신공격으로 들어가는 것이다. 이러한 일이 일어날 것으로 충분히 짐작했다. 아마 더욱 악랄한 보복이 끊임없이 자행될 것이다.

2016. 3. 30.

25일 자 국민일보에 실린 내 인터뷰 기사의 후유증에 시달리고 있다. 기사는 글의 효과를 키우기 위해 내 말의 많은 부분을 각색했다. 심지어 내가 하지 않은 말을 한 것처럼 썼다. 더욱 유감인 것은 책의 주요한 내용(로스쿨의 교육과정이 잘못되었다는 지적)에 관해서는 전혀 언급하지 않은 채 책에서 스치듯 살짝 표현한 로스쿨 입시 청탁에 관한 것만으로 기사를 만들었다는 사실이다. 기가 막힌 일이나, 모든 책임은 내가 질 수밖에 없다. 결국 나는 처음 예측한 대로 내 인생에 있어서 두 번째로 거대조직을 상대로 한 싸움을 하지 않을 수 없게 되었다.

내가 단순한 사법시험 존치론자가 아님에도 존치론자들이 내 아군을 자처하고 있다. 현재의 로스쿨제도가 가진 취약점을 내가 비판하는 점에서 그들은 동조하는 것이다. 그러나 그들은 저 멀리 있다. 곁에는 온통 적군밖에 없다. 내 진의가 잘못 알려지면서 대부분의 로스쿨 출신 변호사들과 학생들도 적이 되었다. 로스쿨이 되며 사회적 지위가 극적으로 향상된 일반 로스쿨 교수들은 여하한 형태의 로스쿨 비판에 관해서도 적대감으로 일관하니 더 말할 나위가 없다. 참으로 형세가 곤궁하다.

인터뷰 기사가 집중한 단 하나의 것은, 어느 변호사의 아들이 로스쿨에 지원했는데 그를 합격시켜야 한다고 다른 교수들을 찾아다니며 부탁한 교수에 관해 기술한 딱 두 줄의 내용이었다. 책에서 이름이 나타나지 않는 그 교수는 바로 이상율이다. 그 진실성 여부에 관해 주위에서 몰려드는 무언의 압박을 느끼며 전상현 변호사에게 전화를 했다. 전 변호사는 순순히 이에 관해 자신이 알고 있는 사실을 그대로 말해 주었다. 이상율 교수가 술에 취해 이삼걸 교수에게 권오기 변호사 아들이 입학하도록 해야 한다는 취지로 말하는 것을 직접 옆에서 들었다고 했다. 이 교수에게 말하기 전에 다른 교수들에게도 이런 말을 한 것으로 안다고 했다. 내가 알고 있는 사실과 완전히 동일하다. 이 통화를 녹음하여 자료로 보관해 두었다. 그와의 싸움에서 그가 아무리 거짓말을 해대도 확실한 증거를 갖추지 못해 애를 먹었던 경험을 살려 이번에는 내 입장을 공고하게 해줄 자료를 구비해 둔 셈이다.

2016. 4. 1.

며칠간 상황이 급박하게 돌아갔다. 국민일보의 인터뷰 기사가 다른 언론에 파급되었다. 사람들의 관심이 집중되었다. 네이버와 다음 등 포털사이트의 메인 화면에도 기사들이 떴다. 그런데 실망스럽게도 오직 로스쿨의 입학 청탁에 관한 기사뿐이었다. 정작 내가 이 책에서 말하려고 하는 주된 부분인 로스쿨의 잘못된 교육과정에 관해서는 한 마디도 나오지 않았다.

경북대 법전원에서는 교수회의를 열었다. 내게 청탁 교수의 이름과 청탁에 관한 증거를 공개하라고 했다. 이를 이행하지 않으면 징계를 하겠다는 취지의 결의까지 했다. 이 결의를 하는 데 이상율 교수가 가장 극렬하게 앞장을 섰다고 했다. 가증스러운 일이다. 이 교수는 특유의 날카로운 감각을 번득이며, 내가 입학 청탁에 관한 증거를 전혀 갖고 있지 못하리라는 확신에서 마음 놓고 공격을 하고 있다. 그리고 이 교수와 아주 밀접한 사이인 임윤수 원장, 이판규 교수가 함께 공격에 나서고 있다고 했다. 3인방이 똘똘 뭉쳐 집중 화력을 퍼붓는 셈이다.

저녁에는 서울에서 라한설 서울변호사회 전 회장, 청년 변호사들 몇 명과 함께 식사를 했다. 그들은 성의를 다하여 나를 위로해 주었다. 오래간만에 우군을 만나 따뜻한 기분이 되었다.

여러 가지 일이 벌어지며 머릿속이 어지러웠다. 나는 과연 그들의 공격을 막아낼 수 있을까? 아무리 내 손에 이 교수의 행위를 입증할 결정적 증거를 갖고 있다고 해도 지금까지 내가 당해 온 불가해한 일들을 생각하면 장담할 수 없는 일이다. 열차를 타고 서울로 올라오며 묵주기도를 드리려는데, 사도신경이 외워지지 않았다. 어이없는 일이었다. 기도문을 찾아 억지로 묵주기도를 드렸다.

2016. 4. 14.

그동안 많은 일이 일어났다. 사시 준비생들이 로스쿨 부정 입학을 처벌해 달라고 대구시경에 고발했다. 나는 입학 청탁자, 입학 청탁을 받은 자, 그리고 입학 청탁의 대상인 학생에 관해 함구로 일관하며 수사에 협조하지 않았다. 하지만 그대로 앉아 있으면 어떤 위해를 당할지 모른다는 불안에 쫓겼다. 그래서 수사에 협조하기 위해 대구시경에 자진출석했다. 국민일보 이도경 기자는 경북대에 와서 여러 교수를 취재했다. 그 결과 권오기 변호사 아들에 대한 면접을 하면서 면접관이 "느그 아버지 뭐하시노?"라고 물었다는 사실을 폭로했다. 이 기사는 불난 집에 기름을 붓는 역할을 했다.

그러자 머니투데이에서는 그렇게 물은 사람이 다름 아닌 나라고 보도했다. 머니투데이에 근무하는 로스쿨 출신 기자들이 꾸민 작당이었다.

나는 학생들과의 간담회라는 명목으로 학생 대표들 앞에 나가 무려 두 시간 이상 그들의 득달에 시달려야 했다. 점심도 먹지 못한 채였다. 입안에 침이 말라 목소리가 쩍쩍 갈라지는데도 그들은 마실 것 하나 주지 않은 채 달려들었다. 그 자리에는 입학 청탁의 대상으로 합격한 학생도 천연스럽게 참석하여 나를 성토했다. 내가 갖고 있는 증거들을 모두 내놓든지, 아니면 부정 청탁 의혹이 사실이 아님을 실토하라는 겁박을 당했다. 아, 이 무슨 꼴인가! 로스쿨을 개혁하기 위해 나선 나의 씩씩한 모습은 간 곳이 없다. 온갖 협잡에 상처받은 채 고개를 들지 못하고 있는 신세다. 책을 낸 진정한 목적은 사라지고 지엽말단적 내용에 휘말렸다. 며칠 전 국민일보에 책을 출판하게 된 진정한 동기인 로스쿨의 개혁에 관한 글을 기고했다. 이러한 나의 진정한 의도를 알아주는 사람이 없다.

발등에 떨어진 불, 로스쿨 개혁

법학전문대학원, 즉 로스쿨은 어느 정도로 문제를 안고 있는가? 작년에 사시 존치 문제를 둘러싸고 무성한 논의가 일었으나, 양측의 팽팽한 대립이 뿜어내는 안개가 시야를 가렸다. 그런데 이 논의는 주로 로스쿨의 입학과 졸업, 그 후의 취업에 관한 것이었다.

그러나 우리가 로스쿨이 가진 문제나 한계를 파악하기 위해서는 로스쿨 입학 후 과연 학생들이 예비법조인으로서 제대로 된 교육을 받느냐 하는 점을 따져 보아야 한다. 이러한 고찰에 있어서 가장 중요한 역할을 하는 것은 다른 나라의 사정을 참조, 비교하는 것이다.

우리는 독일이나 프랑스, 일본과 같이, 이미 마련된 성문법전의 해석을 법학의 기본으로 하는 대륙법체계 국가이다. 그리고 법원이나 검찰의 실무에서는 하나의 자연적 개념을 논리적으로 잘라서 분석하는 지적 기능이 중요하게 작용한다. 그래서 법학을 이론으로 배우는 것 외에 법조실무의 기본을 익히는 것이 교육과정에서 반드시 요구된다. 이들 나라에서 법조인을 양성하기 위해 어떠한 교육 시스템을 운영하는가 하는 것은 우리의 현재 실상을 평가함에 있어서 대단히 귀중한 역할을 한다.

지금 한국의 로스쿨에 있어서는 법철학과 같은 기초법학이 허물어지고, 세계화의 주요한 상징이 될 수 있는 국제법 등의 과목이 몰락하였다. 독일과 프랑스, 일본에 있어서는 이러한 일이 없거니와, 그들 나라에서는 치밀하게 준비된 법조양성체계에 의해 법조인이 배출된다. 혹자는 일본도 로스쿨을 도입하였으니 전반적 교육과정이 우리와 비슷하리라고 생각하나, 이는 큰 착각이다. 우리는 학부의 법학교육과 로스쿨의 법학교육을 단절시켰으나, 일본은 양자의 연결체계를 여전히 유지하고 있다. 그리고 로스쿨에서는 국가의 부단한 간섭하에 교육의 질을 향상시키려는 끊임없는 노력이 경주되고 있다. 우리는 대학의 자율성이라는 미명하에 거의 모든 것을 로스쿨에 맡겨 버렸다. 그리고 일본의 경우 로스쿨을 졸업하고 사법시험에 합격한 후 1년의 사법연수소(우리의 사법연수원)나 법원, 검찰 등의 기관에서 대단히 압축적인 실무교육을 다시 받는다. 물론 우리는 이를 없애버렸다.

결과로 나타난 것은 무엇인가? 비싼 학비를 내고 로스쿨 3년을 다니지만 도대체 무엇을 어떻게 공부해야 할지 몰라 우왕좌왕한다. 교수들이 자신들의 편의에 따라 일방적으로 짜놓은 커리큘럼은 무질서하기 이를 데 없기 때문이다. 물론 독일이나 프랑스, 일본은 이렇게 하지 않는다. 한편 과거와 달리 로스쿨 학생들이 공부할 양은 엄청나게 불어났다. 과목당 몇 권의 두터운 책을 익히지 않으면 안 된다. 이렇게 하여 로스쿨 학생들은 고통스럽게 학업을 수행하지 않을 수 없다. 졸업 후 변호사시험을 합격해도 금수저, 은수저를 물고 나온 소수의 학생과 그렇지 못한 대부분의 로스쿨 학생들은 현격한 차이를 보인다. 일류 로펌이나 괜찮은 기업에서는 흔히 출신 집안을 보며 변호사를 뽑아 여기에 선발된 사람들은 그래도 실무를 제대로 익히며 법조인으로서의 성공을 향한 길을 걸을 수 있다. 그러나 평범한 집안에 태어난 많은 학생들은 취업에 있어서 차별받고, 경우에 따라서는 기성변호사들의 착취대상으로 전락한다. 부실한 로스쿨의 교육만 받은 그들에게 장래 유망한 법조인으로 성장하기 위한 기회가 주어지기가 어렵다.

로스쿨의 입학과 취업에 있어서의 불공정성을 시정하기 위한 노력도 중요하다. 하지만 더욱 중요한 것은 다른 국가와 비교하

법원을 법정에 세우다

여 터무니없이 뒤떨어진 형태의 교육과정을 시정해야 한다. 빠르면 빠를수록 좋다. 올해 입학한 신입생부터 그 개혁의 혜택을 누릴 수 있게 된다면 얼마나 좋을까. 개혁을 로스쿨에 맡겨둘 수는 없다. 무엇보다 한국의 로스쿨은 로스쿨 가동 이래 7년여의 세월 동안 어떤 의미 있는 변화도 만들어내지 못했다. 이제는 일본이나 독일, 프랑스처럼 국가가 직접 로스쿨의 운영에 선한 의도로 보다 강하게 개입할 때가 되었다. (국민일보, 2016년 4월 7일)

심신이 극도로 지쳤다. 목요일임에도 경주로 왔다. 오, 주님! 저의 마음을 맑게 해주소서. 이 번잡하고 무서운 가시덩굴에서 벗어나게 해주소서.

2016. 4. 16.

집 안 여기저기 철쭉이 활짝 피었다. 새들이 끊임없이 재잘거렸다. 부드러운 봄바람이 너울거렸다. 아내와 함께 마루에 앉아 꽃들을 감상하며 보이차를 마셨다. 이런 좋은 풍광을 두고 나는 도대체 무슨 일을 하고 있는 것일까? 남과의 시비에 얽혀 내가 옳다고 주장하는 소란한 상태를 연출하고 있다. 이 어리석음을 무엇으로 변명할 수 있을까? 하루라도 빨리 이 미망의 번거로움에서 벗어나고 싶다. 그렇다고 하여 공정과 정직이라는 내 평생을 관통하는 원칙을 저버릴 수도 없는 일 아닌가.

지금의 공허함이 내 삶을 더 이상 상하게 하지 않기 위해 무언가 하지 않으면 안 된다는 절박함을 느낀다. 먼저 보다 가치 있는 일을 만들자. 이제 본격적으로 독서를 옆에 둘까?

오늘은 세월호 비극이 일어난 지 2년이 되는 날이다. 그날 어이 없이 죽어간 아이들의 원한을 달래 주고 싶다. 그러나 현실적으로 내가 할 수 있는 일은 없다. 그저 아이들과 부모들의 편에 서서 세상을 바라보는 시간을 잠시 가졌다.

2016. 4. 17.

라한설 서울지방변호사회 전 회장으로부터 전화가 왔다. 하명우 대한변협회장이 여러 명이 모인 자리에서 로스쿨평가위원회 위원장으로 나를 앉히겠다고 했다고 전했다. 하 협회장은 그동안 교육부가 추천할 수 있는 법학교수 네 명 중에 나를 포함시키려 했고, 교육부가 추천하면 나를 위원장으로 임명하겠다는 생각이었다. 그러나 교육부에서는 내 책을 둘러싸고 이렇게 소란스러우니 나를 추천할 수 없다는 입장을 정한 모양이었다.

하 협회장이 나를 위원장으로 앉힌다면 천만다행이다. 경북대학 로스쿨 내에서 교수들과 학생들에게 포위되어 꼼짝하지 못하고 일방적인 공격에 기력이 쇠잔해졌다. 이제 이를 벗어날 수 있게된다. 뿐만 아니라 로스쿨 개혁이라는 작업을 구상대로 추진할 수 있게 된다. 로스쿨 전체 학생들에게 많은 혜택을 가져다줄 것이다. 니이기 결함이 무척 많은 로스쿨제도 대신에 새로운 법조양성세도를 향하여 나아가는 기반을 마련할 수 있을 것이다.

아침에 별채에서 차 한 잔을 한 뒤 대구 범물성당에 미사를 드리러 갔다. 신부의 강론이 인상적이었다. "하느님의 말씀은 침묵의 언어이다. 그러므로 이는 귀로 들을 수 있는 것이 아니라 마음으로 알아들어야 하는 것이다. 주목하며 집중해야 알아들을 수 있다. 깊은 기도와 명상이 전제되어야 가능하다. 다른 말로 하면, 마음이 고요해야 마음에 하느님의 말씀을 담을 수 있다. 잔잔한 호수에 달이 온전히 비치는 것과 같다." 신부는 또한 종교심과 신앙을 구별해야 한다고 강조했다. "양자의 차이는 하느님의 말씀을 들을 줄 아느냐에 달려 있다. 하느님 앞에서는 내가 나오면 안 된다." 하느님의 말씀을 들으려면 자신을 완전히 내려놓고 오직 하느님께 의지하며 집중해야 하는 것이리라. 나를 내려놓자. 나를 내려놓자.

2016. 4. 20.

여기저기서 모란이 꽃망울을 활짝 터뜨렸다. 정원을 쭉 둘러보았다. 모란 향기가 꽃 속으로 나를 빨아들였다. 철쭉과 영산홍 꽃이 화려한 수를 놓았다. 연못의 고기들은 따뜻한 봄기운을 만끽하며 활발히 유영했다. 아직 때가 되지 않았는지 개구리와 도롱뇽 알은 보이지 않았다. 1년 중 가장 빛나는 때이다. 땅 위에 새겨진 아름다운 변화를 내 몸 깊이 받아들였다.

다행히 법학전문대학원 입시과정상의 문제가 전반적으로 부각되며, 다른 로스쿨의 것도 화제로 떠올랐다. 상대적으로 경북대의 것이 많이 가라앉았다. 서울신문은 사설에서 감사원이 나서서 로스쿨들과 교육부를 감사해야 한다고 썼다. 이것이 맞다. 어제 시사인 기자가 찾아와서 인터뷰를 했다. 지난주에 한 주간조선 인터뷰

와 함께 내 책의 내용을 비교적 정확하게 소개할 수 있으리라 본다. 로스쿨의 입시보다는 훨씬 더 중요한 문제인 교육과정에 관해 말할 작정이다. 어느 정도 책에서 다루려고 한 진정한 내용에 관해 말할 수 있을 것이라는 상황 변화가 조금은 마음을 가볍게 해주었다.

내일 경북대 대학본부의 조사위원회에 출석하여 답을 해야 한다. 이미 결론을 내려놓고 끌고 가는 것이 여러모로 역연해 마음이 무겁다. 왜 우리 사회에서는 지식인이라고 하는 자들도 거의 예외 없이 조직의 논리에 함몰되는지 한스럽다. 조직에 잘못이 있으면 잘못을 드러내어 시정하게 하는 것이 조직을 위하는 길일 터이다. 표면적인 조직의 이익에 반하는 어떤 행동도 무턱대고 용납하지 않는 것이 조직을 위해 개인이 취할 태도라고 착각한다.

2016. 4. 27.

아침에 확인하니 항소심의 재판기일이 다음달 20일로 잡혔다. 갑자기 눈앞이 어두워지고 가슴이 두근거렸다. 아, 재판에 나가는 것이 죽기보다 더 싫다.

임윤수 원장과 이판규 교수는 『로스쿨 교수를 위한 로스쿨』 책의 출간을 기점으로 내게 대한 공격을 가중하고 있다. 특히 지금 이 교수는 나에 대한 극도의 반감을 표출하고 있다. 한 번씩 복도에서 마주치는 눈에서는 살기마저 느껴진다.

임윤수, 이판규, 이상율 교수, 이 3인방은 철석같은 우정을 자랑하는 사이이다. 여기에 그를 포함하여 4인, 그리고 여기에 가담한 허윤 교수, 이렇게 5인이 이리 뛰고 저리 뛰며 나에게 칼을 겨누고 있다. 내게 등을 돌린 사람은 그들뿐이 아니다. 거의 모든 로스쿨 교수가 나를 싸늘한 시선으로 바라보고 있다. 내 처지를 동정하는 교수들도 물론 있다. 하지만 분위기에 눌려 오직 침묵하고 있을 뿐이다. 내게 지워진 십자가다. 묵묵히 받아들이자.

2016. 5. 8.

수한이와 지숙이가 어버이날이라고 하여 카네이션을 사 왔다. 현숙이는 서울에 있으면서 우리 부부를 위하여 영화 티켓을 끊어서 보냈다. 초조하고 불안한 마음을 다스릴 수 없던 차에 작은 위안을 안겨주었다.

2016. 5. 9.

항소심 첫 기일의 공판 준비를 하고 있다. 1심 준비 때와는 많이 다르다. 법리 전개를 튼튼히 해가면 그에 상응하는 재판을 받을 수 있을 것이다. 어느 정도의 자신감을 갖고 있다.

　그러나 나는 재판 외에 두 가지의 다른 멍에도 더불어 쓰고 있다. 첫째는 대구시경에서 벌이는 경북대 법전원 입학에 관한 부정청탁 수사이다. 망설이던 나는 수사에 협조하기로 하여 참고인으로 수사를 받았다. 이상율 교수의 청탁 현장에 있었던 전상현 변호사의 증언을 담은 녹음파일을 경찰에 넘겼다. 그럼에도 만약 경찰이 청탁 사실을 부정하는 수사 결과를 발표한다면 내게 밀어닥칠 후폭풍이 엄청날 것이다. 이상율 교수와 권오기 변호사가 모두 검찰 출신이다. 이들이 수사과정에 영향력을 끼칠까 봐 불길하다.

모든 힘을 집중하여 수사에 영향을 끼치려고 할 것임이 명백하다. 그리고 검찰은 이 사건 기소에서 보았듯이 분명히 내게 대단히 적대적이다. 경찰도 그와 조연숙이 꾸민 일에 대한 수사에서 보았듯이 편파적이다. 대구지역에서 나에게 밀어닥치는 편견과 탄압의 쓰나미가 부정 청탁 사건에도 밀려올 것이 거의 틀림없다.

다른 하나는 경북대 본부에서 진행 중인 진상조사위원회의 활동이다. 이윤상 교수가 위원장을 맡고 있다. 지금까지의 조사절차를 보면 상당히 나에게 불리한 쪽으로 기울어져 왔다. 왜 이 교수가 위원장을 맡게 되었는지는 알 수 없으나, 학내 평판은 그리 좋지 않은 사람이다. 아마 경북대의 입장을 가장 잘 고려할 수 있고, 또 수뇌부에서 의중을 전달하기가 쉽다는 판단이 작용한 것으로 보인다. 이 위원회에서도 조만간 진상조사의 결과를 발표할 것이다. 역시 그런 청탁을 부정하는 결과가 나오면 대학의 명예를 훼손했다는 이유로 나는 바로 징계절차에 넘겨질 것이다. 그리고 이 위원회나 경북대 본부에는 이판규 교수의 입김이 작용할 우려가 크다. 이 교수는 작년 3월까지 무려 3년 6개월간 교무부처장을 하며 교수들 징계사건을 총지휘해 왔다.

중첩된 멍에가 힘겹다. 어느 경우이든 진실은 내게 있다. 그럼에도 불구하고 그 진실을 관철시키지 못한 채 비틀거린다. 나는 과연 억울하게 씌워진 멍에들을 무사히 벗고 나올 수 있을까? 오! 주님, 어리석은 저에게 지혜를 주소서. 저의 작은 힘이 강성해지는 은총을 주소서.

2016. 5. 14.

목요일에 경주로 왔다. 금요일에 지숙이를 서울로 보낸 뒤 경주로 온 아내와 함께 둘만의 공간 속에서 지내고 있다. 수요일 강의를 마치면 가장 먼저 경주 집으로 올 생각을 하게 된다. 『로스쿨 교수를 위한 로스쿨』의 출간 이후 더욱 심해진 적대적인 대학의 분위기에 포위된 채 답답한 숨만을 내쉰다. 교수들은 이제 본격적으로 나에 대한 탄압을 시작했다. 교수회의를 열어도 내게는 통지조차 하지 않은 채 모여서 성토를 하고 대책을 숙의한다. 그런 내게 대구와 떨어진 경주에서 고즈넉한 시간을 보낼 수 있는 것이 얼마나 다행인지 모른다.

오늘이 사월초파일이라 나와 아내의 추억이 서려 있는 분황사에 들렀다. 저녁을 성군경 치과 원장 부부와 우리 부부가 함께했다. 성 원장은 인터넷에서 나를 두고 심지어 '민족의 법학자'로 추앙하는 말까지 나온다고 했다. 그 말을 들으니 더욱 불안해졌다. 이러니 전국의 로스쿨 교수들이 나를 향하여 내어뿜는 독기와 적개심이 어느 정도에 이를지 짐작이 되었다.

어제부터 시작한 심한 설사가 멈추어지지 않는다. 자다가 몇 번이나 화장실에 다녀왔다. 몸 상태가 전반적으로 나쁘다.

2016. 5. 15.

오늘은 성령강림대축일이다. 교회력으로 오늘까지가 부활의 시기이다. 어느덧 화려한 생명과 신록의 봄이 지나간 셈이다. 요한복음 끝부분인 제20장 제19절 이하에서는 부활하신 예수님이 제자들에게 발현하시어 성령을 주심을 기록하고 있다. 당시 제자들은 잔인한 처형에 의해 돌아가신 예수님을 보고 심한 두려움에 휩싸여 있었다. 그런 제자들에게 예수님은 큰 기쁨으로 다가오셨다. 제자들에게 숨을 불어 넣으며 성령을 주실 때 "너희가 누구의 죄든지 용서해 주면 그가 용서를 받을 것이고, 그대로 두면 그대로 남아 있을 것이다."라고 하셨다.

지난해 3월 3일의 성모님 알현 경험은 내게 아주 유난한 것이었다. 이 경험을 성령에 의한 것이라고 할 수도 있지 않을까? 비록 아직 믿음의 정도가 보잘것없긴 해도 이 생생한 경험은 내 신앙생활에 있어서 분수령이 되었다. 외부의 일에 의해 마음이 흔들리고 고통을 느낄 때면 이 경험을 떠올린다. 그러면 쉽게 불안정상태를 가라앉힐 수 있다. 내게 주어진 큰 은혜인 셈이다.

그런데 예수님은 제자들에게 성령을 불어 넣으시며 용서를 강조하셨다. 내가 만약 성령을 받은 사람이라면 용서는 내게도 해당하는 말이다. 그러나 지금 그들은 여전히 기세등등해 있다. 내 용서란 것이 아무런 의미가 없다. 내가 이번 재판에서도 무죄판결을 받는다면 그들은 그때 내게 용서를 구할지 모른다. 그들의 거짓말로 가득 찬 사악함에 내 용서가 어떤 의미를 가질까? 그것은 그때에 가서 생각하자. 지금은 넘어가야 할 고비들이 너무 높게 가로막고 있다.

2016. 5. 18.
이틀 앞으로 다가온 재판에 여러 걱정이 스물스물 일어난다.

김상직 재판장은 내가 경주에서 변호사를 잠시 할 때 경주지원의 배석판사로 온 사람이다. 김 부장판사는 아들 둘을 둔 채 아내와 헤어졌는데, 집사람과 그 아내가 아주 친했다. 집사람은 당시 김 부장의 두 아들을 차에 태워 학원이나 음악회(첫째 아이가 절대음감을 가지고 있어서 그 어머니는 아이들을 음악회에 자주 데려가곤 했다)에 데려다줄 때가 많았다. 따라서 그 집에도 집사람이 자주 갔고, 김 부장의 홀어머니를 만나기도 했다. 홀어머니가 집사람에게 조금은 편견을 갖고 있다고 했다. 집사람은 이제 오랜 세월이 흐르고 했으니 김 부장도 인간적으로 성숙해졌을 것이라고 말한다.

　　빨리 여기에서 벗어나야 한다는 조바심이 든다. 자신이 어떻게 할 수 없는 재판에 묶여 세월을 보내고 있다. 행동뿐만 아니라 사고도 부자유스럽다. 이런 생활이 벌써 몇 년째 계속되고 있다. 참기 어려울 때가 적지 않다.

절망의 끝

2016. 5. 20.

항소심 재판날이었다. 준비를 부지런히 한다고는 했다. 그러나 역시 불안했다. 잠도 좀 설쳤다.

　재판은 단번에 끝이 났다. 검사가 항소이유 요지를 설명하고, 내가 새로 호증과 참고자료를 제출했다. 그 뒤 검사의 의견과 내 최후진술로 이어졌다. 내가 신청한 수사검사 권일문에 대한 증인신청은 거부되었다. 권일문이 행한 왜곡되고 편파적인 수사의 진상을 밝히고 그에 따라 성매매 사실을 입증하려는 의도로 신청한 것이다. 아쉽게 되었다. 미리 마련한 16페이지 분량의 서면을 거의 그대로 읽는 방식으로 최후진술을 했다. 불편한 환경에서 하는 말이라 입이 자꾸 타고 혀가 자주 굳었다. 김상직 재판장은 빨리 내 진술이 끝나기를 기다리는 눈치를 노골적으로 보였다. 다행히 두 배석판사는 내 말에 귀를 기울이는 듯했다.

　나는 전혀 알아채지 못했으나 뜻밖에도 이판규 교수가 법정에 와 있었다. 왜 그가 이곳에 왔는지 알 수 없는 노릇이었다. 재판을 마치고 나온 아내에게 험상궂은 표정으로 "어디 잘되나 봅시다!"라는 악담을 퍼부은 뒤 법원을 떠나갔다고 한다. 그들의 또 다른 흉계가 있지 않을까 하는 의구심이 일어났다.

　재판장이 이렇게 급히 결심을 하는 것은 아마 제1심 재판의 결론을 바꾸려는 것은 아닐 것이다. 그런 자기 만족식의 추측을 했다. 1심 무죄사건을 첫 기일에 결심하여 결과를 뒤집는다는 것은 법원의 관행상 상상하기 어려운 일임에 비추어 안심해도 될 것이라 본다.

　물론 걱정스러운 점이 없지는 않다. 이판규 교수가 왜 왔을까? 내 재판이 자신과 무슨 상관이 있을까? 비록 『로스쿨 교수를 위한 로스쿨』의 출간 이래 나를 못 잡아먹어서 안달을 하는 사람이긴 하다. 오전 재판에 참석하려면 내 사건이 언제 시작할지 모르니 적어도 10시에서 12시 사이 두 시간을 꼬박 기다려야 한다. 결혼식이나 초상집에 가는 것도 웬만한 사이가 아니고는 버거운 것이 요즘의 도시생활이다. 그런데 어떻게 두 시간 이상을 기다릴 작정을 하고 재판정에 온단 말인가. 아니, 나아가 이 교수는 첫 기일에 바로 결심한다는 것을 미리 안 것이 아닐까? 그렇지 않고서야 내 재판을 처음에서 끝까지 경청했을까? 두 번, 세 번으로 재판이 진행되는 것은 보통인데, 설마 모든 재판기일에 참석할 리야 없는 것이 아닌가. 더욱이 집사람에게 잘되나 보자고 저주 반, 협박 반의 말을 하고 가다니. 그 말의 정확한 의미는 무엇일까?

6월 22일로 신고기일이 잡혔다.

며칠 사이 기운을 빠지게 하는 일이 연속해서 일어났다. 대구시경은 이상율 교수의 부정 청탁이 없었다는 수사 결과를 발표했다. 바로 이를 이어받아 임윤수 법전원장은 교수들에게 나를 규탄하며 징계를 촉구하는 결의문에 서명해 달라고 요청했다. 본격적인 보복에 나섰다.

캄캄한 터널 안에서 앞이 보이지 않는다. 아내와 함께 경주로와 조용히 마음을 추슬렀다. 아, 이 완벽한 패배! 그러나 여기에서 그치지 않는다. 경북대 진상조사위원회도 비슷한 결론을 내리고, 나에 대한 본격적인 징계절차를 착수할 것이 아닌가 하는 두려움이 엄습하고 있다.

경찰의 수사 결론은 대단히 불공정했다. 그들은 수사에 최선을 다했다고 했다. 그러나 입에 발린 말이었다. 그들은 우선 내부고발의 성격을 갖는 이 사건의 특성을 무시했다. 수적으로 압도적인, 나와 반대 위치에 있는 사람들의 말을 어떤 대질신문이나 거짓말탐지기 조사도 거치지 않은 채 평행으로 나열해 놓으며 고립된 내 말을 덮어 버린 것이다. 나와 반대 위치에 있는 사람들은 영리하게도 치음부터 끝까지 거짓말탐지기 조사를 기부했다. 결과적으로 보면, 거짓말탐지기 조사를 거부한 측의 말을 100퍼센트 신빙하고, 거짓말탐지기 조사를 기꺼이 받겠다고 하는 사람의 말이나 제시하는 증거는 모두 배척했다. 거기에다가 경찰은 저쪽의 증거가 월등히 많다는 것을 제시했다. 그 증거들에서 조작된 것이나 오염된 것을 전혀 가려내지 않았다. 심지어 법전원 교수들에게 부정 청탁에 관한 말을 들은 사실이 있느냐는 따위의 설문조사를 실시했다. 여기에 누가 그런 일이 있다고 명시적으로 답변을 하겠는가. 그럼에도 이것을 주된 증거로 들었다. 공정을 가장한 불공정이었을 따름이다.

경북대 본부의 진상조사위원회 위원장 이윤상 교수는 조사를 끝내고 내게 의미심장한 말을 했다. "만약 부정 청탁의 존재가 인정된다면 경북대는 교육부로부터 재정 지원에 큰 제한을 받게 된다." 유리한 경찰 수사 결과를 얻기 위해 경북대는 연줄을 동원하고 영향력을 행사했을 것이다. 그렇다면 경북대 내부의 진상조사위원회 결론도 마찬가지가 될 것임이 뻔했다. 더욱이 이 교수의 학내 평판을 생각하면 예외를 기대하기가 어렵다.

현실은 참혹하다. 수사의 공권력을 가진 기관에서 오랜 시일을 두고 수사한 결과에 대해 이를 비판하려고 하는 내 목소리는 그냥 바닥에 깔릴 뿐이다. 상대들은 승리의 함성을 지른다. 하느님은 어디 계신가? 공의의 하느님은 보이지 않는 채 패배감과 절망감의 짙은 연기가 주위를 둘러쌌다. 나는 어찌 될 것인가?

2016. 6. 4.

목요일 경북대의 진상조사 발표가 있었다. 예상한 대로 부정 청탁을 인정할 수 없었다는 결론을 내렸다. 어제 경북대 로스쿨 학생회는 성명을 발표했다. 나를 비난했다. 사과하지 않으면 수업을 거부하겠나고 했나. 나는 수차 지금까지 내 의혹 세기로 경북대나 법전원, 그리고 학생들이 입은 상처에 대하여 유감을 표시하고 사과를 해왔다. 그러나 그들이 요구하는 사과는 다름 아닌, 내가 제기한 의혹이 사실이 아니라는 점을 자복하라는 것이었다. 로스쿨의 입지를 공고하게 하려는 간교한 전술적 술책이다. 설상가상으로 내가 그를 상대로 고소한 사건이 서울중앙지검에서 무혐의처분을 받았다는 통지서가 도달했다. 대구지검의 담당 검사는 비교적 나에 대한 호의를 갖고 수사하였으나, 조연숙의 주거지가 서울이어서 서울로 사건을 보내었다. 거기에서는 다른 결론을 낸 것이다. 겹겹이 오랏줄에 묶인 채 누추한 몰골을 하고 세상의 온갖 비난과 욕설에 노출된 것 같은 참담한 기분이 들었다.

그런 와중에도 그나마 실낱같은 위안거리가 없지는 않았다. 하명우 대한변호사협회장은 대한변호사협회 내부기구인 법학전문대학원 평가위원회의 특별위원회 위원장을 내게 맡기겠다고 약속했다. 정식 법적 기구인 법학전문대학원 평가위원회의 위원장직은 교육부의 강한 반대로 이미 무산되었다. 어제는 나를 성원하는 젊은 변호사들과 만났다. 그들은 나로부터 받은 전상현 변호사와의 녹음파일을 지상파 방송의 뉴스시간에 내보내 경찰 수사나 경북대 본부의 진상조사가 얼마나 악의적으로 왜곡되었는가를 국민들에게 직접 알리겠다고 했다.

사람의 삶이란 이처럼 불행과 행복이 항상 교차하는 것인지 모른다. 한쪽에 너무 마음을 뺏기지 말고 초연하게 양쪽을 모두 쳐다볼 수 있어야 한다. 문득 공자가 주유천하를 하며 겪은 그 숱한 모욕들이 생각났다. 내가 겪는 이런 일들에 너무 상심하는 것은 수준 낮은 자기애에 지나지 않는다.

2016. 6. 6.

재판날이 다가온다. 걱정이 가시지 않았다. 서울중앙지검에서 홍일수에게 무혐의결정을 한 것에 대한 불만이 끓어올랐다. 법전원 교수들의 이메일을 전부 건네주며 조연숙이 나에 대해 극심하게 명예를 훼손한 메일을 교수들에게 보내도록 유도한 것이 어찌 무혐의란 말인가!

경북대 법전원 학생들의 나에 대한 공격이 지극히 부당함에도 대구지역 언론에서는 이를 전혀 다루지 않았다. 내가 개인적으로 아는 몇몇 기자들에게 요청을 했음에도 노골적으로 발을 뺐다. 그나마 관심을 가졌다고 보이던 오마이뉴스 조일훈 기자가 오늘 내게 전화를 해서 만나러 오겠다고 했으나 여태 연락이 없다. 아마 그는 결코 오지 않을 것이다.

적들이 겹겹이 쌓은 포위망을 뚫고 나갈 전망이 서지 않는다. 스스로에 대한 책망과 바깥에 대한 분노가 먼저 내 내부를 활활 태운다.

왜 나는 이 과정에 주님이 개입해 주실 것이란 생각을 못할까? 나의 하느님이시다. 나의 일에 역사하시는 하느님이시다. 긍휼의 하느님이시다. 하느님이 지금까지 해주신 것을 되돌아보며 앞으로의 전개에 대하여도 믿음을 갖자.

2016. 6. 21.

원래는 내일이 재판 선고일이있다. 오후에 법원에서 선고가 연기되었다는 연락이 왔다. 한 달 뒤인 7월 20일로 잡혔다. 이 사건에서 무엇보다 핵심을 이루는 사항은 내가 게시한 글의 진실성 여부다. 나는 대학 게시판에 내 신분을 공개적으로 알리는 로그인 과정을 거쳤다. 이메일도 처음에는 교무부처장인 이판규 교수에게 부탁하여 경북대의 공식 이메일 주소를 사용하기를 청했다. 내가 조금이라도 사실의 진실성에 관하여 회의를 가졌더라면, 이런 공개적인 과정을 거치는 데에 어찌 조금도 주저하지 않았겠는가? 그 외에도 기록을 자세히 보면, 내가 게시글의 진실성을 확연히 믿고 행동했음을 나타내는 자료가 산견되리라. 재판부가 보통의 상식을 가지고 판단한다면, 이 사건은 자연 무죄 쪽으로 결론을 낼 수밖에 없으리라. 이런 논리를 되새기며 하루를 쓸모없이 보내는 것이 일상화되어 버렸다. 하지만 이 사건에서 뭔가 다시 불길한 요소가 움직이는 것을 본능적으로 느낀다.

이판규 교수의 깜짝스러운 법정 등장만이 아니다. 최근 들어 홍일수는 다시 활동을 시작했다. 1심의 무죄판결 이후 그는 오랫동안 아무런 행동을 보이지 않았다. 그러던 것이 지난번 2심의 결심을 전후하여 갑자기 다시 막대한 양의 나를 비난하는 진정서 따위를 제출하기 시작했다. 주된 취지는, 경북대 로스쿨 입학 청탁 사실이 없음에도 이를 꾸며 세상에 공표한 것과 마찬가지로 자신의 성매도 없는 사실인데 허위로 공표한 것이다. 자신의 이름을 알리기 위해 상습적으로 허언을 일삼아 타인의 명예를 훼손하는 나를 엄벌에 처함이 마땅하다는 것이다. 1심에서와 마찬가지로, 그는 다시 재판장을 향하여 마음 놓고 거침없는 행동을 하고 있다. 혹시 이것이 또 그와 재판장과의 연결을 상징하는 것이 아닐까? 수사와 1심에서 그토록 막강한 힘을 과시했던 엄청난 흑막의 존재가 2심에 와서 갑자기 세 불리를 깨닫고 수그러들었으리라고 보는 것은 너무 나이브한 생각이 아닐까? 어두운 생각이 꼬리를 물고 일어난다. 그 쌓인 무게로 인해 나는 한없이 밑으로 가라앉는다.

2016. 7. 1.

어제 페이스북에 다음과 같은 글을 올렸다.

분에 넘치게도 제가 대법관 후보로 천거되었습니다. 34명 중의 한 사람이니 큰 의미는 없습니다. 더욱이 제가 최종후보가 될 가능성은 낙타가 바늘구멍을 통과하는 것보다 더 적을 듯합니다. 그럼에도 이를 제가 거론하는 것은 딱 한 가지 이유가 있습니다.

저는 젊어서부터 지금까지 사회생활을 해오면서 우리 사회에 공의가 바로서기를 염원했습니다. 언제나 그 결과는 좋지 않았습니다. 5공화국의 엄혹한 시절 판사로 있으며 학생사건, 시국사건에 관대하게 대했고, 이로 인해 검찰의 저에 대한 부정적 평가는 무척 심했습니다. 결국 법관사회의 정풍과 과도한 계급구조의 시정을 주장하다 법원에서 쫓겨났습니다. 변호사로 일하며 적지 않은 허물을 쌓았습니다. 하지만 절대로 법조브로커와 손을 잡지 않고 버텼습니다. 17년간 대학교수로 있으며 부조리한 현실에 물러서지 않고 맞서서 싸웠습니다. 종내 명예훼손으로 고소당하여 법정에도 섰습니다. 최근에는 로스쿨의 개혁을 부르짖어 많은 공격을 자초했습니다. 제 처지는 언제나 외롭고 처량했습니다.

"도대체 저 사람은 왜 항상 저럴까?"라는 소리를 많이 들었습니다. 적지 않은 사람들의 마음을 본의 아니게 아프게 했습니다. 저에 대한 오해는 길에 굴러다니는 돌처럼 흔했습니다. 나이 60이 넘어 이 모든 것들이 제 주위를 둘러싸는 것을 살펴보니 후회막급이었습니다. 요즘 저는 "나는 도대체 내 일생을 통해 무엇을 추구한 것인가?"라는 의문에 자주 사로잡혔습니다.

아내가 인터넷 검색을 하다가 우연히 어떤 분들이 저를 대법관 후보에 가장 적절하다며 열렬히 지지, 성원하는 글들을 발견했습니다. 그분들은 저와 어떠한 관계도 없습니다. 물론 만난 일 자체도 없습니다. 놀라운 일이었습니다. 제 눈시울이 젖어 왔습니다. 제가 인생을 완전히 헛되이 산 것은 아니구나 하는 생각이 듭니다. 약육강식의 우리 사회에서 구석으로 내몰린 저분들이 저를 바라보며 거는 엄청난 기대가 제 가슴을 아프게 합니다.

그러나 저는 그분들의 기대를 담아낼 수 없습니다. 그러기에는 너무나 많은 결함을 가진 사람입니다. 대법관이 될 가능성은 전무하다고 해도 좋습니다. 저와는 비교되지 않는 훌륭한 분이 대법관이 될 것으로 확신합니다. 소정의 절차를 거쳐 새로운 대법관이 되실 분은 아무쪼록 저러한 사회적 약자, 소외자의 심정

을 잘 헤아려 주었으면 합니다. 이것이 법조계의 이단아, 대학의
싸움쟁이로 살아온 제가 오늘 이 글을 쓰는 이유입니다.

글에서 밝혔다시피 내가 대법관 최종후보로 확정될 일은 없다.
양승태 대법원장은 절대 나와 같은 사람을 대법관으로 추천할 리
없다. 코웃음을 치며 나를 배척할 것이다. 이것이 현실이다. 나는
여기서 마음을 그쳐야 한다. 그냥 대법관 후보로 올랐다는 사실
자체에 만족해야 한다.

2016. 7. 6.
그저께 이상율 교수가 나를 상대로 고소한 사실을 알게 되었다. 대
구지방검찰청에서 연락이 왔다. 참으로 뻔뻔스럽고 대담한 인간이
다. 자신이 입학 청탁한 현장에서 목격한 증인의 말을 내가 녹음
하여 가지고 있다. 이를 모른 채, 감히 누가 이에 관해 말을 할까
하는 자신감으로 고소한 것이다. 이런 인간이 우리 사회에서 득시
글거리며 위세를 부린다. 대구지방검찰청에 7월 20일이 지나서 출
두하겠다고 했다. 여하튼 대법관 후보로 천거되어 심사 작업 중이
고, 또 20일에 그 사건의 선고재판이 예정되어 있기 때문이다. 어
제는 대한변협회장으로부터 로스쿨 평가위원회의 특별위원회 위
원장으로 내정되었다는 소식을 들었다.

이판규 교수를 우연히 복도에서 만났다. 그래도 인사를 했다. 뜻
밖에 이 교수는 눈에 불을 켜고 나를 향해 비난하는 말을 속사포
로 쏘아댔다. 그냥 묵묵히 들었다. 비참했다. 나이가 한참 밑인 사

람이다. 나로서는 한마디 변명도 하지 못하고 수치를 그대로 감수해야 하노록 지금 경북대 로스쿨의 분위기가 잡혔다.

교무부원장을 맡고 있는 한정익 교수를 만나러 갔다가 거기서 또 심한 봉변을 당했다. 평가위원회 위원장 업무를 위해 파견 가는 경우 내가 맡은 과목을 다른 교수가 처리해야 하기 때문에 갔던 것이다. 한 교수는 내 말을 들으려고 하지도 않았다. 내게 원칙이라고는 모르는 사람이라고 욕을 해댔다. 반말 조였다. 한 교수 역시 한참 밑의 젊은 나이이다. 온갖 악담까지 퍼부었다. 마치 정신줄을 놓아버린 사람처럼 보였다.

로스쿨 교수들이 나에 대해 갖고 있는 어마어마한 악감정을 다시금 확인할 수 있었다. 『로스쿨 교수를 위한 로스쿨』이 만들어내는 결과다. 물론 그전에도 꾸준하게 로스쿨을 비판해 온 것을 오버랩시키며 그토록 분노를 내게 쏟아내고 있는 것이다. 그들은 내게 험한 수모를 안겨주는 것을 마치 자랑스러운 일을 한 건 하는 투로 임했다. 마치 경쟁을 하듯 그 일을 하고 있다.

종일 힘이 빠지고 정신이 산란했다. 박완서 선생은 20대 때 6·25전쟁의 참상을 온몸으로 겪으며 '세상의 똥구멍'을 보았다고 했다. 나는 60이 넘은 이 나이가 되어 그것을 보게 된 것이다. 이것은 정말 '세상의 똥구멍'이다.

2016. 7. 9.

재판에 대한 압박감 속에서도 간간히 내게 주어진 것들에 감사하고픈 심정이 된다. 이 사건으로 말미암아 나와 가족에게 주어진 축복이 있다.

무엇보다 내가 신앙을 가지게 되었다. 이 일이 없었다면 나는 죽을 때까지, 성당에 다시 나가야지 하는 희미한 의지를 가지면서도 결국은 그렇게 하지 못했을 가능성이 높다. 불안과 초조함을 앞에 두고 무엇보다 신앙에 의해 이를 극복하려고 했다. 주일미사에 빠짐없이 나갔다. 매일 묵주기도를 바쳤다. 놀랍게도 수십 년간 고통의 원인이었던 불면증이 거의 사라졌다.

다음으로 진한 가족애를 다시 살렸다. 나와 아내뿐만 아니라 현숙이, 수한이, 지숙이까지 모두 함께 걱정하며 가족의 유대관계를 공고히 했다. 나는 아이들을 과거보다 훨씬 더 잘 이해할 수 있게 되었다. 아이들에 대한 깊은 신뢰감을 가질 수 있었다. 어려운 기간을 함께 해준 아이들을 생각만 해도 고마움이 샘솟는다. 과거의 권위적이고 일방적인 모습을 뉘우치며 이것에서 많이 벗어날 수 있었다. 특히 아내의 헌신적인 역할을 보며 깊은 감사함을 가졌다. 합의를 청하러 간 자신에게 행사한 그의 정신적 폭력, 같은 경주 출신이라고 하여 찾아간 이상율 교수의 기만적 냉대 등을 겪으면서도 하등 굴함이 없이 전심전력을 다해 나를 도왔다. 이런 아내에게서 큰 위안을 얻었다. 정신적으로 크게 의지하게 되었다. 이 모든 변화된 가족관계에서 나는 훨씬 큰 자유로움을 얻었다. 고마움의 인식이 고정관념에서의 탈피를 도와 실상을 바로 볼 수 있게 한 것이다.

절망과 낙담의 파도에 끊임없이 시달리면서도 이렇게 축복의 현장에 서 있음을 깨닫는다. 감사의 기도를 드리지 않을 수 없다.

2016. 7. 20.

아, 어씨 이릴 수가 있단 밀인가. 신고가 난 지 여러 시간이 지난 뒤에야 간신히 아내와 함께 경주로 왔다. 지금까지 의식을 제대로 찾을 수 없을 정도로 멍멍하기만 하다. 재판부는 1심을 뒤집었다. 벌금 5백만 원의 유죄판결을 내렸다. 판결은 철저하게 그의 입장만을 받아들였다. 내가 입론의 근거로 삼았던 사실들은 무참하게 깨부수어졌다. 이렇게 판결이 날 줄은 상상도 못했다.

가슴이 답답하다. 심정적으로뿐만 아니라 신체적으로도 그렇다. 소변에서 거품이 잔뜩 일어났다. 내가 여기서 주저앉지 않아야 할 텐데 하는 걱정이 눈앞을 가린다. 이 일에 실린 하느님의 뜻이 무엇인지 모르겠다. 깜깜한 현실에서 오직 내가 주저앉지 않게, 하느님, 손을 내밀어 주소서.

2016. 7. 21.

잠깐 잠이 들었다가 새벽 2시 반에 깨어났다. 내 의식이 어제의 판결을 도저히 받아들이려 하지 않았다. 삶이 엉망진창이 된 느낌이었다. 현재뿐만 아니라 다가올 일이 너무나 걱정되었다. 학생들은 수업 거부를 결의해 놓았다. 로스쿨 교수들은 한편이 되어 호시탐탐 내가 쓰러지기를 기다리는 형국이다.

나는 어디로 흘러갈 것인가? 생각해 보니 1심 무죄판결이 있고 나서 교만해진 것 같았다. 어리석게도 『로스쿨 교수를 위한 로스쿨』을 출간함으로써 그들의 비위를 극도로 상하게 했다. 그들과 일필단기로 맞서며 물러서지 않았다. 오직 이번 2심 판결도 무난하게 무죄판결이 날 것이라는 확신을 하며 밀어붙였다. 주님은 교만한 나를 치셨다.

2016. 7. 22.

오전에 대학 연구실에 다녀왔다. 상고심 변호를 맡길 자료를 정리했다. 그러노라니 책상에 엎드려 울고 싶었다. 남을 해코지하기 위해 허위사실을 꾸며 이를 유포시키는 정도의 인격으로 날 대한 사람이 법원의 판사로 있었다는 사실이 충격적이었다. 더욱이 그 판사는 내가 과거 경주에서 변호사를 할 때 자주 접했던 사람이다. 그런 사람에게서 이런 평가를 받다니. 나는 과연 인생을 어떻게 살아온 것일까?

2016. 7. 23.

이미 항아리가 깨져 물이 모두 쏟아졌다. 항아리가 왜 깨졌을까 생각하는 것은 부질없는 짓이다. 그래도 생각은 자꾸 그쪽으로 간다. 그의 말과 내 말에 많은 차이가 난다. 김상직 재판장은 그의 말을 따랐다. 가령 판결에서는 내가 법학연구원장으로 돈을 방만하게 쓴 것이 그와의 불화 원인이 된 것처럼 파악했다. 법학연구원장은 여러 사업을 하며 교수들과 대학을 풍성하게 하는 것이 그 직을 가장 잘 수행하는 것이다. 나는 대학의 기관에서 돈을 쓸 데 없이 비축해 두는 것이 무의미하다고 판단했다. 법학연구원의 사업을 활발하게 일으켜, 보기 드문 황금기를 만들이었다. 내가 한법학회장을 역임하면서 전임 회장들에 비해 실행예산을 무려 다섯 배가량 확장해서 사업을 활발하게 한 것과 같은 이치다. 법학연구원에서도 돈을 많이 쓰고, 또 부족한 돈은 만들어내어야 하는 것이 원장의 의무다. 사정이 이러함에도 김 부장은 그의 말만을 믿었다. 내가 마치 돈을 낭비한 것처럼 인식했다. 이를 기초로 논리를 이끌어갔다. 내가 왜 1심의 재판과정에서라도 이 점을 좀더 강하게 주장하고 입증하지 않았을까 하는 자책이 든다. 아니다. 1심에서 법학연구원이 행한 사업을 밝히는 사실조회신청을 하였으나 1심 재판장인 서민 판사는 이를 기각했다. 서 판사의 견해로는, 법학연구원의 경비 지출은 사건의 쟁점이 될 수 없다고 판단했을 것이다. 그럼에도 김 부장은 그의 말만을 일방적으로 받아들이며 마치 내가 부당하고 방만한 예산운용을 한 잘못을 저질렀고, 이를 지적한 그의 행동은 정당한 것이었다고 평가한 것이다. 그리고 생각해 보면, 나는 나름으로 그의 이상성격과 거짓말에 관한 많은 설명과 입증을 행했다. 1심에서는 이를 믿었다. 하지만 김 부장은 한 번 심리해 보지도 않고서 내 말을 완전히 배척했다.

왜 김 부장이 이처럼 비뚤어진 사고를 하게 되었을까?

첫 번째로 김 부장 어머니의 아내에 대한 오해와 편견이 작용하지 않았을까? 김 부장은 아버지 없이 편모슬하에서 어렵게 자랐다. 군법무관을 하면서도 일선의 단칸방에서 세 사람이 함께 기거했다고 들었다. 경주지원에 부임해 왔을 때 아내는 김 부장의 집에도 자주 갔고, 김 부장의 두 아들을 여러모로 돌보아주었다. 김 부장은 불행한 결혼생활을 하고 있었다. 김 부장의 아내는 내 아내에게 흐느끼며 신세한탄을 하는 경우가 잦았다. 그런데 김 부장의 어머니는 며느리에게, 내 아내와의 관계를 끊으라고 요구했다. "신 변호사는 결혼 중 그 여자를 만나 바람을 피우다가 본처를 내버리고 결혼한 것이야. 그런 여자하고 어떻게 사귈 수가 있어?"라고 말했다. 이것은 대법원에서 나를 법관 재임명에서 탈락시키며, 공보관을 시켜 은밀히 퍼뜨렸던 흑색선전이었다. 김 부장의 어머니가 이런 터무니없는 말을 믿게 된 것은, 김 부장이 이 사실을 진실한 것으로 믿고 있었기 때문일 것이다. 그 뒤 김 부장의 처는 두 아들을 놔두고 다른 인연을 찾아가 버렸다. 자신의 아내에 대한 미움은 오히려 김 부장과 그 어머니에게 있어서, 내 아내에 대한 미움, 그리고 나에 대한 미움으로 전가되었을 가능성이 있다. 판결문 곳곳에서 나를 일부러 폄하하는 표현들이 끼어 있었던 것이 그 증좌가 아닐까? 이것은 전혀 생각지 못했다. 이번 판결을 보고 나서 아내가 비로소, 김 부장의 어머니가 며느리에게 대법원의 흑색선전을 그대로 답습해서 단교하도록 요구했다는 말을 구체적으로 알려주었다.

그 밖에도 부수적인 원인이 작용했을 것 같다. 나는 사법부의 정풍을 주장한 글을 발표하여 사법부를 포함한 법조의 개혁에 관하여 끊임없이 주장해 왔다. 이것에 대해 일부 법조인들의 지지를 받긴 했어도, 적지 않은 수의 법조인들은 나에게 반감을 표시하였다. 특히 어려운 환경에서 자라나 사법시험에 합격하여 법조인이 된 것을 인생의 전부로 여기는 사람들에게서 노골적인 배척을 받아왔다. 평소 경직된 표정으로 일관하는 김 부장은 단정할 수는 없으나 그런 부류의 인간이 아닐까? 법조계의 분위기를 잘 아는 영악한 홍일수는, 1심 재판과정에서 사법개혁에 관한 내 글들을 모아 나를 엄벌에 처함이 마땅하다는 근거 자료로 법원에 제출했다. 1심 재판에서는 비록 실패했어도 2심 재판에서는 성공한 것으로 보인다.

둘째, 이판규 교수의 활약이 큰 기여를 했을 가능성이 높다. 인터넷으로 검색해 보니, 이 교수는 김 부장의 대학 한두 해 후배이다. 이 교수는 로스쿨 내에서도 대학 후배를 알뜰히 챙겨 왔다. 그런 이 교수니까 법조계에서 귀한 대학 선배인 김 부장과도 밀접한 관계를 구축했으리라. 이 교수는 느닷없이 항소심 재판기일에 나타나 법정의 중간에 서서 팔짱을 끼고 과시하듯 자신의 존재를 드러냈다. 내 재판이 끝나자 먼저 자리를 뜨며 법정에서 나오는 아내를 향해 어디 잘되는지 두고 보자는 험한 말을 내뱉었다. 판결문 곳곳에는 이 교수의 말을 가장 신용할 수 있다는 듯이 기술해 놓았다. 이 교수는 1심 재판과정에서 처음에는 나를 위하여 확실한 어조로 자신이 아는 사실을 증언해 주겠다고 나와 전 변호사에게 철석같이 약속해 놓았다. 그러다가 석연찮은 이유로 태도를 돌변하여 중요한 대부분의 사항에 대하여 증언을 거부하였다. 증언은 도대체 무엇을 말하려고 하는 것인지 애매한 내용이 되어 버렸다. 그럼에도 김 부장은 이 교수의 증언에서 내게 불리하게 보일 수 있는 부분을 임의로 골라내어 적당한 곳에 박아 넣으며 판결을 구성했다. 『로스쿨 교수를 위한 로스쿨』이 나온 후 이 교수가 가장 극렬하게 나를 비난하고 성토하는 일을 맡았던 점에서, 그리고 우연히 나를 만난 면전에서 막 대놓고 큰 소리로 나를 비난하던 태도에 비추어 이 교수는 이번 판결 결과를 나오게 하기 위하여 전심 전력했으리라. 이 교수는 1심 판결 선고형량을 알고 있다며 내게 전화로 알려주었듯이, 이 사건의 배후에 있는 큰 힘과 조직적으로 연계되어 있고, 이번에도 그 결과를 어렴풋하게나마 미리 알고 있었던 것이 아닐까? 이 교수는 전 총장 밑에서 3년 6개월간 이례적으로 긴 기간 보직을 했다. 그리고 이 교수는 정확한 시간을 가늠하기 힘든 남의 재판에 일부러 참석했다. 또 첫 회 기일에 끝나리라는 것을 미리 알고 있었기에 참석했으리라. 재판의 결과가 어떻게 되리라는 것까지 누군가로부터 귀띔을 받았을 가능성이 있다.

셋째, 이번에도 큰 힘의 행사가 뒤에 있었을 것이다. 수사와 1심 과정에서와 같이, 그 큰 힘은 2심에서라도 나를 처벌함으로써 설욕하려는 욕심을 버리지 않았을 것이다. 이것이 상식에 부합한다. 홍일수는 검찰의 항소 후 오랜 시간 가만히 있었다. 2심 재판이 가까워 오는 어느 순간부터 갑자기 1심에서처럼 법원은 내 편이라는 식의 행동패턴을 보이며 무차별적으로 나를 비난하는 자료를 만들어 법원에 제출했다. 1심 무죄사건을 2심에서 아무런 증거조사 절차 없이 첫 기일에 바로 결심한 뒤 유죄로 바꿔 버리는 것은 법원의 관행에 현저히 어긋난다. 이런 점 등에 비추어 이렇게 추론할 수 있으리라. 어떤 형태의 힘인지는 전혀 모른다. 그러나 이런 힘의 행사과정은 나도 경험으로 잘 안다. 힘이 법원행정처를 통해서 행사된다면 아주 쉬운 프로세스를 거친다. 앞에서도 밝혔듯이 법원행정처에서 해당 법원의 법원장에게 전화를 하고, 법원장은 담당 재판장을 법원장실로 불러 조용히 말한다. 판사의 대선배인 법원장이, 인사평정권자인 법원장이 하는 말은 하늘의 목소리로 들린다. 더욱이 대법원에서도 관심을 갖고 있는 사건이라고 말해 주면, 그 판사는 저항할 의욕을 완전히 상실하고 철저히 순응하는 것이 일반적이다.

2016. 7. 27.

2심 판결문을 다시 자세히 읽어 보았다. 한마디로 나에 대한 철저한 불신과 배척의 견고한 철심이 들어간 판결이었다. 반면에 그에 대하여는 가능한 한 그 말을 받아들이려는 온정이 넘치는 판결이었다. 재판과정에서 거짓말을 서슴지 않은 행각이 탄로 난 그였다. 김상직 부장판사는 1심에서의 이 같은 결과를 전혀 고려하지 않았다.

나는 이처럼 무쇠와 같이 강한 편견과 오해의 대상이 되었다. 털썩 길바닥에 주저앉아 대성통곡을 하고 싶은 심정이다. 그러나 내 울음에 귀를 기울여줄 사람은 세상에 아무도 없다. 큰 세력을 가진 집단에 대어든 결과는 이처럼 냉혹하고 무자비한 것인가.

현숙, 수한, 지숙아! 너희 삼형제는 이처럼 비참한 꼴을 당하게 된 아비를 결코 잊지 마라. 아비의 모습에서 너희들은 아무쪼록 큰 교훈을 찾기 바란다. 그리하여 내 당대로 이 부끄러움이 잊어지고, 너희들은 새로운 길로 접어들어 잘 살아가도록 해야 한다. 아버지는 우리 사회를 좀더 깨끗하고 아름다운 것으로 만들어가는데 많은 관심을 가져왔다. 문제가 된 전 과정을 통하여 결코 거짓말 따위는 하지 않았다. 그 사실에 관해서는 자신을 가져다오. 그러나 너희들은 꼭 이런 식으로 처신하지는 마라. 다른 방법을 통해 사회에 기여할 수 있는 길이 있으리라고 믿는다. 너희들에게 지나치게 불안을 안겨주는 결과가 되어 무척 미안하다.

허탈한 심정으로 시편의 구절을 읊조린다. "제가 고난의 길을 걷는다 해도 원수들의 분노를 막아 저를 살리시나이다. 당신은 손을 뻗치시나이다. 주님, 제가 부르짖던 날 당신은 응답하셨나이다. 주님은 오른손으로 저를 구하시나이다. 나를 위하여 모든 것을 이루시리라! 주님, 당신의 자애는 영원하시옵니다. 당신이 손수 빚으신 것들 저버리지 마소서. 주님, 제가 부르짖던 날, 당신은 응답하셨나이다." 또 루카복음 11장 9, 10절의 말씀을 새긴다. "내가 너희에게 말한다. 청하여라. 너희에게 주실 것이다. 찾아라. 너희가 얻을 것이다. 문을 두드려라. 너희에게 열릴 것이다. 누구든지 청하는 이는 받고, 찾는 이는 얻고, 문을 두드리는 이에게는 열릴 것이다."

2016. 7. 29.

아침에 갑자기 정신이 아득해지며 쿠당탕 소리를 내며 쓰러졌다. 혼절한 내 머릿속에는 '김상직 이놈이, 이놈이……'라는 생각밖에 없었다. 아내가 달려와 일으켜 세웠다. 간신히 정신을 수습하여 일어났다. 멍하니 있는데, 거실에서 아내의 흐느끼는 소리가 들렸다.

과거 법관 재임명에 탈락되었을 때가 떠오른다. 경주로 어린 자식들 손을 잡고 내려왔다. 겨우 돈을 마련하여 변호사 사무실 문을 열었다. 찾아오는 사람이 없었다. 한 달이 지났는데 사건 하나가 겨우 수임되었다. 모두 대법원장과 싸우다 쫓겨나온 사람이라는 딱지를 내게 붙이며 경원시했다. 매일 어린 자식들을 생각하며 뒤척이느라 잠을 이룰 수 없었다. 모든 것을 내 업으로 돌리며 눈물짓던 나날들이었다. 그러던 것이 시일의 경과와 함께 차츰 잘 풀렸다. 오히려 성업을 이루었다. 엄청나게 많은 사건을 처리하며 지나간 고난을 잊을 수 있었다. 이번에도 그렇게 되리라는, 반전이 기다리고 있을 것이라는 희망을 갖는다. 하느님은 절대 이런 식으로 나를 버리지는 않으실 것이다.

2016. 8. 1.

언제부턴가 학내 곳곳에 나를 비난하는 교수들과 학생들의 대자보가 붙었다. 내가 매명賣名을 위해 로스쿨 입학 청탁을 허위로 꾸며낸 것이라고 비난하고, 수업 거부한다는 내용으로 된 대자보였다. 교수로서 이보다 더 치욕스러운 일이 어디 있겠는가! 이런 상황에서 연구실에 오려면 단단한 마음의 채비를 해야 한다.

　허무로다! 모든 것이 허무로다! "태양 아래에서 애쓰는 그 모든 노고와 노심으로, 인간에게 남는 것이 무엇인가? 그의 나날은 근심이요, 그의 일은 걱정이며, 밤에도 그의 마음은 쉴 줄 모르니, 이 또한 허무이다." 구약시대 코헬렛의 말이다.

2016. 8. 3.

이상율 교수의 고소에 따른 조사를 다시 받으러 대구지검에 갔다. 조사 분위기는 처음부터 딱딱하게 굳어 있었다. 형식적인 조사를 한 뒤 나를 바로 입시 청탁에 관해 허위사실을 유포한 혐의로 기소를 할 작정으로 보였다. 담당 조사관은 오늘, 내가 무척이나 딱하다는 듯이 서울로 빨리 주소지를 옮겨 대구지방검찰청의 관할을 빠져나가는 것이 좋다는 식으로 넌지시 말해 주었다. 지난주 화요일 곧 들이닥칠 기소의 낌새를 눈치채고 이상율 교수와 대질 조사나 이 교수와 나 둘에 대한 거짓말탐지기 조사를 해달라고 강하게 어필했다. 이로 인해 기소가 잠시 주춤해지며, 주소지 이전의 제안을 한 것이다. 하지만 그런 식으로 편법을 부리며 살기는 싫다. 오늘 OBS에서 경북대 로스쿨 입학 청탁에 관한 내용이 방영될 것이라고 하는데, 이에 의해 그 억지 기소 의도가 지장을 받지 않을 수 없을 것으로 기대한다.

내가 왜 최근의 형사절차나 소송에서 연거푸 당하게 되었을까? 마치 꿈을 꾸고 있는 것 같다. 오랜 법조 경험에서 도저히 상상도 못한 일들이 벌어져 왔다. 도대체 이런 일들이 일어나는 현실을 직시할 수 없다. 초현실의 세계에 갇혀 있는데, 이상하게도 그 결과는 고스란히 현실로 이어진다.

나를 비우기, 버리기

2016. 8. 5.

어제 OBS에서 경북대 로스쿨 입학 청탁에 관한 대구시경의 수사
나 경북대 자체의 진상조사가 대단히 잘못되었다는 취지의 방송
이 있었다. 이는 내 상식의 세계에서 납득할 수 있는, 이 사건에 있
어서 최초의 건전한 판단이었다. 방송에서는 경찰이 입학 청탁에
관해서 이를 목격한 증인의 말을 배척한 이유를 찾아내었다. 경찰
에서는 경북대 로스쿨 교수들에게 "당신은 로스쿨 입학 청탁에 관
한 사실을 직접 보거나 들은 일이 있습니까?"라고 하는 설문에 ○
×를 하도록 보내었다. 35명 중 28명이 이에 응하여 ×표를 하였다.
이것을 가지고 입학 청탁 목격증인의 증언을 압도하는 다른 증거
들이 있다고 판단했다는 것이다. 코미디가 따로 없다. 한국 수사기
관의 수준이 아직 이 정도에 머무른다. 더욱이 일선 경찰서의 그것

도 아니고 대구시경이 이렇다는 사실에 암담해진다. 도대체 일반 국민들은 수사나 재판과정에서 무엇을 의지할 수 있는가!

2016. 8. 15.

연일 푹푹 찌는 날씨였다. 햇볕은 쨍쨍 내려쬐고, 비 한 방울 내리지 않았다.

오늘은 성모승천대축일이다. 성모마리아님이 세상에서 주님의 말씀에 순명하고 하늘에 오르신 날이다. 신부는 강론에서 묵주기도의 힘을 누누이 강조했다. 묵주의 기원을 골리앗과 싸운 다윗의 시기로 든 것이 특이했다. 가령 다윗이 든 다섯 개의 돌을 묵주의 처음에 나오는 다섯 알에 비견한 것이다. 신부는 역사적으로 얼마나 많은 기적들이, 불가능을 가능으로 만든 일들이 묵주기도에 의해 생겨났는가를 설명했다.

지금 내 상태는 비참하다. 그러나 이상하다. 일상의 영역에서 거의 평온함을 유지하고 있다. 믿음이 내면화되어 바깥의 요소에 의해 덜 흔들거리는 것일까?

2016. 8. 21.

사건을 맡긴 법무법인 누리와의 미팅에서 이수범 변호사는 대법원의 파기를 상당히 가능성이 높은 것으로 해석했다. 2심 판결은 1심 무죄판결을 첫 회 기일에 결심하며 뒤집은 워낙 이례적인 것이고, 또 공판중심주의, 직접심리주의에 관한 대법원의 기존 판례와는 어긋나는 것이 명백하기 때문이다. 그리고 그 판례 중 하나는 주심을 맡은 권순일 대법관이 재판연구관 시절 대법관들을 설득하여 확립한 것이라고 한다. 자신이 만든, 다른 대법관을 설득하여 확립한 판례를 어찌 이 사건에서 뒤집을 수 있겠는가? 아무리 내가 자신의 정치적 성향과는 다르고, 또 내 사법개혁에 관한 주장이 마음에 들지 않는다고 해도 법률가로서 최소한의 금도는 지키지 않겠는가?

어제는 김한조 소설가와 만났다. 내 사건을 소설화하겠다고 했다. 신앙심이 깊고, 법원과 검찰에 두루 근무한 이색적인 경험이 있어 법조에 대한 이해가 소설가 중에서 그만 한 분이 없다. 또 자신이 과거 부당한 의심을 받아 법적으로 나락으로 떨어지다시피 한 경험을 가졌다. 그와 인사동에서 홍어회로 탁주를 많이 마셨다.

2016. 8. 30.

오늘 또 힘 빠지는 일을 겪었다. 대한변호사협회 내에 설치되어 로스쿨평가위원회 업무를 돕는, 로스쿨평가위원회 특별위원회 위원장을 내가 맡는 것으로 이미 하명우 대한변협회장은 약속한 바 있다. 이 자리를 맡으면 소란스러운 경북대에서 잠시 떠나 있겠다는 계획을 세웠었다. 그사이 징계와 형사절차가 모두 끝나면 깨끗하게 변호사로 돌아가겠다는 마음도 먹었다. 서울에 알맞은 사무실이 있으면 그곳으로 갈 예정이었다. 그런 구상하에 서울에 집도 얻어 놓았다. 이 계획이 모두 틀어지게 되었다.

그러나 로스쿨평가위원장을 맡은 신철용 변호사는 현실에 대한 인식을 제대로 하지 못했다. 교육부의 끈질긴 비토로 나 대신 위

법원을 법정에 세우다

원장이 된 사람이다. 위원장의 주도로 로스쿨 평가를 제대로 하고 로스쿨을 고쳐 나가려면 로스쿨 교수나 로스쿨 출신 변호사, 그리고 로스쿨 학생들이 뿜어내는 엄청난 화염을 견뎌내며 돌파구를 찾아야 한다. 그런 가혹한 현실을 파악하지 못했다. 신 변호사와 오늘 면담을 하였으나 짧은 시간이라서 올바른 인식을 심어 줄 겨를이 없었다. 또한 유감스럽게도 내 파견근무에 대하여 동의하지 않았다. 오히려 내가 중심이 되어 평가위원회가 운영되는 모습을 외부에 보이는 것은 절대 바람직하지 않다고 잘라 말했다. 신 변호사는 경북대 내에서 받고 있는, 부정 일변도의 나에 관한 평가를 자세히 설명하였다. 평가의 내용은 치욕스러운 것이었고, 또 이런 것을 후배 법조인에게서 아무 말 못한 채 들어야 한다는 사실이 더 치욕스러웠다. 인적 관계로 보아 이상율 교수와의 전화 통화를 통해 얻은 정보로 보인다.

되는 일 하나도 없이 실패만 거듭한다. 간신히 집에 와서 현숙이와 점심을 같이했다. 우리의 삶에는 항상 실패가 찾아들어 자신의 뜻을 관철시키는 것은 오히려 드물다고 말해 주었다. 매일같이 드리는 묵주기도에도 다소 힘이 빠졌다. 세상은 내 의지와는 관계없이 거칠고 세차게 굴러가고 있다.

오랜만에 시 한 편을 썼다.

늙음

내 마음엔

때때로 비가 내린다
희뿌연 물안개가 앞을 가리고
처마 끝 떨어지는 물방울 외롭다
한평생 산 삶이
이토록 덧없을 줄이야
미처 모른 듯이 눈물 떨군다

2016. 9. 1.

며칠간 일본에 불어닥친 태풍의 영향으로 서늘한 날씨가 계속되었다. 오늘 비로소 예년의 초가을 날씨로 복귀했다. 지금 다산 선생이 쓰고 박석무 선생이 편역한 『유배지에서 보낸 편지』를 읽고 있다.

선생은 폐족이 된 가족을 슬퍼하며 그 가운데에서도 자식들이 사회에서 올바로 커 나가기를 바라는 애끓는 마음으로 자식들을 다그친다. 귀양 간 자신이 자식들을 위해 무엇 하나 제대로 해줄 수 없음을 무엇보다 비통해하며 그 결핍을 스스로 보충해 나가기를 간절히 바란다.

생각해 보면 내 처지가 어떤 면에서는 그러하다. 세상이 나를 향하여 비난하고 조롱하기를 마다하지 않는다. 내 아이들이 그 손가락질을 견디며 진실이 무엇인가를 찾기를, 그리하여 내가 결코 부끄러운 일을 한 것이 아니라 저 간교한 음모의 덫에 걸렸음을 깨닫기를 바란다.

이렇게 상심하는 일이 잦지만, 다산 선생은 나와는 비교가 되지 않는 처절한 고통의 바다에 빠져 있었다. 참을 수 없는 고통을 느낄 때, 다산 선생의 글을 읽으며 커다란 위안을 얻는다.

2016. 9. 9.

지금은 박석무 선생이 지은 다산 선생의 평전이라 할 만한 『다산 정약용 유배지에서 만나다』를 읽고 있다. 요즈음의 낙은 오직 독서에 있다. 다산 선생에 관한 책을 모두 사서 하나씩 읽고 있다.

박석무 선생은 5·18민주화운동 당시 그 주동자로 몰려 피를 말리는 도피생활을 했다. 그때 다산 선생의 글을 읽으며 크게 위안을 얻었다고 했다. 다산 선생은 생사의 갈림길에서 간신히 생의 길로 들어섰다. 그러나 집안이 풍비박산 났다. 그 상태에서 기약할 수 없는 귀양살이를 떠났다. 그런 무지막지한 역경을 이겨내고 위대한 실학자의 풍모를 얻었다. 그렇게 되기까지 오로지 학문 연구에 몰두한 선생의 일생이 한 치 앞을 내다볼 수 없던 박석무 선생의 마음을 따뜻이 쓰다듬어 주었던 것이다. 지금 그 박석무 선생이 손을 댄 다산 선생의 글을 읽으니, 다산 선생에게서 발한 위로의 샘물을 나도 한 모금 얻어 마시는 셈이다.

지금 홍일수, 이상율, 이판규, 임윤수 교수와 같은 인간들이 악착같이 나를 패망시키기 위해 눈에 불을 켜고 달라붙고 있다. "자기가 먹던 샘물에 침을 뱉어선 안 된다."는 단순한 생각에 빠진 이들도 나를 비난한다. 세상의 인심이 내게 다 등을 돌렸다. 그 고립감에 뼈가 시리다. 사방을 아무리 둘러보아도 내 마음을 의탁할 이가 없다.

2016. 9. 18.

지난 수요일, 추석 연휴가 시작되며 계속해서 서울 집에서 지냈다. 아무래도 이제 서울 집에서 주로 생활해야 할 것 같다. 서울은 내 청춘의 흔적이 남은 곳으로 서울에 오면 마음이 편하다.

내가 무엇이 잘났다고 홍일수의 행각을 사람들에게 알려야겠다고 생각했을까? 물론 나도 그와 같은 집단의 소속이어서 그가 흐려 놓은 물의 영향을 받지 않을 수 없었다. 그러나 그 집단 자체가, 또는 그 구성원들이 하등 그보다 나을 것이 없었다. 그들은 일부의 예외적 구성원들을 제외하고는, 그 혼탁한 물속에서 도덕적, 윤리적 불편함을 느끼지 않고 살고 있었다. 내가 좀더 현명한 사람이었다면 이런 경우 그 집단의 결함을 시정하려 하기보다는 거기에서 온전히 빠져나왔어야 했다. 사표를 내지는 않는다고 하더라도 정신적으로 그들과 완전히 절연하고 내가 갈 길을 외롭게 갔더라면 하는 아쉬움이 진하다. 그 한 명도 아닌, 그와 똑같은 성향으로 거칠게 작은 승리를 위해서 어떤 주저함도 보이지 않는 인간들의 공격 앞에서 나는 무력하기 짝이 없었다.

아, 내 어리석음이 하늘을 찔렀다. 어찌 화가 미치지 않을 것인가! 숨만을 간신히 쉬며 힘겹게 사는 환난의 시절이다. 인간의 기준으로 보아서는 나는 저 우주를 떠다니는 먼지만큼도 못 되는 존재로서 실패자, 영락零落자다.

2016. 9. 25.

경주 성동성당에 교중미사를 드리러 갔다. 성당 안 종각에 며칠 전 지진으로 파손이 생긴 탓에 그 옆의 건물에 임시로 미사 장소를 잡았다. 뜻밖에 조환길 대주교가 오셔서 집전을 했다. 지진으로 크게 놀라고 아직까지 그 트라우마에서 벗어나지 못하는 경주 시민을 위해 대주교께서 일부러 왕림하신 것이다. 미사를 마치고 대주교께 인사를 드렸다.

박석무 선생의 『다산 정약용 유배지에서 만나다』를 다 읽었다. 한 자 한 자 정성스레 읽으려고 노력했다. 때로는 눈물을 글썽거리며 읽었다. 내게 큰 울림을 주었다. 다산 선생에 비할 바는 아니지만 내 뜻도 작지 않았다. 그러나 평생 뜻을 펼 기회를 단 한 번도 얻지 못했다.

김한조 선생이 구상하는 나에 관한 소설을 제목을 '대숲에 달빛 비치니'로 했으면 하는 생각이 일었다. 다산 선생이 1805년에 지은 것으로 보이는 '송별'이라는 시에 이런 구절이 나온다.

대나무 몇 그루에 달빛 비치는 날苦竹數叢他夜月
고향 향해 고개 돌리니 흐르는 눈물故園回首淚垂垂.

여기서 따온 것이다. 다산이 해배되어 상경하는 친구 김이재를 축하하며 자신의 어두운 신세를 한탄한 시이다. 김이재는 다산과 비슷한 시기에 귀양을 갔었다.

2016. 9. 28.
예수님은 말씀하셨다. "제 십자가를 지고 나를 따르지 않는 사람도 내게 합당하지 않다."(마태오 복음서 10장 38절) "누구든지 제 십자가를 짊어지고 내 뒤를 따라오지 않는 사람은 내 제자가 될 수 없다."(루카 복음서 14장 27절) 여러 가지로 해석할 수 있다. 아주 소박하게 말하면 '제 십자가'는 자신에게 주어진 삶의 무게이다. 그것은 무척 버겁다. 진 사람에게 상당한 고통을 안겨준다. 예수님은 세상을 살면서 겪기 마련인 온갖 고통의 무게를 자신의 것으로 순순히 받아들이며 묵묵히 자신의 길을 걸어가는 것이 인생의 바른 도리라고 설파하신다. 그때 우리들에게는 영적인 눈이 열린다. 참된 신앙의 길로 접어들 수 있다. 영안靈眼을 얻기 위해서는 자신의 십자가를 순종의 마음으로 걸머져야 한다.

다산 선생 시대의 재상 서용보는 다산 선생에게 신유사옥 때부터 기나긴 시간 온갖 모함을 했다. 선생의 벼슬을 끊고, 해배를 늦췄다. 해배 후에도 출사길을 막았다. 선생은 서용보 같은 사람들에 대해 해배 전에는 거의 언급을 하지 않았다. 해배 후 여러 묘지명을 쓰며 비로소 그들의 악행을 밝혔다. 당시의 실정으로 보아 이 같은 글을 썼다가는 더 큰 화를 자초했을지 모른다. 선생은 이를 숙명으로 생각하며 속으로 삭혔다. 그러지 못했다면 어찌 자신의 위대한 학문 연구의 업적을 세상에 남길 수 있었겠는가?

오, 주여! 저는 제 십자가를 기꺼이 짊어지겠나이다. 저를 온전히 버리겠나이다. 거친 언덕을 오르며 숨에 겨워 할 때 저는 비로소 당신의 모습을 볼 수 있겠지요.

2016. 10. 7.

로펌에서 이수범 변호사를 보조하여 내 사건을 맡고 있는 신이한 변호사가 손석한 원장의 의견서가 도착했다고 문자로 알려왔다. 메일로 보내온 의견서를 읽어 내려갔다. 심장이 쿵쿵 뛰고 눈앞이 잘 보이지 않았다.

손 원장은 신경정신과 전문의다. 정신분석학적 기법을 사용한 그의 의견서는 내가 '망상장애'를 갖고 있지 않는 한 그의 성매매 사실을 그토록 자세하게 묘사할 수는 없다는 데서 출발했다. 그리고 내가 정상적으로 사회생활을 해온 사람이니 내게 '망상장애'는 없는 것이고, 성매매 사실에 대한 내 진술은 내가 경험한 것임이 분명하다고 결론을 내렸다. 꾸며낸 말이라고 보기에는 기억이 너무나 구체적이고 정교하다는 분석이었다. 허위사실을 말하는 경우 자신이 거짓을 말하고 있음을 인지하는 동시에 사람들에게 자신의 말을 믿도록 만들기 위해 여러 가지 다양한 허위의 내용을 과장하여 열거하거나 각종 수식어를 붙여서 표현한다고 했다. 손 원장은 이 사건의 경우에는 내가 그런 과장이나 수식을 전혀 하지 않음에 주목했다. 이 의견서, 또는 감정서가 상고사건의 해결에 큰 역할을 할 듯하다.

손 원장에게 감정을 맡기게 된 시발이 된 것은 어느 날의 꿈이었다. 꿈속에서 나는 심리 프로파일러와 승강이를 벌였다. 프로파일러는 내게 끊임없이 질문을 했다. 나는 대답을 하다가 화가 나서 반박을 하기도 했다. 때로는 거칠게 어떤 주장도 폈다. 한 치의 양보도 하지 않고 고함을 치듯이. 상당한 시간 논박을 벌였다. 프로파일러는 마지막으로 내게 "당신은 거짓말을 한 것이 아니군요."라는 결론을 내렸다. 이 생생한 꿈을 꾸고 난 뒤 과연 그의 성매매 사실에 관해 내가 거짓말을 한 것인지 전문적 프로파일러의 감정을 받아 보는 것이 좋겠다는 판단을 했다. 변호사 사무실에 찾아가 감정을 꼭 좀 해달라고 부탁했다. 신이한 변호사는 전례가 없는 일이라며 난색을 표시했다. 그러나 이수범 대표는 그렇게 하자고 했다. 그리하여 이 분야에 전문가이며 각종 언론매체를 통해 심리상담과 분석을 활발히 해온 손석한 원장을 로펌에서 찾아내 감정을 맡기게 된 것이다.

이순신 장군의 난중일기를 읽으면 꿈에서 본 사실로 중요한 전투의 실마리를 얻는 경우가 적지 않다. 현몽에 의한 통찰의 획득이 어떻게 가능한지는 분명치 않다. 자아도취일까? 어쩌면 하느님의 선물일까? 이 의견서는 이 몇 년간 나를 짓눌러 온 고통을 물리치게 하는 데 큰 역할을 할 것 같다.

2016. 10. 16.

혼자 미사를 보러 청파동 성당에 갔다. 아내와 지숙이는 대구에 내려갔다. 주보에서 정순택 주교의 기도에 관한 소박하면서 아름다운 글을 발견했다.

"우리가 살면서 하느님께 무언가를 청하는 기도를 드릴 때, 우리의 기도가 즉시 들어지지 않을 때가 더 많다는 것을 체험으로 압니다. 무엇이 문제일까요? …… 어쩌면 우리가 청하는 것이 바른 것이 아닐 수도 있습니다. 즉 우리가 바라고 있는 것이 실상 하느님께서 보실 때에는 정말 우리에게 좋은 것이 아니라 좋은 것처럼 보일 뿐 오히려 해롭거나 덜 좋은 것일 수도 있습니다. 아니면 '지금'이 아니라 '다른 때'가 더 우리에게 적절한 때이거나, 혹은 당장 들어주시는 것이 아니라 여러 번 간청하게 함으로써 우리의 신앙과 삶의 자세가 좀더 정화되기를 바라시는 것일 수도 있습니다. 혹은 이렇게 여러 차례 간청하는 동안 우리 스스로의 가난함과 보잘것없음, 하느님 도움 없이는 아무것도 아님을 더 깊이 깨닫게 하시려는 단련의 뜻이 들어 있을 것입니다."

이렇게 우리는 당장 들어주는 기도가 아니라 끊임없이 간청하는 기도를 통해서 하느님께 더 겸손하게 다가가게 된다고 했다. 종내 기도의 내용도 "아버지, 제 뜻이 아니라 아버지의 뜻이 이루어지게 하십시오."로 바뀐다고 했다.

2심 판결 전 나는 만약 판결이 좋지 않게 나올 경우 내 신앙의 온기가 급격하게 식을 것을 염려했다. 단 하루도 빠지지 않은 묵주기도가 처참하게 방향을 잃은 격이 될 것이기 때문이었다. 그러나 판결 이후에도 마음을 추슬러 계속 묵주기도를 드려 왔다. 기도의 효과가 나타날지, 어쩌면 이번에도 어긋날지 모른다. 그러나 손석한 원장의 의견서가 내 손에 주어졌다. 내가 진실의 편에 서 있다는 것이 손 원장에 의해서 보증되었다. 이러한 놀라운 기적을 앞에 두고, 기도의 효과가 있느니 없느니 생각하는 것 자체가 오만이다. 하느님께서 내 기도를 돌아보시지 않고서야 어찌 이런 결과가 생기겠는가!

2016. 10. 17.

다산연구소의 주선으로 경기도 남양주군 실학박물관에서 열린 '하피첩의 귀향' 행사에 다녀왔다. 하피첩은 붉은 치마로 만든 서첩이란 뜻이다. 다산 선생이 강진에서 유배생활을 하던 1810년에 부인 홍씨가 시집올 때 입었던 붉은 색 낡은 치마(하피)를 보내왔다. 선생은 이를 재단했다. 두 아들들과 후손들이 간직할 당부의 글을 기록한 서첩을 만들었다. 원래는 4첩이 있었다. 지금은 국립민속박물관이 어렵게 소장한 3첩만이 전한다. 재단하고 남은 치맛단으로 만든 '매화병제도'도 전한다. 이 글은 1813년 선생이 다산초당 등에서 유배생활을 하는 데 편의를 제공해 준 윤서유의 아들 윤창모에게 시집가는 딸의 화혼을 축하하기 위해 쓴 것이다.

평생에 다산 선생의 생가와 다산초당에 한번 들르고 싶었다. 오늘 뜻밖의 기회를 얻어 실학박물관에 간 것이다. 선생의 생가인 '여유당'이 바로 그 옆에 있었다. 감개무량하기가 이루 말로 다 할 수 없었다. 선생과 부인 홍씨의 합장 묘소가 생가 뒤 언덕에 있어 참배했다. 이렇게 간단히 평생의 소원 하나를 풀었다. 거기에다가 하피첩 전체의 영인본까지 얻었다. 하피첩 1첩에 나온 글의 일부를 아래에 옮긴다.

화와 복의 이치는
옛사람도 의심한 지 오래되었다.
충신과 효자가
반드시 화를 면하는 것도 아니며,

악하고 방종한 자가
반드시 박복한 것도 아니다.
그래도 선을 행하는 것이
복을 받는 길이므로
군자는 힘써 선을 행할 뿐이다.

2016. 10. 27.

"나를 버릴 때 나는 강해진다."는 말을 서울로 올라오는 열차 안에서 되뇌었다. 그러다가 문득 그 비움은 필연적으로 다른 이의 어려움과 불행을 돌아보며 거기에 동참하려고 하는 행동으로 연결되는 것이고, 이때 비로소 구원의 손이 내밀어진다는 사실을 깨달았다. 본격적으로 지금 그런 활동을 할 수는 없어도 그쪽으로 내 사고가 향하게 해야 한다. 언젠가 그렇게 하며 살아가는 내 모습을 그린다.

2016. 10. 29.

아내, 현숙이와 함께 경복궁에 갔다. 늦가을의 한낮에 이리저리 어슬렁거리며 살펴보았다. 군데군데서 사진도 찍었다. 수십 년 만에 찾아오는 추억의 장소였다. 아마 대학시절 이후 처음인 것 같았다. 깊어 가는 가을의 정취를 가슴 가득 담을 수 있었다.

　　집으로 오기 위해 광화문과 청계광장을 지났다. '최순실 게이트'에 폭발한 민심의 현장을 목격했다. 절대 이대로는 끝나지 않을 것 같은 민심의 분노가 거리를 뒤덮고 있었다. 지금의 내 처지를 이렇게 만든 것은 결국 저 정권과 이에 기생한 무리들이 획책한 것이라는 심증을 가져왔다.

무도한 권력의 핵심에 비열하고 천박한 기생세력이 들어붙어 현재의 정권이 유지되고 있다. 언젠가 이 정권이 끝날 때쯤 해서 그들의 불온하고 옳지 못한 행동들에 대한 평가가 이루어질 것으로 확신한다.

2016. 11. 5.

어제 대학에서 징계절차를 밟겠다는 연락이 왔다. 이런 소식을 접할 때마다 늘 어두움의 심연 속으로 떨어진다. 오전 내내 속이 묵직하고 괴로웠다. 소화제를 먹고 나니 겨우 진정이 되었다. 이 괴로움이 언제 끝날지 아득하기만 하다. 나는 왜 이렇게 큰 짐을 지고 살아야 하나!

2016. 11. 6.

내 사건을 담당하고 있는 권순일 대법관에게 편지를 썼다. 권 대법관은 양승태 대법원장의 복심이라고들 한다. 양 대법원장의 오른팔 역할을 하고 있다. 그만큼 양 대법원장이 일구어 놓은 보수적인 대법원의 분위기를 물샐틈없이 뒷받침하고 있다. 그리고 권 대법관은 지위 상승을 다른 가치보다 우선시킨다는 세평을 받고 있다.

그런 권 대법관에 대한 불안한 느낌을 억지로 억누르며 썼다. 어쩌면 이런 인물은 지금의 촛불정국을 바라보며 보신의 길을 먼저 생각할 것이라는 생각도 들었다. 그리고 이 사건의 2심 판결은 공판중심주의, 직접심리주의에 관한 대법원 판례를 위반한 것이 분명하다. 그리고 그 판례는 자신이 재판연구관으로 있으며 해당 대법관을 설득하여 내려진 것이라고 대법원의 사정에 밝은 이수범 변호사가 말하는 것을 들었다.

존경하는 권순일 대법관님께

경북대학의 신평 교수입니다. 중책의 부담에도 잘 지내시고 계신지 먼저 여쭙습니다. 많은 실례를 무릅쓰고 이렇게 서한을 띄웁니다.

오늘 성당에 가서 저녁 미사를 드리던 중 권 대법관님께 편지를 쓰는 것이 좋겠다는 생각이 불쑥 떠올랐습니다. 이것을 하느님의 계시라고는 감히 말하지 않겠습니다. 하지만 공교롭게도 이어진 강론에서 신부는 "하느님은 이곳 저곳 모든 곳에 계시다. 우리가 고통 속에서 지내도록 그대로 버려두지는 않으신다."는 말씀을 해주었습니다. 저는 권 대법관님의 신앙에 관해 전혀 모릅니다. 그래서 저 역시 이런 종교에 관련된 말씀을 드리는 것이 어색하고 편치는 않습니다.

저는 우선 제 사건을 잘 봐달라고 이런 편지를 쓰는 것이 아닙니다. 그렇게 하기에는 제 알량한 자존심이 허락하지 않습니다. 그만한 정도의 상식은 갖고 살아왔다고 하는 자부심도 있습니다. 나아가 감히 공정한 재판을 바란다고 하며 글을 쓰는 것도 아닙니다. 상고심이 원칙적 법률심으로서 절차상 가지는 제약을 너무나 잘 알기 때문입니다.

저는 단 한 가지 말씀을 드리고자 합니다. 상고이유서나 상고보충이유서에 깃든 제 간곡한 외침, 불안하고 초조한 한 영혼이 인생을 걸고 지르는 소리에 눈을 한 번만 돌려봐 주십사 하는 것입니다. 그 연후에 어떠한 판단을 내리시더라도 괜찮습니다.

어쩌면 제가 이와 같은 말씀을 드리지 않더라도 권 대법관님은 당연히 그렇게 하실지 모릅니다. 지금까지 그런 생각을 하며 지냈습니다만, 우연히 미사 중에 생각이 떠오르고 또 이것이 정결한 생각이라는 믿음에 바탕하여 권 대법관님께 말씀 드린 것이니 너무 괘념하지는 마십시오. 저의 어리석은 행동으로 돌려주십시오. 이 서한을 '탄원서'나 '진정서'로 취급하지는 마시고, 그냥 휴지통에 버리셔도 괜찮습니다.

권 대법관님의 건강과 다복하심을 기원 드리며 이만 마치고자 합니다.

촛불시민혁명

2016. 11. 12.

거대한 민중의 함성이 울려 퍼졌다. 제3차 촛불집회에 100만 명 이상의 시민들이 나와 박근혜 대통령의 퇴진을 외쳤다. 그러나 그녀는 최후의 순간으로 몰릴 때까지 권력을 포기하지 않을 것 같다. 오히려 적당히 양보한 뒤 남북관계에서 극적인 긴장 고조 등의 상황이 도래할 것을 기대할 것이라 본다. 어쩌면 그런 상황 조성을 위해 장난을 칠지도 모른다. 그녀에게는 최소한의 민주주의에 대한 양식, 애국심 같은 것조차 결여되었는지 모른다.

부산에 갔다. 김동리 선생 관련 행사를 위해 여러 사람들과 함께 내려온 김한조 선생을 만났다. 나를 주인공으로 한 소설의 제목을 '로스쿨 교수의 실종사건'으로 하려고 한다고 했다. 썩 좋은 제목이라고 나도 동의했다.

2016. 11. 15.

어제 대학의 징계위원회에 출석했다. 세 가지를 주장했다. 첫째, 아직 그것이 허위인지 아닌지 가늠할 판결의 확정이 이루어지지 않았는데 징계절차를 서두르는 것은 부당하다. 둘째, 나는 절대로 허위사실을 말한 것이 아니다. 손석한 원장의 '의견서'를 읽어 보라. 셋째, 문서의 작성자는 내가 맞다. 그러나 이를 이메일로 송부한 것은 김이열 교수다. 위원회는 30일로 의결을 연기하기로 결정했다. 그사이에 내가 제기한 사항들에 대하여 확인하겠다고 했다.

무척 마음이 산란했다. 묵주기도를 드리고, 저녁에 계산성당 미사를 다녀오고 난 뒤에야 가라앉았다. 세상의 모든 화려하고 떠들썩한 것이 무슨 소용이 있겠는가. 그 밑에 숨긴 어둡고 축축한 공간을 어찌 계산하지 않을 수 있겠는가. 내 젊은 날은 그러했다. 이제 나잇값을 하며 조용히 늙어가는 것이 최선이라고 본다. 조금 더 나만의 시간을 가질 수 있다면 깊은 명상과 숙고 속에서 신앙의 확실한 체계를 세우고 싶다.

2016. 11. 20.

그저께 대구에서 서울로 이사를 했다. 대구의 전셋집 계약이 종료되었다. 이제 대구 생활을 작별한 것이다. 저녁에는 대한변협에서 주관한 '법학전문대학원 평가기준 내실화를 위한 토론회'에 참석했다. 경북대 로스쿨의 입학 청탁 의혹에 관해 OBS가 8월 3일과 4일에 보도한 뒤 내게 가해진 악랄하고 야만적인 보복행위들에 관해 말했다. 이어서 로스쿨의 개선을 위해서는 로스쿨 평가위원회의 활약이 무엇보다 중요함을 역설했다.

얼마 전 경북대 로스쿨의 이삼걸 원장이 연구실로 찾아와 이제 문제가 다 수습되었다는 취지로 말한 바 있다. 그때 나는 그렇지 않고 이제 시작이라고 대답했다. 그렇다. 이제 시작이다. 하지만 때때로 과연 이 모든 일들의 진실이 드러날 것인가에 관하여 어두운 생각에 빠진다. 대법원에서 파기환송재판을 해줄 것인가? 현실적으로 그것이 지난한 일임을 고려하지 않을 수 없다. 더욱이 주심이 하필이면 권순일 대법관이다.

아침에는 서울 집에서 가족 모두가 모여 식사를 했다. 이렇게 좋은 집에서 따뜻한 가족애를 나눌 수 있게 해주신 주님께 감사드린다.

2016. 11. 24.

나라가 걱정이다. 박근혜 대통령이 끝까지 버틸 작정을 한 모양이다. 그녀에게서 조금의 애국심도 기대할 수 없을 듯하다.

그동안 JTBC를 비롯한 기자들과의 인터뷰에서 꾸준히 대통령에 대한 수사가 가능하다는 말을 해왔다. JTBC에는 네 번이나 나갔다. 격동의 시기에 접어든 정국에서 민주세력, 촛불세력이 승리하기를 염원했다. 처음에는 그 수사가 불가하다는 의견이 대세를 이루었으나, JTBC와 같은 언론의 노력으로 이제는 가능하다는 의견이 주류를 이루게 되었다. 오늘은 몇 군데의 언론사 기자들에게 강제수사도 가능하다는 의견을 피력했다.

한국헌법학회장을 지낸 경력이 언론에 영향을 미치는 듯하다.

부도덕한 자들이 버젓이 기생하며 세상 무서운 줄 모르고 날뛰는 이 정권의 종식을 위하여 내 나름의 역할을 하고 싶다.

2016. 11. 26.

어제 전남대에서 열린 학술세미나에 사회를 보러 갔다. 내가 맡은 1부가 끝난 다음 게이오대학의 고야마 선생, 와세다대학의 토나미 선생과 함께 5·18묘역을 참배했다.

너무나 오랫동안 오고 싶던 곳이었다. 꼭 하고는 싶었는데 하지 못한 일을 늙어가며 기회 있을 때마다 하나씩 이루어 나간다는 심정으로 갔다. 지난달 다산 선생의 생가에 갔던 것처럼 이것은 내 버킷 리스트의 하나였다. 한강 작가가 쓴 『소년이 온다』를 읽으며 눈물을 흘렸던 선연한 기억을 떠올렸다.

분향소 앞에 무릎을 꿇었다. 숨져간 영령들을 내 호흡 속에 받아들였다. 내 마음은 흐느끼고 있었다. 짧은 겨울 해는 벌써 희미하게 모습을 감추고 있었다. 넓은 묘역에 우리 일행 외에는 어느 누구도 없었다. 나는 성호를 긋고 하느님께 간절한 기도를 드렸다. "하느님 부디 저 외롭고 의로운 영혼들을 위로하여 주십시오."

묘역으로 올라갔다. 윤상원, 박기순 영혼결혼 부부의 묘소 앞에서 유튜브에서 다운 받은 〈임을 위한 행진곡〉을 틀었다. 칼바람이 옷 속으로 파고들어 무척 추웠다. 차츰 짙어지는 어둠 속에서 가슴 가득 평안을 안을 수 있었다.

2016. 12. 4.

우리나라에서는 지금 거대한 정신적 혁명이 일어나고 있다. 과거의 적폐를 청산하고 새로운 나라를 건설하려는 국민들의 각성이 촛불집회로 분출되고 있다.

프란치스코 교황님의 말씀이 내게 심오한 영적 자극을 주었다. "안락을 추구하는 문화는 오직 자신만 생각하도록 합니다. 우리로 하여금 이웃의 고통에 무감각하게 만들고, 사랑스럽지만 허상 가득한 비누 거품 속에 살도록 합니다. 참으로 '무관심의 세계화'로 이끄는 것입니다. 우리는 이웃의 고통에 익숙해지고 있습니다. 무관심의 세계화는 우리 모두를 무책임한 '익명의 사람들'로 만듭니다. 지금과 같은 비극적 상황을 초래하는 사회경제적 결정들을 용납하는 익명성의 야만에 슬퍼하는 은총을 주십사 주님께 청합시다. '누가 울고 있습니까?' 오늘 이 시간 이 세상에서 누가 울고 있습니까?"(2013년 7월 8일, 이태리 람페두사에 있는 불법 이주자 수용소를 방문하여 한 강론 중 일부)

국민들은 드디어 무관심의 벽을 깨고 나왔다. 타인의 구체적인 모습을 자기 가슴에 품기 시작했다. 한국사에 있어서 또 한 번의 위대한 변곡점을 이루고 있다. 이 거대한 변혁의 과정은 반드시 선한 결과를 역사 위에 쌓을 것이다. 나도 이 과정에서 내가 할 수 있는 역할을 마다하지 않으리라.

2016. 12. 5.

대구지방검찰청에 사건이 어떻게 전개되고 있는지 물었다. 이상율 교수가 나를 명예훼손으로 고소한 사건은 벌써 무혐의로 종결되었다는 소식이 들려왔다. 불기소결정 이유를 인터넷으로 받아 보았다. 이 교수의 입학 청탁이 실제로 있었다는 취지의 서술이 보였다. 결과적으로 내가 제기한 비판은 진실임을 인정받았다고 할 수 있다. 입학 청탁을 했음에도 버젓이 이를 숨기고 나를 허위사실 유포로 고소한 그 비열함, 잔인함에 다시 한번 치를 떨었다. 이 교수를 무고로 고소할 것인가에 관하여 그래야 한다는 내면의 소리와 내게 죄지은 자를 용서하는 것이 그리스도인의 기본자세라는 소리가 갈등을 심하게 빚었다.

저녁에 김한조, 백시종 작가와 함께 식사를 하고 술을 나누었다. 이분들과 함께 앞으로 종종 시간을 가질 듯하다. 그만큼 만나서 부담이 없고, 공통의 관심사를 가지고 있기 때문이다. 두 분은 개신교의 독실한 신자이기도 하다. 김한조 선생은 나에 관한 이야기를 소설화하는 작업을 이미 착수했다고 했다. 지나친 경건주의, 엄숙주의에 절대로 빠져서는 안 된다고 조언했다. 나 역시 비루한 인생을 살아온 사람이라는 점을 강조했다.

2016. 12. 15.

대학징계위원회가 지난 월요일, 그러니까 12일 열렸다. 집에 돌아와 양치를 하다 보니 뺨의 안쪽이 터져 피가 적지 않게 나왔다. 그만큼 많은 스트레스를 받는 것이리라. 지난봄에 생긴 가려움증도 여전히 계속되고 있다. 다행히 내 요청을 일부 받아들여 21일에 징계위원회를 속개하여 징계를 결의할 것이라는 연락을 받았다. 며칠간 좀 편안한 시간을 가졌다. 하지만 결의 날짜가 며칠 뒤로 다가오니 역시 불안해진다.

그러나 불안의 엄습은 하느님을 찾는 마음을 더 순수하게 만들어 준다. 순수하지만 고통스럽다. 역설적이다.

2016. 12. 21.

징계위원회의 결정이 있었다. 정직 3월의 중징계였다. 징계위원회에서 나를 느글느글한 눈으로 쳐다보며 적개감이 가득 찬 질문을 던지던 김일현 변호사의 모습이 떠올랐다. 군법무관 출신인 김 변호사는 유난히 징계절차에서 나를 닦달했다. 그래도 법조계 한참 선배인 나를 향해 수사관이 잡범 피의자를 취조하듯이 대했다. 자신이 묻는 말에 예, 아니요라고만 답변하도록 강요했다. 한번은 내가 화를 참을 수 없어 소리쳤다. "나도 내 말을 할 수 있게 해주세요!" 그 정도로 나를 하대하며 괴롭혔다. 아마 김 변호사 역시 내가 줄곧 해온 사법개혁 주장에 불만을 품어 온 사람인지 모른다. 그들의 눈에 나는 그들이 만들고, 살고 있는 이상세계를 파괴하려고 하는 불순분자에 불과할 것이다.

내가 『로스쿨 교수를 위한 로스쿨』 등에서 언급한, 경북대 로스쿨 내에서 일어난 의혹 중에는 증거가 명백히 포착된 두 건이 있다. 입시 부정 청탁과 또 어느 교수가 입시 면접장에서 전라도민과 노무현 전 대통령 비하 발언 등을 한 일이다. 후자는 면접을 본 학생들의 제보로 언론에도 보도가 되었다. 그러나 둘 다 해당 교수에 대한 어떤 징계도 없었다.

문제가 된 내 글을 이메일로 보낸 사람은 내가 아니고, 또 그 사실이 밝혀졌음에도 그 사람은 무사하다. 그 반면, 내게는 무자비했다. 그 건에 2심의 유죄판결을 받자 확정판결이 나지 않았음에도 기다렸다는 듯이 징계절차를 서둘렀다. 전반적 상황을 둘러볼 때 이것이 어찌 공정한 처결이라고 할 수 있겠는가.

내가 진 이 십자가를 벗고 나도 보통의 사람들처럼 웃고 떠들고 싶은 심정이다. 그러나 나에게만 한정된 일로 생각하여 낙담할 일은 아니다. 인간의 보편적인 숙명으로 감수하는 것이 지혜로운 인간의 모습이리라. 대부분의 사람에게 이런 기쁨이 허여되는 것으로 생각한다. 착각이다. 누구나 자신의 십자가를 짊어진 채 골고다의 그 험한 언덕을 올라가고 있는 것이다.

2016. 12. 24.

성탄 전야 미사에 다녀왔다. 이 기쁜 날 내 마음은 짙은 어둠 속에 떨어져 있다. 오늘 징계에 관한 법조문들을 찾다가 비로소 징계처분이 바로 효력을 발생한다는 사실을 새삼스럽게 알게 되었다. 교원소청심사위원회에 집행정지 신청을 한다 해도 이것이 받아들여지지 않는 이상 나는 며칠 후 바로 정직이 된다. 당연히 1학기 강의 전체를 못하게 된다. 생각했던 것보다 심각한 결과로 이어진다. 하지만 그들은 징계 결정을 하며 이것을 노렸으리라.

지난날 내가 저지른 수많은 과오들에 대해 생각한다. 그것들에 대한 적절한 응징을 받지 않은 채 나 혼자 잘난 듯이 살아왔다. 지금 겪게 된 이 시련과 고통은 내가 응당 받아야 할 것의 작은 부분에 지나지 않는다. 나는 작아져야 하고, 작아진 곳에 그리스도가 임할 수 있게 해야 한다. 이사야 예언자는 말했다. "어둠 속을 걷던 백성이 큰 빛을 봅니다. 암흑의 땅에 사는 이들에게 빛이 비칩니다." (이사야서 9장 1절).

2016. 12. 28.

우리 사회에서 공동체를 위해 바른 소리를 냈다는 이유로 핍박받는 이들이 얼마나 많은가. 내부고발로 나아간 그들이 겪게 되는 처절한 삶의 사투를 무시해서야 어찌 내가 감히 지성을 갖춘 존재라고 말할 수 있겠는가. 과거에는 그런 사람들의 고통을 잘 이해하지 못했다. 겉으로는 이해하는 척했으나 공감의 영역에는 이르지 못했다. 그런데 막상 내가 내부고발자로서 죽음만큼, 아니 죽음보다 더한 고통을 겪으면서 그들이 가지는 보편적인 심정을 누구보다 잘 이해하게 되었다. 실제로 나는 몇 번이나 죽음에의 충동, 유혹을 느꼈다. 사랑하는 가족을 놔두고 혼자 죽어 버리는 사람이 이상하게만 생각되었으나, 지금은 아니다.

2017. 1. 1.

새해 첫날이다. 새벽 6시에 일출을 보려고 집을 혼자 나섰다. 석굴암에 올랐다. 세찬 바람을 맞으며 해를 기다렸다. 하늘 언저리가 붉게 변하기 시작했다. 해는 주위 만물에 도약을 알리며 조금씩 광휘의 얼굴을 내밀었다 이 장관을 보기 위해 모인 많은 사람들과 함께 나도 탄성을 질렀다. 이어서 소원을 빌었다. 올해는 제발 무사평탄하게 지낼 수 있기를. 더럽고 구차스러운 일에 발을 들이밀지 않게 되기를. 그리고 불의한 정권이 제발 무너지기를. 해가 다 떠오르고 난 뒤 석굴암대종을 시원스럽게 타종하고 하산했다.

2017. 1. 11.

내일 막내 지숙이가 대학 정시 실기시험을 치러 간다. 수시 원서를 몇 군데 냈지만 아쉽게 실패했다. 특히 서울대 지역균형 티켓을 받았음에도 언어영역에서 한 문제 차이로 수능 3등급을 맞추지 못해 탈락했다. 수능 당일 지숙이를 데리러 갔는데, 시험을 마치고 나오면서도 펑펑 울었다. 예상하지 못한 문제형식에 당황하며 시간 안배를 그르쳤다. 아이의 우는 모습을 보며 나는 얼마나 가슴이 아팠겠는가. 한국사회는 고등학교 졸업과 함께 장래가 결정되는 경우가 너무 많다.

지숙이는 고3 내내 어려운 문제를 안고 끙끙거렸다. 입시 대비를 소홀하게 함이 눈에 띌 정도였다. 수시에서 모두 실패한 뒤에야 정신을 차렸다. 성악 공부를 열심히 했다. 체력 단련도 게을리하지 않았다. 아무리 말해도 되지 않던 일인데 스스로 해냈다. 하느님을 마음 한가운데 항상 품고 있는 이 착한 아이에게 하느님의 가호가 임하시기를.

2017. 1. 20.

어제 국회에서 열린 '법조계 전관예우 근절방안 모색을 위한 토론회'에 좌장으로 참여했다. 토론회의 주최자인 오신환 의원이 토론회 후 대구지방검찰청의 형사사건이 잘 되었느냐고 물었다.

몇 달 전에 어떤 일로 오 의원을 만나 식사를 한 적이 있었다. 그 자리에서 내가 말한 로스쿨 입학 청탁이 허위라는 이유로 이상율 교수가 날 고소한 사건이 오히려 내게 불리한 상황으로 치닫고 있다고 말한 바 있었다. 오 의원이 법사위 소속이니 만난 김에 그런 말을 했던 것이다.

검찰은 내게 적대적인 태도를 취하며 압박했었다. 이 사건은 지난번 그 건과 같이 결국은 또 기소로 결론을 낼 것이라는 암울한 생각에까지 사로잡혔었다. 그런데 검찰에서 갑자기 전화를 걸어와 내게 유리한 정황이나 증거를 묻곤 했다. 얼마 뒤에는 무혐의결론을 내렸다. 나는 이것이 전 변호사의 증언 녹음이 OBS 뉴스시간에 방영된 일이 큰 영향을 미친 것으로 생각했다. 그러나 오 의원은 자신이 직접 검찰국장에게 두 번이나 공정하게 사건 처리를 하는 것이 마땅하다는 의사를 전했다고 했다. 검찰 수사의 그물에서 빠져나올 수 있었던 것은 다름 아닌 오 의원의 역할 때문이었던 모양이다.

오 의원에게 감사의 말을 전했다. 그러면서도 씁쓰레한 느낌이 들었다. 검찰 수사란 이처럼 외부의 말에 의해 좌우되기 쉬운 고약한 면을 갖고 있다. 경찰 수사는 말할 것도 없고, 법원의 재판이란 것도 경우에 따라서 믿을 수 없게 된 지가 오래다.

2017. 1. 25.

어제 지숙이의 대학 불합격을 확인했다. 입이 떨어지지 않게 침통한 기분이 되었으면서도 어린 지숙이를 위로해 주기에 바빴다. 사람의 성대는 신체기관 중에서 가장 발달이 늦다고 한다. 대학 3, 4학년이 되어야 완성이 된다는데, 당연히 이 무렵에야 성악가는 제대로 기량을 발휘할 수 있다. 더욱이 지숙이는 자기 또래보다 한 살 적은 나이다. 이번에는 아무래도 무리인 것 같다.

삼형제가 함께 먼 여행을 떠났다. 아이들을 보고 싶은 마음이 뭉클 솟는다. 목소리라도 한 번 듣고 싶다. 아이들에 대한 사랑은 바로 내 삶의 원동력이다. 한 번씩 아이들에게 진심으로 감사하다는 생각을 품는다. 너희들이 있음으로 해서 얼마나 내 삶이 풍부해졌는지 모른단다.

조금 전 메일로 내가 국회의 헌법개정특별위원회 자문위원에 선정되지 않았다는 통보를 받았다. 자문위원이라도 되면 조금은 체면이 선다. 정직 3월의 징계로 1학기 강의를 하지 못하게 될 형편에 처한 입장에서는 헌법 개정 작업을 도우며 한 학기를 보낼 수 있었다. 자유한국당의 이주영 의원이 총체적으로 지휘하는 작업이라 나 같은 사람을 넣을 리 없다. 정권의 기반이 흔들리고 있으나, 아직은 그들이 우리를 지배하고 있다. 아쉽다.

2017. 2. 9.

아침에 지숙이 고등학교 졸업식에 참석하기 위해 대구로 갔다. 가면서 초조한 마음으로 교원소청심사위원회에 낸 징계처분 집행정지 신청의 결과를 기다렸다. 9시에서 10시 사이에 문자로 결과를 알려주겠다고 했다. 40분이 넘자 더 기다리지 못하고 전화를 걸었다. 기각되었다는 대답이 돌아왔다. 보통 집행정지는 거의 받아주지 않는다고 하지만, 힘이 쭉 빠졌다. 이로써 이번 1학기 강의 전체를 못하게 됨이 확정되었다. 8월까지의 긴 기간 무엇을 하며 지낼 것인가? 혹시 정권이 바뀌면 내 처지가 조금은 나아질는지. 기댈 곳은 그것밖에 없다.

　오래간만에 시 한 편을 썼다.

나무왕관

　끝이 가까워지면 처음이 보인다
　시간은 거슬러 올라간다
　스쳐 지나가는 주마등
　하나하나에 생기는 순간의 정지

　기쁘고 좋았던 적 없지 않으나
　왜 그랬을까
　뉘우침이 덮쳐 버린다
　이제 조용히 모두 거두어
　나만의 광에 넣는다

　내 작은 안식처
　햇볕 드는 낡은 창문 향해
　가만히 나무로 만든 왕관을 쓴다

가난한 마음으로 드리는 기도

덜 끝난 삶의 매듭 만지며

고요 속에 가라앉는다

2017. 2. 25.

올리버 색스의 『아내를 모자로 착각한 남자』를 다 읽었다. 며칠 동안 읽어 오던 책이다. 뇌에 이상이 생긴 사람들의 임상례를 서술했다. 인간에 대한 깊은 이해와 연민이 돋보였다. 저자의 인간미와 탁월한 통찰은 책을 읽는 내내 즐거움을 주었다.

젊었을 적 나는 엄청난 다독가였다. 초등학생 때 이미 괴테의 『파우스트』나 밀턴의 『실낙원』, 그리고 맑스, 엥겔스의 저작을 읽은 기억이 있다. 4·19세대인 큰형이 모아 놓은 많은 장서를 그냥 방에 박혀 뜻도 모르는 채 읽었다. 난독을 했다고 할 수 있는데, 또 대단한 속독을 했다. 중학생 때 마루에 걸터앉아 앙드레 지드의 『좁은 문』을 30분 정도의 시간에 완독한 기억이 난다. 그 결과 학교에서 역사와 인문학적 지식에 관한 한 출중한 모습을 드러내었다. 그러나 머리가 너무 무거운 아이로 현실에 적응하기 어려운 몽상가가 되었다.

그런 내가 이상하게도 판사생활을 시작한 이래 점점 독서와 거리가 멀어졌다. 과거의 독서를 향한 정열, 독서가 내 존재에 주는 광휘가 사라졌다. 오늘 수십 년 만에 이것들이 살아났다. 비할 바 없는 큰 기쁨이었다. 지금의 내 생활에서 독서가 구명줄 역할을 해 줄 것이라는 자신감이 생겼다. 그렇다. 옛날의 나로 돌아가자. 독서는 이 무의미하고 지리멸렬한 일상에서 나를 건져 줄 것이다. 나는 다시 인격의 완전성을 찾아 뚜벅뚜벅 걸어 나아갈 수 있을 것이다.

2017. 3. 4.

어젯밤 아내, 나, 지숙이는 함께 탄핵 전 마지막이 될지 모를 광화문 촛불집회에 나갔다. 한창 때와 비교하면 참가자 수가 많이 줄었다. 몇 주 전 지숙이와 같이 갔을 때는 워낙 사람이 많아 동아일보사 앞에서 인파에 갇혀 버렸다. 사방에서 조여 오는 압박감에 숨만 겨우 쉴 수 있었다. 안 되겠다 싶어 필사적으로 인파를 헤치고 나왔다.

LED 조명 촛불이 아니라 따뜻한 느낌을 주는 진짜 촛불을 사서 들었다. 지숙이는 연신 선창자의 구호에 맞춰 구호를 외쳤다. 대견스러웠다. 아이들 셋 중에서 사회개혁을 향한 내 의지를 가장 잘 물려받은 애가 지숙이다.

한참을 돌다가 세월호 희생자들을 추모하는 곳으로 갔다. 그 참혹한 일을 생각하니 눈시울이 뜨거워졌다. 박근혜 정권을 이렇게 외진 구석으로 몰고 간 것은 어쩌면 그 어린 원혼들이 한 일인지 모른다. 대통령이라는 사람이 잠이나 자고 머리나 손보고 하는 사이에 아이들은 속절없이 죽어갔다. 무엇보다 박근혜 대통령은 타인의 아픔이나 슬픔에 공감하는 소통의 능력이 현저하게 떨어지는 사람 같다. 자신과 최 씨 일가의 이익이나 챙기며 그 옛날 궁정 시대의 여왕이라도 되는 양 착각에 빠졌다. 민주사회의 이상과 이념을 실천할 의지가 조금도 없었다. 그리고 그녀의 주위에는 간교한 자들이 둘러쌌다.

세월호의 아이들은 어떤 면에서 다시 살아 나왔다. 뚜벅뚜벅 비장한 걸음을 걸으며. 아이들의 눈은 부패하고 무능한 정권, 자신들을 위해 한 움큼의 동정도 베풀지 않은 무정한 정권의 심장, 오직 그 한곳을 겨누고 있을 것이다. 아, 하느님, 아이들의 영혼이 푸른 초장에서 쉴 수 있도록 해주소서.

세월호

도저히 풀 수 없는 슬픔이라면
그가 내는 길 무작정 따라가야지
먼지 펄펄 나는 길 허덕이며 오래 걸으니
저 먼 속에 퍼덕이는 갈매기들
깃털 하나씩 가슴 항아리에 담아
돌아오는 길, 참을 수 없어 꺼이꺼이 울었더라
세월아, 아이들아

2017. 3. 10.

오늘 드디어 박근혜 대통령이 헌법재판소의 탄핵인용 결정으로 대통령직에서 파면되었다. 11시에 생방송으로 중계된 이정미 소장대행의 결정 선고를 들었다. 가족들과 함께 "와!" 하고 탄성을 지르며 기쁨을 나누었다.

나는 오랫동안 헌법학자로서 불편부당한 중립적 성향을 가지고 있다는 사실에 큰 자부심을 가져왔다. 좌도 아니고 우도 아니고, 오직 헌법학자로서 헌법의 밝은 뜻을 규명할 뿐이라는 태도였다. 하지만 이 사건을 겪으면서 변했다. 특히 홍일수의 쪽에 선 것으로 보이는 거대한 힘의 존재를 뚜렷이 느끼면서, 그리고 그것이 불의한 정권에 직접 연결되었으리라는 믿음을 가지면서 중간에 서는 것의 무의미함을 뼈저리게 느꼈다. 또 나는 중간에 섰다고 미소를 지었으나, 대구경북지역사회의 주도적 세력은 무슨 말 하느냐며 언제나 진보 성향의 사람으로 매김을 하고 내게 배척과 불이익을 안겨주었다. 이런 판국에 내가 할 일은 하나밖에 없다는 사실을 깨달았다. 그것은 이 무도한 정권을 패배시키는 것이었다. 이 정권이 물러나야 내가 숨 쉴 수 있는 공간이 마련될 것이다. 그래서 나는 언론에 출연하는 잦은 기회를 활용하여 탄핵의 길로 접어드는 길을 닦기 위해 안간힘을 다 썼다.

국회의 탄핵소추 의결 당시에 나는 언론을 통해 세 가지를 예측했다. 첫째, 헌법재판소의 결정 선고는 2월 말에서 3월 초가 될 것이다. 둘째, 탄핵심판은 자연스럽게 인용 쪽으로 흘러갈 것이다. 셋째, 자연인 박근혜는 그 뒤 형사재판절차에서 엄중한 형을 선고받을 것이다. 첫째의 예측은 내가 언론을 통해 제일 먼저 밝힌 것 같다. 거의 그대로 되었다. 둘째의 예측도 실현되었다. 아마 셋째의 예측도 불행한 일이긴 하나 곧 현실화될 것이다.

텔레비전의 탄핵 관련 생방송 토론회에 참석했다. 서울역 부근에서 차가 막혀 약속시간을 조금 넘겨 겨우 방송국에 도착했다. 우리는 산업화, 민주화를 이뤄낸 위대한 여정을 거쳤다. 그러나 그

과정에 긴 때가 있었다. 대표적으로 정경유착, 인치주의 같은 것을 들 수 있다. 박근혜 씨는 시대착오적으로 그 속에 완전히 함몰되어 있었다. 탄핵결정으로 이런 적폐를 청산할 수 있는 귀중한 기회가 주어졌다. 이것은 우리에게 큰 전환점을 부여할 것이다. 새로운 국가를 건설할 수 있게 할 것이다. 토론회에서 나는 이런 요지의 발언을 했다. 여러 가지 나라의 장래에 관한 걱정의 소리가 터져 나왔다. 그러나 나는 탄핵 후 우리의 미래를 지극히 낙관적으로 바라보고 있다.

2017. 3. 19.

며칠 전 국가인권위원회로부터 다시 큰 모욕을 당했다. 교수를 욕하는 대자보를 붙여, 더욱이 6개월간의 장기간에 걸쳐 그렇게 함으로써 내 인권을 심대하게 침해했으니 이를 조사해 달라는 요청을 국가인권위원회 대구지부에 한 일이 있었다. 오래전 일이다. 그들은 계속 사건을 묵혀 두었다. 그사이 바뀐 담당조사관이 전화를 걸어왔다. 조사관의 거칠고 무례하고 고압적인 태도는 말할 것 없고, 그 조사란 것이 일방적으로 저쪽의 말만을 믿고 인권침해에 관한 내 주장을 내쳤다. 저쪽의 말을 반박할 수 있는 증거 제출 등의 기회를 전혀 주지 않았다. 나아가 학생들을 상대로 진정하는 당신은 과연 교수로서의 자격이 있는 사람이냐는 식의 선입견 가득한 폭언에는 할 말을 잊었다.

대구에서는 이 사건과 관련하여 무엇이든 되는 일이 없다. 경북대학이라는 지역사회의 엄청난 존재, 그리고 그 핵심 구성원들을 상대하는 싸움에 내 이야기를 들어줄 사람은 아무도 없다. 그리고 지역사회의 수구 일변도의 분위기는 그 반대쪽에 섰다고 여기는 내게 언제나 차갑다. 나는 외톨이다. 정권이 바뀌지 않는 한 계속 그럴 것이다.

그래도 국가인권위원회에 근무한다는 자가 어찌 이럴 수 있을까? 잠자리에 들어 통분을 삭히느라 오직 "주님, 주님!" 부르며 잠을 청했다. 아, 나는 들판의 풀잎처럼 세상의 음습하고 불쾌한 바람을 조금의 여과도 없이 그대로 맞고 있다. 벌써 4년째다. 아침에 일어나면 또 하루가 시작되는구나 하는 막막함에 어깨가 내려앉는다.

예수는 말씀하셨다. "이 물을 마시는 자는 누구나 다시 목마를 것이다. 그러나 내가 주는 물을 마시는 사람은 영원히 목마르지 않을 것이다."(요한복음 5장 13-14절) 나는 예수님의 말씀을 마시면서도 여전히 목이 마르다. 그러나 언젠가 목이 마르지 않을 날이 오리라는 희망을 안고 산다.

2017. 3. 26.

22일 세종시에 가서 교원소청심사위원회에 출석했다. 경북대 측의 처사에 대해 열변을 토하며 그 부당성을 지적했다. 그러나 결과는 대법원 판결이 나올 때까지 재결을 연기한다는 것이었다. 맥이 푹 빠졌다. 이미 정직 3월의 기한이 다 되어 간다. 그나마 징계의 감경으로 고통을 덜어 주지 않고, 언제 선고될지 모르는 대법원 판결 뒤로 미룬 것이다. 하지만 재결의 연기는, 대법원 판결이 나오기 전에 서둘러 행해진 경북대의 징계 결정이 옳지 않음을 증명하는 것이다.

일상은 활력을 잃고 늘어진다. 독서를 통해 간신히 생활의 리듬을 지탱하고 있다.

2017. 4. 2.

주일인 어제 성당에 가서 고백성사를 보았다. 주님의 힘을 믿지 않고 내 분노와 원망에 치우쳐 자주 마음을 스스로 괴롭게 하는 것을 죄로 고백했다. 공교롭게 미사에서 주임신부가 그와 같은 내용을 넣어 강론했다. 요한복음 11장의 '라자로의 되살아남'을 주제로 한 강론이었다. 우리가 매사를 주님께 의지하며 그 판단에 자신을 맡기는 것의 소중함을 일깨워 주었다.

나는 오로지 주님만을 의지하며 그 심판을 기다릴 뿐이다. "하느님, 제 권리를 찾아주소서. 불충한 백성에게 맞서 제 소송을 이끌어 주소서. 거짓되고 불의한 자에게서 저를 구해 주소서." (시편 43장 1절) 이 시편의 말씀은 바로 나의 절실한 외침이다.

오후에는 세종문화회관에서 열리는 '4·2 사랑콘서트'를 관람했다. 오늘이 세계 자폐증 인식의 날이다. 대학 동기인 김용직 변호사는 오랫동안 한국자폐인사랑협회장으로 헌신해 오고 있다. 그 결실의 하나로서 이런 행사가 이루어지고 있었다. 콘서트의 첫머리에 가수 이상우 씨가 니의 노래를 했다. 그에게는 자폐아 아이가 있다고 했다. "내가 눈을 감고 죽을 수 있을는지요." 그의 말이 가슴을 아프게 적셨다. 그러나 짐짓 즐겁게 노래를 불렀다. 희비의 극단적인 대조 속에 그가 아버지로서 짊어진 비극성이 크게 증폭되었다. 불행의 나락 속에서 삶의 의미를 밝히는 흐릿한 불을 따라 살아온 아이들과 그 부모들, 그들과 고통을 함께 나누며 지금까지 적선의 삶을 살아온 김용직 변호사에게 감사와 격려를 보내고 싶다. 주님께서 이상우 씨와 그 가족에게 위안을 내려주시기를. 김 변호사를 생각하며 시구 하나를 떠올렸다.

나는 사람들 눈에 띄지도 않을 만큼 작은데
이 큰 사랑이 어떻게 내 몸 안에 있을까?

네 눈을 보아라, 얼마나 작으냐?
그래도 저 큰 하늘을 본다.

(이현주 역, 『루미 시초詩抄』에서)

2017. 4. 16.
문재인 민주당 대통령후보 중앙선거대책위원회에 소속된 공익제보자 지원위원회의 위원장으로 임명되었다는 통고를 받았다. 공익제보는 내부고발을, 조금 격을 높인다고 해서 만들어진 용어다. 민주당에서 내부고발이 얼마나 우리 사회에 중요한 작용을 하는지를 잘 인식하고, 그 반면에 내부고발자가 겪게 되는 고충의 깊이를 이해하며 만든 위원회이다. 또 여러 씽크 탱크를 묶어 최상위의 학자들로 구성된 자문기구 '민주정책통합포럼'의 상임위원 역을 맡았다. 내 앞가림도 못하는 주제에 이런 자리를 맡은 것이 어색했다.

그러나 문재인 대통령을 탄생시키기 위해 최선을 다해 봉사할 작정이다.

2017. 5. 9.

대통령 선거일이다. 투표 마감이 되자 출구조사 결과가 발표되었다. 문재인 후보가 41.4%로 당선이 확실시되는 것으로 나타났다. 텔레비전을 함께 보던 우리 집 식구들은 하나같이 "와!" 소리를 지르며 환호했다. 기쁨은 우리 가족을 하늘로 높이 들어올렸다.

　이제 어두운 한 시대가 확실히 종언을 고하고, 새로운 시대가 도래했다. 물론 새 정부도 여러 가지 어려움에 봉착할 것이다. 국회의원 의석의 분포나 한반도를 둘러싼 열강의 각축, 경제적 불투명성의 확대 등 원활한 국정 수행을 방해하는 여건들이 삼엄하다. 그런 중에도 희망에 차 기대하는 것이 있다. 문재인 대통령의 새 정부는 선의에 기초하여 선의를 관철하려는 정부가 될 것이라는 점이다. 그리고 촛불시민혁명의 불씨를 계속 살려 나갈 수 있는 주체가 권력을 갖게 되었다는 것이 무엇보다 다행이다. 이 정부의 탄생으로 우리가 과거의 어두운 적폐들을 청산하고, 문명사적으로 새로운, 공동체 의식의 비약을 이룬 단계에 접어들 것이라는 강한 기대를 한다.

2017. 5. 11.

새 정부가 들어선 느낌이 내게 확연하다. 이제까지 나를 짓눌러 왔던, 어마어마한 괴물 같은 힘의 존재가 나와 내 가족의 모든 것을 일시에 빼앗아 갈 수 있다는 공포에서 해방되었다. 아침에 잠을 깨면 그 존재를 생각하고 불안에 떨어야 했다. 일상의 생활에서도 그것은 양어깨를 무겁게 짓눌렀다. 무리한 기소, 위증, 법정을 상대로한 방약무인한 행동, 첫 회 기일에 바로 결심하여 무죄를 뒤엎어버리는 2심 재판, 로스쿨 개혁을 주창했는데도 사법시험 존치론자로 몰려 받은 극단의 배척, 입시 청탁을 한 것이 명백한 자가 이를허위사실이라고 하여 고소를 하고, 검찰은 그에 맞장구치며 나를다시 기소하려고 한 일, 나를 허언증 환자로 몰며 강의 거부의 결의를 적은 대자보가 학내 곳곳에 오랜 기간 나부낀 사정 등이 파노라마처럼 지나간다.

이제 세상이 바뀌었다. 촛불시민혁명이 성공하고, 또 정권 교체가 되었다. 적어도 이 정권하에서는 내가 더 이상 전혀 예측 불가능하고 황당한 일들을 당하지 않을 것 같다.

2017. 6. 11.

어제 김상균 부장판사가 멀리서 부인과 함께 찾아왔다. 경주 집별채에서 하루를 머물고 오늘 올라갔다. 김 부장은 법원 내에서바른 소리를 하다가 큰 불이익을 입었다. 김 부장의 할아버지는 명문 가문인 광산 김씨의 적장손이다. 부인은 한국에서 가장 먼저가톨릭 세례를 받은 이승훈 선생의 후손이다.

저녁을 먹으며 김 부장판사가 왜 나를 찾아왔는지 설명했다. 간단히 말하면 내 책 『한국의 사법개혁』을 읽고 큰 영감을 얻었으며, 내가 사법개혁 등의 문제에 관하여 멘토를 해주었으면 한다는 것이었다. 다른 이유가 하나 더 있었다. 김 부장판사는 종교적으로 내가 자신을 인도해 줄 역할을 할 것이라고 믿고 있었다. 한때 정신적으로 격렬한 혼돈을 겪었다고 했다. 그 체험을 통해서 자신이 하느님에게서 받은 큰 역할이 있으며, 그 역할을 찾아 나가는 과정에 내가 신앙적으로 도움을 줄 수 있을 것이라고 했다.

아낌없이 격려했다. 또 친정 모친의 급작스러운 뇌기능 상실로 큰 슬픔에 빠진 부인에게는 이승훈 선생을 비롯한 한국 초기 가톨릭 신자들의 활동상을 정리하는 일을 해보면 어떻겠냐고 권유했다.

별채에서 아주 오래간만에 부부 모두 숙면을 이룰 수가 있었다고 했다. 별채는 새벽이 되어 새들이 지저귀는 소리밖에는 들리지 않는 곳이다. 조금 전 신경주 역사에서 아쉬운 작별을 나눴다. 김 부장판사와 나는 정신적 공동체를 이루어 앞으로도 계속 친교를 유지해 나갈 것이라는 강한 확신이 들었다.

기나긴 침묵

2017. 7. 4.

어제 이삼걸 원장이 전화를 걸어왔다. 내가 교내연구비 연구과제로 제출한 책 『로스쿨 교수를 위한 로스쿨』이 서울지방변호사회의 지원을 받았으니 부적절한 과제 제출이 아니냐고 했다. 새로운 논문을 제출해 달라는 요청을 덧붙였다. 말에 가시가 돋쳐 있었다. 서울지방변호사회의 지원은 출판비 조의 작은 금액이었다. 이 원장은 이것을 문제 삼아 적법한 연구과제의 제출로 인정할 수 없지 않느냐며 대학본부에 유권해석을 요청해 놓았다는 것이다.

발등에 불이 떨어졌음을 실감하며 다른 논문을 꺼내어 정리했다. '한국에 있어서 집행권과 사법권의 상관관계'라는 논문이었다. 김철용 교수의 고희 기념 논문집에 낸 것이었다. 조금만 손질하면 될 것을, 호된 시련을 겪으며 연구에서 손을 떼다 보니 미정리인

채로 놔두었다. 그런데 정리를 마치니 다시 이 원장으로부터 전화가 왔다. 대학본부에서 서울지방변호사회의 지원은 상관없다는 회답을 얻었다며 미안하다고 했다. 이 원장이 내게 유별난 적의를 가진 것은 아니다. 그러나 나를 골탕 먹이려고 이런 일을 캐내어 이원장에게 사주하는 일부 교수들이 존재한다. 적대세력에 포위된 채 안절부절못하는 내 모습이 처량하다.

대학에 적을 두고 있으면서도, 송사에 휘말리자 더욱이 로스쿨 관련자들의 집중공격과 인신공격을 당하면서 펜을 꺾어 버렸다. 연구를 위한 정신적 준비와 여유를 가질 수가 없었다. 더욱이 내가 매명을 위해 거짓으로 로스쿨 입학 청탁이 있었다고 말함으로써 대학과 로스쿨 학생들의 명예를 크게 훼손시켰다는 대자보가 학내 군데군데에 걸리고 나서는 연구실에 나가는 것조차 겁났다. 대자보들은 무려 6개월간이나 걸렸다. 그것이 너덜너덜해질 때까지 누구 한 사람 짓밟힌 내 인권을 생각하며 지나친 일이 아니냐고 나서서 말을 해주는 사람이 없었다. 이런 내가 무슨 연구를 하나 하는 자괴감에서 벗어날 수 없었다. 연구실 안은 전혀 정리되지 않은 채 벌써 몇 년이 흘렀으니 너무나 흐트러진 모습이다. 스스로 황폐화의 길을 걸은 셈이다. 정리되지 않은 채 쌓인 책들 위에는 먼지가 쌓였다.

그러나 누에는 뽕잎을 먹고 살아야 한다. 연구에 손을 놓고 있으며 내면적으로 얼마나 불편했는지 모른다. 한때는 토요일, 일요일에도 혼자 연구실에 나와 열심히 연구에 몰두하던 나였다. 연구력 그 자체에 있어서는 다른 어느 교수에 뒤지지 않았다고 자부했다. 또 한국헌법학회장 등의 학회 회장을 역임하였다. 해방 후 실무 출신의 교수로서는 처음으로 한국헌법학회라는 전국학회의 회장에 투표를 통해 선출되었다. 헌법학회의 실행예산을 무려 다섯 배로 확장시켜 눈에 띄는 변화를 초래했다. 헌법학회장 임기 만료 무렵, 향후 적어도 20년 내에는 신 회장 같은 회장이 다시 나오지 않을 것이라는 평판도 들었다. 여러 언어에 걸친 외국어 능력을 바탕으로 중국, 일본 등 아시아 7개국의 헌법학자들로 구성된 아시아헌법포럼을 창설하였다. 권위 있는 학술상을 받기도 했다. 위풍당당하던 학자로서의 권위가 이번 사건을 계기로 모두 뒤집어졌다. 나는 교수도 아닌 교수로 배척 받으며 어둠의 골목길에서 서성이는 한낱 이름 없는 존재로 전락했다.

이 원장의 전화가 계기가 되어 대신 한 편의 괜찮은 논문을 완성시킬 수 있었다. 아직 내 연구능력이 녹슬지 않았음을 새삼 깨달았다. 그러나 내가 과연 본격적인 연구의 길에 복귀할 수 있을까? 아마 그러지 못할 것이다. 나에 대한 적대적 환경은 정권이 바뀌었다고는 하나 여전한 수구세력의 손에서 놓여나지 못하는 대구의 지역적 특수성 탓에 결코 사라지지 않을 것이다. 내가 취할 수 있는 최선의 방책은 여기서 빠져나오는 것이다. 오로지 그것이다!

2017. 7. 9.

조환길 타대오 대구교구 대주교가 오늘 미사를 집전했다. 미사에서 낭독한 마태오복음의 말씀이 마음을 울렸다. "내가 너희에게 안식을 주겠다."(마태오 복음 11장 28절).

나중에 우리 집 안에 아내와 나의 납골함을 묻었으면 하는 마음이 있다. 경주 집은 내가 30대 후반의 젊은 나이에 세웠고, 심혈을 기울여 가꾸었다. 나나 아내가 죽은 뒤 뼛가루를 마당 한곳에 묻고 그 앞에 십자가를 세우고 이 말씀을 새겨 넣으면 어떨까? 세상에 이 말씀만큼 더 편안하게 들리는 말이 있을까?

믿음은 우리가 비속함으로 흐르지 않게 해준다. 믿음은 점점 더 강한 실체를 띠게 된다. 그래서 우리가 얻게 되는 정신적 고양, 타인에 대한 배려와 사랑의 마음이 짙어진다. 그 속에서 진정한 안식을 얻게 된다.

2017. 9. 2.

어제가 개강일이었다. 1학기에는 징계로 폐강이 되어 강의를 할 수 없었다. 과연 수강자가 들어와 정상적인 강의를 할 수 있게 될 것인지 두려웠다. 6개월 동안 대학과 교육을 머리에 떠올리며 무서움과 자포자기에 시달렸다. 다행히 경북대 로스쿨에서의 나에 대한 싸늘하고 억압적인 분위기에 수긍하지 않는 몇 학생이 수강신청을 해주었다. 정권이 바뀌어 과거처럼 대놓고 불이익을 가할 수 없으니 내게 어느 정도의 자유와 여유가 허용되는 셈이다.

헌법2 강의를 하는데 다행히 전과 다름없는 어조로 차분히 진행할 수 있었다. 강의 뒤 교정으로 나오니 모든 것이 새롭게 보였다. 내게 너무 가혹한 취급을 한다는 생각에 그토록 경원시하던 경북대가 어느새 포근한 보금자리로 느껴졌다. 물론 아직도 나에 대한 적대적인 학생들이나 교수들에게 둘러싸여 있다. 그들은 나에 대한 수업 거부 결의가 여전히 유효하다는 입장이다. 그러나 나는 그들에게 결코 굴하지 않은 채 떳떳한 자세를 유지해 왔다. 앞으로도 그럴 것이다.

저녁에 대학원 강의까지 마쳤다. 집으로 돌아오는 발걸음이 가벼웠다. 우여곡절을 거쳐 나는 다시 대학으로 돌아온 것이다.

2017. 9. 16.

본격적으로 대학 입시철이 시작되었다. 지숙이가 올해는 대학에 들어가야 한다는 압박감이 심하다.

부모의 자식에 대한 사랑은 차별화되지 않는 것이라 해도 여러 아이 중 막내에 대해서는 애처로운 감정이 더해진다. 더욱이 총명하고 공감능력이 무척 뛰어난 아이인데도 대학 입시에 막혀 고생하고 있다. 하느님께 간절한 기도를 드리지 않을 수 없다.

2017. 9. 22.

김한조 선생이 쓴 장편소설 『로스쿨 교수 실종사건』의 표지를 보았다. 이번달 안에 발간된다고 했다. 무척 기쁜 일이다. 이제야 내 억울함을 풀 수 있는 본격적 계기가 마련된 듯하다. 그러면서도 여전히 가슴 가운데에 있는 불안감을 씻어내지는 못했다. 그와 이상율 교수 등 일당이 또 무슨 일로 반격을 가해 올지. 그들의 행동은 예측하기 힘들다. 다만 이제는 검찰과 법원이 과거처럼 그렇게 나를 막 다루지 못할 것이다.

아무리 그들이 수단방법을 가리지 않는다고 하더라도 창작품인 소설에 대하여 직접 구실을 삼기는 어렵다. 때문에 그들은 내가 그 소설의 집필에 관여했다는 것으로 실마리를 풀며 나를 엮어 넣으려 하지 않을까? 물론 내가 그 소설의 내용에 관여한 바는 없다. 다만 자료를 주었을 뿐이다. 소설은 전적으로 김한조 선생의 창작물이다.

2017. 9. 24.

오늘 페이스북을 보다가 깜짝 놀랐다. 박상균 부장판사가 올린 아래의 글을 보았다.

어떻게 말을 시작해야 할지 모르겠다. 나는 정확히 네 시간 전에 ○○○에서 나의 고국인 한국으로 돌아왔다. 지금 나의 마음과 느낌은 뭔가 새로운 것을 깨달은 희열에 충만해 있다. ○○○ 방문 일주일 동안 나는 여러 가지 체험을 했으며, 부끄럽지만 그동안 한국에서의 가까운 시점에서 내 마음속에 똬리를 틀고 있던 불순한 욕망에 대하여 단호한 눈초리로 내 자신의 영혼에 대하여 채찍질을 하며 쳐다보지 않을 수 없었다.

수학자 괴델은 그런 말을 했다. 우리가 어떤 시스템을 정확하게 이해하기 위해서는 일단 그 시스템에서 무조건 벗어나 보아야 한다고. 시간과 공간의 두 가지 측면에서 우리 상황과 벗어난 새로운 각도의 관점으로 내 자신을 옮겨 놓은 뒤, 그 위치의 관점에서 내가 살고 있는 그 시스템을 냉철하고 객관적으로 바라보자! (중략)

내가 일주일 동안의 외국 방문에서 내 마음과 느낌 속에서 계속적으로 잔상을 남기고 있었던 것은, 내가 존경하는 신평 교수님을 테마로 한 '로스쿨 교수 실종사건'이란 제목의 소설이 이번주 중반에 출간되었다는 점이다.

신평 교수님은 한국사회에 있었던 네 차례의 사법파동 중에서 1993년(김영삼 정부)에 있었던 3차 사법파동의 주역이다. 그리고 한국사회의 국민들이 현재 치열하게 공감하고 있는 '전관예우'에 관한 문제를 1993년의 엄혹한 시절에 최초로 선구자의 견지에서 말씀하신 분이다.

또한 우리 국민들은 판사 재임용 거부에 대하여 서기호 판사님을 많이 기억하고 계시지만(서기호 전 판사님은 저의 대학동기이며 존경합니다^^), 신평 교수님은 판사시절에 법관 재임용의 거부를 당한 최초의 사례이기도 하다.

많은 사람들은 신평 교수님에 대하여 잘 기억하지 못한다. 방송과 언론에서 신평 교수님은 거의 주목을 받지 못해 왔다. 신평 교수님이 저술하신 『한국의 사법개혁』이란 책에서 전관예우를 거론하며 개혁을 요구했다는 이유로 법조계에서 팽을 당한 인물로는 문흥수 판사, 방희선 판사(전관예우 문제를 많이 이야기했음), 신평 판사, 정영진 판사 등이 나열되고 있다.

왜 이런 분들은 주목을 받지 못하면서 잊힌 채 살고 있을까? 그 이유는 간단하다. 법조계의 치부를 낱낱이 드러냈기 때문이다. 이런 상황을 과연 누가 좋아할까?

대부분의 법관들이 '사법개혁'을 이야기할 때 거기에는 일정한 한계가 있다. 사법부의 다수를 구성하는 평판사들은 "지금 뭔가 잘못되었다고 하는 국민들의 말씀은 맞는데, 그것은 평판사인 내가 잘못한 것이 아니라 대법원이 잘못한 거예요. 나는 잘못이 없습니다. 믿어 주세요!"라고 외친다. 내가 느끼기에 대법원이 잘못을 정말로 많이 하여 온 것은 맞지만, 그에 못지않게 부장판사와 평판사 등의 사법부의 구성원들도 스스로 많은 잘못을 해왔었다. 이런 생각과 느낌이 나의 솔직한 심정이다(내가 신평 교수님을 찾아뵙고 이런 이야기를 말씀드렸을 때, '박 부장 자신을 위해서 하지 말아라. 동료들로부터 외면당한다.'라는 조언을 들었지만 그 말씀 속에는 신평 교수님 자신의 눈물이 섞여 있다고 보는 것이 저의 솔직한 심정입니다).

이런 까닭에 나는 전국법관대표회의에 대하여 2017년 상반기에 전폭적인 지지를 할 수 없었다. 나는 전국법관대표회의에 대하여 많은 거리를 두었으며, 그것이 직역 이기주의로 흐르지 않는가에 대하여 계속적으로 경계해 왔었다.

나는 후배 법관인 ㅁㅁㅁ 판사를 아끼고 사랑한다. 나는 ㅁㅁㅁ 판사와 운명을 같이하기로 내 마음속으로 결심을 한 지 꽤 오래되었다. 내가 '참회의 기도'를 쓰면서 단식을 감행한 후배 법관인 ㅁㅁㅁ 판사에 대하여 내가 선배로서 할 수 있는 모든 희생을 다하리라고 다짐하지 않을 수 없었다. 신평 교수님을 비롯하여 문홍수 판사님, 방희선 판사님, 정영진 판사님 등에 대하여 우리 사법부의 구성원들은 진지한 태도로 반성하면서 우리 자신을 되돌아보고 참회하여야 한다. 모든 잘못이 대법원에 있는 것만은 아니다.

장황한 이야기를 하다 보니까 균형을 잃었다. 신평 교수님은 지방 명문 대학교의 로스쿨 교수가 된 이후에도 불의에 대하여 '내부고발자whistle blower'의 역할을 실천적으로 옮기다가 극심한 고통의 늪으로 빠져든 것으로 알고 있다. 다만 내가 그 이야기의 상세한 부분은 잘 알지 못한다. 더욱이 이것의 상세한 이야기는 현재진행형이라서 더 나아가 할 수도 없다.

지난 몇 달 동안 나는 신평 교수님을 위하여 여러 차례 눈물을 흘렸다. 이것은 사실 이야기하기가 어려운 부분인데(나도 그렇고, 신평 교수님도 그렇고), 이렇게 어려운 상황에도 불구하고 실천을 하는 부분에 대하여는 천주교인으로서의 소명감에서 하는 영역이 꽤 있다.

아참, '로스쿨 교수 실종사건'이란 제목으로 소설을 쓰신 분은 '김한조'라는 소설가인데, 법원공무원을 퇴임한 뒤 작가로서 활동하고 있는 분이다.

글 전체에 넘친, 나를 향한 따뜻한 인정에 고마웠다. 이 글로 인해 박상균 부장이 법원 조직 내에서 어떤 불이익을 당하지 않도록 하느님께 기도한다. 정권은 바뀌었으나 사법부는 보수의 성채로서의 위용을 전혀 잃지 않고 있다.

2017. 10. 8.

주보에 실린 레오 13세 교황님의 말씀이다. "묵주기도는 악의 해결

책이며 축복의 근원입니다." 하루도 빠지지 않고 하는 내 묵주기도
가 그렇게 되기를 소원한다.

김한조 선생을 만난 것이 하느님의 인도하심이 아니었을까 하는
생각이 가끔 든다. 김한조 선생은 매일 새벽에 산에 올라가서 기도
를 올리는 열렬한 개신교 신자이다. 이번 연휴기간 중에 경주 집에
가족과 함께 와서 지냈다. 매일 가족과 기도시간을 갖는 것을 인
상 깊게 보았다. 『로스쿨 교수 실종사건』은 넓고도 깊은 메시지를
우리 사회를 향해 발할 것이다. 어찌 하느님의 간섭이 없이 이런 일
이 가능했겠는가.

2017. 11. 1.

어제 변호사 사무실에 마지막일지 모를 참고자료를 제출했다. 김
한조 선생의 장편소설 『로스쿨 교수 실종사건』과 그에 관한 기사
등이었다. 대법원 선고가 그동안 너무 미뤄졌다. 대법원은 내 사건
에 관해 기나긴 침묵에 빠져 있다. 그 속내를 가늠하기 어렵다. 하
지만 이제 그 날짜가 다가오는 게 아닐까 하는 예감을 하며 서둘
러 제출해 달라고 부탁했다.

2017. 11. 6.

사건을 담당하여 기소했던 권일문 검사에게 이메일을 보냈다. 오
랫동안 주저주저하며 망설여 왔다. 현실적으로 회답을 기대하기는
힘들다. 그러나 만약 그의 개심이 이루어진다면 대법원에 그 서류
를 보내어 이것이 사건 해결에 결정적 역할을 해줄 것이란 기대를

버릴 수 없었다.

권일문 검사님,

수고가 많습니다. 경북대의 신평 교수입니다.

권 검사의 나에 대한 기소는 대단히 유감이었고, 또 도저히 납득할 수 없는 것이었습니다. 참고로 지금 시중에 나와 있는, 내 사건을 다룬 『로스쿨 교수 실종사건』이라는 장편소설을 한 번 읽어 보시길 권합니다.

무엇보다 호텔에 돌아오기 전 들른 주점을 '전형적 한국식 룸살롱'에서 술 한잔 간단히 하고 나오는 '가라오케 바'로 왜곡, 변조시킨 것이나, 이구만 교수의 나에 대한 유리한 증언을 기록에서 의도적으로 뺀 행위 등은 이해하기 힘듭니다. 이러한 과정에서 혹시 수사과정에 있었던 외압에 관해 솔직하게 설명해 줄 용의는 없는지 여쭙고 싶습니다. 나도 권력의 핵심에서 나온 오더가 아니고서는 권 검사가 내 사건에 그처럼 무리하게 결론을 이끌어내지는 않았을 것이라 봅니다.

이제 그 부패한 권력은 다행히 사라지고 없습니다. 새로운 상황에 맞추어 검사로서의 자세를 곧추세우는 것이 바람직합니다. 호미로 막을 수 있는 일은 호미로 막는 것이 좋지 않을까 합니다. 권 검사가 가지는 고결한 양심에 호소하고 싶습니다. 또한 무엇보다 하느님께서 권 검사에게 진실을 고백할 용기를 주십사 하고 기도드립니다.

2017. 11. 14.

1970년 11월 13일 전태일은 분신자살을 감행했다. 고통과 억압 속에 놓인 하층 노동자들에게 최소한 법에 의한 보장이 주어지기를 염원했다. 그로부터 47년이 지난 어제 마석 모란공원 묘소에서 추모식이 열렸다. 그곳에 한번 가야겠다고 오래전부터 생각해 왔다. 이 일도 내 버킷 리스트의 하나였다. 전태일재단의 이사장을 맡고 계신 이수호 선생이 친절히 안내해 주셨다. 그분으로부터 열사와 가장 지근거리에 있었던 삼동회 멤버 네 분을 모두 소개받았다. 귀한 만남이었다.

묘소에 헌화를 하고 구석으로 나와 있는데, 갑자기 울컥 울음이 북받쳐 올랐다. 흐느끼다 보니 그분에 대한 부채의식에서 조금은 벗어나는 느낌이었다. 그리고 열사의 삶에 내 고단했던 지난날들이 오버랩되었다.

전태일 열사와 전 열사의 존재를 세상에 드러내었던 조영래 변호사는 내 삶의 빛이었다. 그 빛을 따라 나는 나름대로의 고단한 여정을 걸어왔다. 후회하지 않는다. 조 변호사를 만나 교유한 것은 삶의 큰 행복이었다. 또 조 변호사를 통해 전태일 열사의 치열했던 삶을 간접적으로나마 접해 일상의 옷매무새를 바로잡으려고 항상 노력했던 것도 삶의 중요한 요소가 되었다.

2017. 11. 23.

오늘 지숙이가 다시 수능을 쳤다. 지난주 목요일 시행될 예정이던 수능이 포항 지진으로 일주일 연기되었다. 나 자신도 걱정하며 얼마 전부터 초긴장상태였다. 걱정으로 머리를 많이 굴리다가도 주님이 알아서 해주시겠지 하며 안도의 한숨을 쉰다.

요즘 적폐청산 과정의 일환으로 수사를 받던 검사의 자살로 소란하다. 법률저널에 내가 겪은 일과 관련하여 기고하였다.

어느 검사의 죽음을 바라보는 시선

국정원 댓글 수사를 은폐한 혐의로 수사를 받던 검사가 자살하였다. 이를 둘러싸고 설왕설래가 많다. 무엇보다 젊은 나이 창창한 미래를 가진 엘리트 검사가 스스로 목숨을 거둔 사실은 너무나 슬픈 일이고, 더욱이 그의 남겨진 가족들을 생각하면 비극의 끝을 보게 된다.

그러나 우리는 이 문제의 개인적 성격에 갇혀서는 안 된다. 내 자신의 경험과 관련하여 그 이유를 말해 보려 한다.

나는 지난해 봄 로스쿨의 운영실태를 비판한 『로스쿨 교수를 위한 로스쿨』이라는 책을 펴내었는데, 이로 인해 커다란 곤경에 처하였다. 그 책에서 경북대 로스쿨 응시생의 합격을 다른 교수에게 청탁하러 다닌 어느 교수의 이야기가 언급되었다.

입학 청탁의 사실이 허위라고 하여 나는 명예훼손으로 고소가 되었다. 대구지검에서 조사를 받으라는 연락을 받고 검찰청에 가니 분위기가 처음부터 살벌했다. 나에 대한 예우 따위는 애초부터 전혀 없었다. 고소의 정확한 사실을 알고 싶다고 문의하니, 담당 수사관은 그런 것은 알 필요가 없다고 일축했다. 하지만 그 수사관은 나중에 나에게 일말의 동정을 느꼈는지 거주지를 이전하여 대구지검의 관할을 벗어나도록 하라는 조언을 해주었다. 당장 구차스럽게 그렇게 할 형편은 되지 못했으니 결론은 정해져 있었다. 이 사건에서 입학 청탁 현장을 목격한 증인의 생생한 증언이 있는데도 말이다.

그 무렵 우연히 오신환 의원과 여의도에서 저녁을 하게 되었다. 오 의원에게 내가 처한 억울함을 한탄했다. 나중에 안 일이나, 법사위원인 오 의원은 검찰국장에게 전화를 걸어 공정한 수사를 요망하였다. 검찰국장은 다시 대구지검장에게 전화를 한 모양이다. 갑자기 대구지검의 그 사건에 대한 분위기가 확 바뀌었다. 결국 무혐의로 끝났다.

몇 달 후 국회 세미나장에서 오 의원을 만나 이야기하다가 비로소 그가 검찰국장에게 말한 사실을 알았다. 전혀 생색을 내지 않고 나에게 알리지 않은 채 조용히, 검찰의 부당하고 야만적인 사건 처리를 막아준 그의 고상한 인품이 무척 돋보였다.

대구지검의 그 수사관 혹은 수사 지휘를 한 검사는 위로부터의 오더를 받아서 나를 어떤 일이 있더라도 엮어 넣으려 했음에 틀림없다. 나와 개인적 원한이 없는 다음에야 입학 청탁에 관한 분명한 증거가 있는데도 불구하고 입학 청탁은 가공의 허위사실이라는 결론을 이끌어내려고 할 리가 없는 것이 아닌가. 그들이 윗선에서 받은 지시대로 그대로 따랐다고 하여 아무 책임이 없단 말인가! 그로 인해 희생되는 나는 도대체 무슨 존재란 말인가!

내가 오랫동안 판사를 하고, 변호사로 존경을 받았으며, 로스쿨 교수로 다년간 봉직해 왔다는 따위의 점들을 그들은 전혀 고려하지 않았다. 내가 이런 어처구니없는 일을 겪었는데, 그러면 도대체 돈 없고 빽 없는 국민들은 어떻겠는가. 검찰이 동료의 부탁이나 지시를 받고 부당한 사건 처리를 하고, 또 법원은 검찰이 어련히 알아서 기소했겠느냐는 안이한 선입견으로 잘못 재판한 사건 수가 적다고는 할 수 없을 것이다.

나는 수십 년간의 법조인 생활을 하면서도 알아차리지 못했던 거대한 악마를 비로소 보았다. 그리고 그 악마가 만들어내는 비열한 미소를 보며 진저리를 쳤다.

마침 최순실의 태블릿 피씨가 발견되는 일이 일어났다. 나는 기를 쓰며, 당시 전열을 갖추어 가던 JTBC에 네 번이나 나가면서 악마적 권력의 해체를 위한 일에 동참했다. 나에게 주어진 언론 노출의 기회를 최대한 살려 탄핵정국의 길을 열려고 노력했다. 물론 촛불집회에 사랑하는 딸과 함께 열심히 나갔다. 이어서 문재인 후보의 당선을 위해 미력이나마 다했다. 가두유세까지 했다.

검사가 조직의 위로부터 내려진 지시를 따랐다는 이유로 그 책임을 감면받을 수는 없다. 그로 인해 곤경에 처한 나 같은 개인이 겪는 불행이나 우리 공동체의 손상된 공익을 어찌 생각하지 않을 수 있는가.

이제 이런 식의 이야기는 하지 말자. 오직 권력이 보다 공정하게 작동되도록 힘을 모으자. 힘없고 빽 없는 국민이라도 안심하고 살 수 있는 사회를 만들자. 그러기 위해 적폐청산은 반드시 이루어져야 하고, 그리고 그럴 때 촛불혁명은 비로소 본연의 가치를 가지게 된다. (긴 이야기 읽어주어서 감사합니다. 다만 대다수 성실하게 자기 직분을 다하는 검사와 판사들의 마음을 상하게 하지 않았을까 걱정합니다.) (법률저널, 2017년 11월 15일)

2017. 12. 31.

올해의 마지막 날이다. 지숙이의 입시가 올해도 성공하지 못했다.

웬일인지 아직 대법원의 판결이 선고되지 않고 있다. 주위의 변호사들은 그럴수록 좋은 것이라고 한다. 파기환송을 위한 이유 마련에 시간이 걸리시 상고기각을 하기 위해서는 시간을 끌 필요가 없지 않느냐고 한다. 그럼에도 너무 늦다. 벌써 1년을 훌쩍 넘겼다. 불안하다. 더욱이 주심 권순일 대법관의 성향을 떠올리면 더욱 그렇다. 이렇게 답답한 분위기에 눌려 지내긴 하지만, 나에게 주어진 것들에 만족과 감사의 마음을 품는 것이 마땅하리라.

2018. 1. 1.

수한이와 함께 어두컴컴한 새벽에 일어나 토함산 석굴암에 새해 해돋이를 보러 갔다. 이 아이와 함께 의미 있는 행동을 같이하는 것이 참으로 오래간만이었다. 꼭 나와 함께 그곳에 가겠다고 수한이가 말해 이루어진 일이다. 둘은 추위에 떨며 일출 사진 몇 장을 찍었다.

충효성당 미사에 갔다. 성체를 취하고 제대를 올려 보는데, 예수님께서 흐릿한 영상으로 보였다. "나를 따라오너라."라고 말씀하시는 듯했다. 이제 신앙이 없는 내 여생은 생각할 수 없게 된 것 같다.

2018. 2. 13.

잠을 제대로 자기가 어려웠다. 지난밤에는 어수선한 꿈이 숙면을 방했다. 아침에 일어나니 모래 뿌려 놓은 것처럼 머리가 서걱거렸다. 몸에 움직일 기력조차 없었다. 꿈속에서 나는 이판규 교수에게 여러 가지로 허리를 굽히며 사정을 했다. 이 교수는 오만불손한 자세로 시종 나를 깔보며 하대했다. 대학 내 형편은 내게 더욱더 나빠졌다. 나는 지푸라기라도 잡는 심정으로 자존심을 내팽개친 채 이 교수에게 매달렸던 것이다. 대학에서 겪는 시련이 한심스럽고 안타깝기만 하다. 정권이 바뀌고 많이 좋아지긴 했으나, 여전히 나는 외톨이다.

그동안 많은 일들이 일어났다. 대구교육감 출마를 권유받고 고심을 거듭했다. 정초에 발표된 대구지역 여론조사 중 어떤 것에서는 내가 수위로 나왔다. 나는 대구교육감은 이번에 진보 쪽으로 넘어올 것이라는 확신을 하였다. 그리고 그렇게 되면 이것은 수십 년간 이어 온 대구경북의 왜곡된 정치지형을 바꿀 수 있는 결정적 계기가 될 것으로 판단했다. 고심을 거듭했다. 그리고 강경보수세력인 강은희 전 의원이자 여성가족부 장관을 격파하는 것이 요체라고 판단하여, 후보로 거론되는 사람들의 단일화 작업에 나서 바쁘게 움직였다. 단일화만 어느 정도 이루어지면 당선은 거의 확실하다는 판단을 했다. 그 과정에서 정만진 선생이 두 번의 교육감 출마 실패를 딛고, 이번에는 필생의 과제로 다시 꼭 나서고 싶다고 하였다. 내가 양보하기로 했다. 어제 기자회견 석상에서 정만진 선생을 지지하는 선언을 하고 나는 물러 나왔다.

그런데 그 뒤 중앙에서 중요한 기관을 맡게 된 김이조 교수가 경주 집에까지 찾아와 대구시장 출마를 권유했다. 대구교육감과는 달리 대구시장은 확신할 수 없었다. 촛불시민혁명의 열기가 대구에서도 수구세력의 철판을 녹여 낼 수 있을까, 정권의 교체가 어느 정도 영향은 미친다 해도 역부족이 아닐까 하는 생각에서 벗어날 수 없었다.

대법원은 여전히 내 사건에 관해 어떤 다른 변화도 보이지 않는다. '상고이유 등 법리 검토 개시'나 '법리·쟁점에 관한 종합적 검토 중'이라는 문구가 떠 있을 뿐이다.

2018. 2. 22.

무엇보다도 기쁜 일이 생겼다. 지숙이가 드디어 대학에 합격했다. 5차 충원에 겨우 합격하긴 했지만. 지난 11년간의 그 대학 합격자 통계에서 추가합격자를 분석하면 무난하게 합격했어야 한다. 그럼에도 그동안 충원의 긴 과정을 거친 셈이다. 5차 충원 종료시간인 밤 9시의 5분 전에 합격 전화가 걸려 왔다. 우리는 모두 환호성을 질렀다. 지숙이는 눈물을 펑펑 흘렸다.

미투운동의 촉발로 사회분위기가 급격히 변하고 있다. 내 사건이 올바르게 해결될 수 있는 전기도 마련될까? 이 사건은 교수의 성적 일탈을 지적했다는 점에서 미투운동과 궤를 같이한다. 또 개인적 소신에서 미투운동이 초래할 엄청난 사회변혁의 효과에 주목하여 꼭 이것이 성공해야 한다고 믿고 있다. 그래서 대학사회의 어두운 한 면도 말끔히 몰아내야 한다. 교수들이 사적 권력화되어 일부에서 학생들을 상대로 성의 착취 등 무분별한 짓을 적지 않게 저지르고 있다. 그러나 한국의 엄격한 명예훼손법제와 검찰, 법원의 실무례를 생각하면 어두운 전망을 갖지 않을 수 없다. 미투운동이 성공해야 한다는 조바심 속에서 연재 중인 주간동아에 두 개의 칼럼을 연이어 기고하였다.

미투운동의 확산을 기다린다

미투(#MeToo)는 "나도 당했소!" 하는 뜻이다. 남성이 여성에 대한 일방적 권력관계에서 저지르는 성적 괴롭힘Sexual Harassment, 성적 농락Sexual Abuse, 성폭행Sexual Assault 등 성적 비위Sexual Misconduct를 대사회적으로 고발하는 미투운동이 한국에서도 불이 당겨졌다. 작년 할리우드 거물 영화제작자 하비 와인스틴Harvey Weinstein의 여배우들에 대한 성폭력 행사의 폭로로부터 시작하여, 마치 봇물 터지듯 세계 각지로 번져 나갔다. 타임지는 2017년 '올해의 인물Person of The Year'로 조금은 생뚱맞게 이 운동을 뽑았다.

한국에서는 그동안 군대 등 일부 특수집단에서의 성폭력이 알려지긴 했어도 찻잔 속의 태풍에 지나지 않았다. 그러던 것이 지난달 서지현 검사의 용기 있는 고백으로 우리 사회에 거대한 광풍의 소용돌이를 야기하였다. 아마 국민들은 이렇게 생각하였으리라. 아니, 아무리 여자라도 검사가 저 지경에 처하는데 도대체 얼마나 많은 성폭력 피해자가 있겠는가? 아, 우리가 지금껏 일부러 눈을 감아 왔던 코끼리가 갑자기 정체를 드러내며 우리 앞으로 돌진해 오고 있는 형국이다.

남성의 여성에 대한 성폭력은 인류의 오랜 유산이다. 아이의 양육 책임을 지지 않은 채 자신의 유전자를 전파하고자 집착하는 것에 남성의 속성을 파악하는 진화심리학의 견지에서 보면 수긍되는 사실이다. 그런데 성폭력은 지배종속이 보편화된 군대 내에서 그것이 가장 위험한 형태로 나타날 수가 있겠고, 엄격한 조직체계를 선호하는 기업에서 흔할 수 있다.

한국사회에서 법원, 검찰은 어쩌면 성평등지수가 가장 높은 곳이다. 그럼에도 서지현, 임은정 검사 같은 불행한 희생자가 생겼으니 다른 사회영역은 오죽하랴! 다만 판사나 검사는 접대의 대상이 되는 경우가 많은데, 그래서 직장 밖의 유흥업소 종사자에 대한 잘못된 행동은 오히려 더욱 잦을 수 있다. 필자도 과거 오랫동안 법조계에 종사하며 그런 경험이 많았다. 젊은 혈기에 탓을 일부 돌리면서도 자주 깊은 회한과 자책의 괴로움에 젖는다.

현재는 고은, 이윤택이라는 문화계 인사가 전면에 드러나고 있다. 하지만 예측컨대 아마 앞으로 종교계와 대학가에서 미투운동이 더욱 거센 불길을 일으키지 않을까 한다. 그곳은 심리적 지배종속의 정도가 강하고 질긴 만큼 성적 지배, 착취의 취약영역이기 때문이다.

필자는 대학에서 20년 가까이 종사하여 와서 대학사회를 잘 안다. 이곳에서 학점이나 학위를 매개로 맺어지는 불평등하고 일방적 지배관계를 자주 보아 왔다.

아끼던 제자가 갑자기 힘을 잃고 방황하는 것을 보았다. 어느 교수에게서 심한 취급을 받았다는 풍문을 언뜻 들었다. 조용히 물어보았다. 그러나 그 제자는 내 말에 대답은 하지 않은 채 굵은 눈물만 뚝뚝 떨굴 뿐이었다. 그 잔상이 여태껏 머릿속을 맴돈다.

적지 않은 교수들은 중국 같은 곳에 가는 경우 미리 유학생이나 지인을 통하여 '물 좋은 곳'에 예약해 둔다. 한국인들은 희한하게 아시아권에 진출하며 어느 곳이나 성매매를 하는 한국식 룸살롱을 반드시 만들어 놓았다. 그런 곳에 들러 성매매 한 번 하고 오려고 광분하는 교수가 없지 않다. 눈에 불을 켜고 틈을 엿본다는 표현이 어울릴 정도다.

소수이긴 하지만 일부 교수들의 위태로운 성의식이 대학가에 넘실거린다. 미투운동이 대학가, 종교계에 하루빨리 퍼져나가기를 고대한다. 그래야 우리 사회에 21세기에 부합하는 성평등관계가 정립될 수 있을 것이다. 미투운동은 인류 사회의 오래된 치부를 청산하는 위대한 문화혁명이다. (주간동아, 1127호)

미투의 걸림돌

미투운동이 심상찮다. 비리의 폭로와 해원解寃의 차원을 훨씬 벗어났다. 우리 사회 전반에 걸쳐 남녀 성의식의 각성을 일으키는 거대한 쓰나미가 닥쳐오고 있음을 여실히 보고 있다.

미투운동의 확산을 거치며 이미 여러 명의 영웅이 탄생했다. 그런데 그들 중에서도 서지현 검사의 역할이 무척 두드러진다. 서 검사가 아니었으면 절대 그 운동이 이렇게까지 힘을 얻지는 못했을 것이다.

원래 한국사회는 미투운동이 일어나기에 아주 척박한 토양이다. 세계적으로 보아 대단히 엄격한 처벌을 가하는 명예훼손법제, 그리고 개인보다 조직을 우선시키는 사회 전반의 체계 등으로 남성이 권력적 지위에서 여성에게 행하는 성적으로 잘못된 행동은 묻히기 십상이었다. 지금까지 줄곧 그러했다. 그러나 일반인의 인식에서 보아, 대단한 법집행자인 서 검사가 피해자로서 말을 터뜨리자 아연 전 국민의 시선이 이리로 향했고 이어서 전 국민적 파문이 일어났다.

그런데 아직까지는 확산일로에 있으나 한국사회의 거친 토양을 고려하면 언제라도 미투운동에 브레이크가 세게 걸릴지 모른다. 그 이유를 살펴보자. 그것은 곧 미투운동의 걸림돌로 작용하는 것들이다.

우선 한국의 명예훼손법제는 세계적 시각에서 보아 너무 엄격하다. 명예훼손행위에 대한 형사법적 처벌을 원칙적으로 배제하는 미국 등의 법제를 말할 것도 없다. '유엔시민정치적 권리에 관한 규약(ICCPR)'은 가장 심각한 명예훼손의 경우에만 형사처벌이 고려될 수 있는 것이고, 더욱이 징역형은 절대 허용할 수 없는 것이라고 명시하였다. 우리는 물론 징역형도 과할 수 있다.

어디 거기에 그치는가. 심지어 진실한 사실을 발설한 경우에도 처벌할 수 있도록 되어 있다.

법제에만 문제가 있는 게 아니다. 더 심각한 문제가 있다. 바로 검찰과 법원에서의 법적용 과정에서 나타나는 문제다. 원래 우리 사회는 군사문화의 잔재랄까 다양화를 잘 받아들이지 못하는 단선적 문화배경에서 오는 것이랄까. 내부고발자 즉 공익제보자에 대해 뿌리 깊은 편견, 선입관을 보이고 나아가서는 적대감을 너무 쉽게 표출한다. 더욱이 법원과 검찰은 일반인이 생각하는 것과는 달리, 상상 이상으로 계급과 서열로 갈라지며 상급자가 하급자를 촘촘하게 지배하는 관료사회이다. 엄격한 조직문화에 젖은 판사와 검사들에 의해 지금까지 법원과 검찰에서는 공익제보자에 대해 심히 불리한 취급을 해왔다. 그중의 대표적인 처사가 공익제보자에게 입증책임을 사실상 부과시킨다는 것이다. 즉 미투를 하는 사람에게 언제 어디서 그런 성폭력이 행해졌느냐를 입증할 책임을 부담시키고, 이를 입증하지 못하면 명예훼손으로 걸어 유죄로 해버린다는 것이다. 사진이나 녹음 등 확실한 증거가 없으면 발설자가 오히려 당해 왔다는 뜻이다. 한편으로는, 그런 치밀한 남성적 조직사회일수록 남자의 아랫도리 일은 건드리는 게 아니라는 도착된 성의식의 강도가 심하다.

물론 대법원에서는 수차에 걸쳐 입증책임을 검사가 부담하는 것이라고 판시해 왔다. 그럼에도 일선의 수사기관이나 법원에서는 이를 잘 따르지 않는다. 의견과 사실 이분론을 대법원이 채

택하여 언론의 자유를 보다 잘 보호하려고 했음에도 상당기간에 걸쳐 지방법원, 고등법원에서 이를 받아들이지 않았던 것과 같은 맥락에서 바라볼 수 있다.

미투운동의 불을 꺼지게 할 수 있는 장애요소가 엄연히 존재한다. 또 지금 운동에 대한 반동, 역풍이 서서히 일어나고 있음을 보고 있다. 우리 생애 다시 보기 힘든 이 위대한 문화혁명이 성공할 수 있도록 지혜를 모아야 할 때다. (주간동아, 1129호)

2018. 3. 4.

"나에게 힘을 주시는 분 안에서 나는 모든 것을 할 수 있습니다." (필리피서 4장 13절) 2000년 시드니 올림픽에서 금메달을 딴 미국의 여자 다이빙 선수 로라 윌킨스가 그 경기뿐 아니라 삶에서 견디기 힘든 순간이 닥칠 때마다 암송했다는 성경 구절이다. 우리는 우선 내 자신의 힘으로 할 수 있는 일이 거의 없음을 깨닫고 고백해야 한다. 그리고 전능하신 그분에게 온전히 의탁할 수 있는 믿음을 가져야 한다. 그분의 힘을 빌려야 우리에게 다가온 어려운 일을 해결할 수 있다.

아내와 함께 집과 밭을 정리하는 작업을 힘겹게 하고 있다. 매일같이 땀을 뻘뻘 흘리며 노동을 하고 있다. 손톱에 흙이 들어가 깨어졌다. 약간만 닿아도 아프나 밴드를 매일 갈아 끼우면서도 밭일을 멈추지 않는다. 생의 마지막을 이곳에서 농사를 지으며 살 요량으로 하는 준비 작업이다.

2018. 3. 15.

오늘 대한민국법률대상을 수상한다. 수상 후 스피치할 소감문은 미리 작성했다. 과거 이 상은 헌법재판소장이나 헌법재판소 재판관, 대법관을 지낸 사람들을 대상으로 시상해 왔다. 이례적으로 올해는 사법부문의 수상자로 나를 지명했다.

철들고 나서 지금까지 제 인생은 줄곧 'marginalized life'였습니다. 변두리로 밀려난 하찮은, 시시한 인생이라는 뜻이겠습니다. 그런 제가 고귀한 이 자리에 서서 더욱이 저와는 비교도 되지 않을 업적을 쌓으신 분들과 함께 수상한다는 것이 너무나 과분하고 어색하게 느껴집니다.

한 가지 제가 남달랐다는 점이 있다면, 공정한 재판의 실현을 위해 외쳐 왔다는 것입니다. 그러나 길고 긴 침묵이 따랐을 뿐입니다. 세계적인 조류에서 떨어진 채 '갈라파고스섬'에 갇힌 한국 사법부를 도저히 끄집어낼 수 없었습니다. 사법의 독립과 함께 사법의 책임이 굳건히 자리 잡는 선진 사법부를 그리며 외로이 수십 년의 세월을 견뎌 왔습니다.

위대한 촛불시민혁명으로 새로운 민주정부가 들어서고, 우리 사회는 새로운 방향을 바라보며 열심히 움직이기 시작했습니다. 사법부와 검찰, 그리고 경찰에서도 참신한 기풍이 조성되고 있습니다. 오직 바라기는, 이제 이 땅에 잘못된 사법 처리로 억울한 사람들이 더 이상 생겨나지 않게 심기일전하여 정의로운 사법 시스템을 만들어 가야겠습니다.

초야에 묻혀 사는 이름 없는 저를 캐내어 큰 상을 주시는 법률소비자연맹의 김대인 총재님과 여러 임직원 여러분들의 노고에 깊이 감사드립니다. 이 시상은 곧 올바른 사법을 세워 가기 위한 고귀한 뜻의 발현이라고 봅니다. 여생 동안 그 뜻에 부합하려고 노력하며 살아가겠습니다. 거듭 감사드립니다.

요즘 들어 비로소 사법개혁이나 내가 주장해 온 것들에 대해 언론들이 관심을 보이기 시작했다. 세계일보 김용출 기자가 어제 '결국, 다시 사람'이라는 난의 첫 번째 인터뷰이로 나를 선정해 보도했다. 세계일보의 보도는 처음으로 내부고발자로 일관한, 고난에 찬 내 인생 전체를 조망하였다.

신평 "미투는 문화혁명…
사법부, 독립과 함께 책임성도 강조해야"
'영원한 내부고발자' 신평 교수 인터뷰

"구체적인 사건에 관해 판사실에서 돈이 공공연히 오고 가는 것에 거부감을 느낀 배석 판사가 말을 잘 따르지 않는다고 해 부장판사가 온갖 모욕까지 서슴지 않는 모습을 직접 목도한 일이 있다."

한 주간지 1993년 5월 27일과 6월 10일 자에 실린 그의 기고문의 일부다. 판사실 안에서 공공연히 금품수수가 일어나고 있고, 이에 반발한 후배 판사를 오히려 모욕한다는 충격적인 내용이었다.

현직 판사의 기고였기에 여론은 들끓었다. 법조계는 발칵 뒤집혔다. 일부 상급자는 그를 호출해선 "이럴 수가 있느냐"고 호통을 쳤고, 상당수 법조인들은 그에게 손가락질했다.

그는 결국 1993년 9월 1일 자 법관 인사에서 재임용에 탈락했다. "사법부 개혁을 위한 충정에서 기고한 것"이라는 해명은 받아들여지지 않았다. 현행 헌법하에서 판사 재임용 탈락 1호.

항상 이런 식이었다. 그는 자신이 몸담고 있는 조직 내부를 향해 고발을 이어 왔고, 조직은 강하게 반발하며 도리어 그를 공격했다. 그는 '휘슬 블로워whistle-blower', 내부고발자였다.

신평(62) 경북대 법학전문대학원 교수의 이야기다. 1993년 판사실 돈봉투 폭로에 이어 그는 2014년 동료 교수 성매매 의혹, 2016년 로스쿨 문제점 등 내부고발을 이어 왔다.

자신이 속한 조직 내부의 아픈 부문을 지적했기에 반발도 역시 컸다. 재임용에 탈락하거나 징계를 받았고, 심지어 '명예훼손' 등의 혐의로 벌금형을 선고받았다.

내부고발자로서 그의 파란만장한 삶은 소설가 김한조 씨의 장편 『로스쿨 교수 실종사건』으로 소설화되기도 했다. 김 씨는 그를 독일 나치 만행을 폭로한 평화주의자 에밀 굼벨 교수 같다고 표현했다.

서지현 검사의 내부고발 이후 미투(Me Too·나도 당했다) 열풍이 대한민국을 휩쓸고 있는 가운데 오래전부터 내부고발을 계속해온 신 교수를 지난달 23일 오후 서울 성곡미술관에서 만났다.

아직 늦추위가 곳곳에 똬리를 틀고 있었는지 그는 잠바를 입고 나왔다. 손에는 책과 서류가 담긴 두툼한 노란 봉투가 들려 있었다.

미투 열풍 속에서 신 교수의 내부고발을 다시 한번 들여다보는 한편, 김명수호의 사법개혁에 대한 그의 의견과 조언도 들어봤다. 다음은 신 교수와의 일문일답.

― 먼저 1993년 사법부의 내부 문제를 고발한 얘기를 하지 않을 수 없다.

"앞서 1990년 펴낸 책 『일본 땅 일본 바람』에서 한국 판사들의 일부 일탈 행위를 언급했다. 그게 판사들의 분노를 샀다. 주간지는 내 책을 보고 기고 요청을 했고, 처음에는 몇 번 거절했다가 '내가 아니면 누가 쓰겠나' 하고 생각해 기고하게 됐다. 다 좋았는데 법관 판사실에서 돈봉투에서 돈이 오간 것으로 들었다는 식으로 언급한 것이 파문을 낳았다."

― 부장판사와 관계가 좋지 않았을 것 같은데.

"1983년 9월 1일 판사 발령을 받은 뒤 처음 맞는 추석이었다. 당시 인천 변호사회 회장이 촌지를 돌렸다. 부장과 우배석 판사에게 준 뒤 좌배석 판사인 내게도 오더라. 그때만 해도 정의감이 살아 있어 '회장님, 저는 받을 수 없습니다'고 하니까 연세 많은 변호사회장의 얼굴이 흙빛이 됐다. 새파란 후배가 관행적으로 주는 봉투를 거절했으니 얼마나 모욕감을 느꼈겠느냐. 얼굴색이 변하는 걸 보고 '아 받지요' 하고 받았다. 당시 그런 정도의 의식을 가진 내가 부장판사의 행태를 보고 어떻게 불만을 갖지 않았겠느냐. 부장판사와 자꾸 어긋났다. 최근 들어 안 사실이지만, 인천 어부들의 간첩 조작 사건도 이 재판부에서 벌어진 사건이었다. 당시 부장판사가 다 했다. 합의부라 했지만 '합의'라는 건 존재하지 않았다."

신 교수는 결국 판사 임용 10년 만인 1993년 9월 1일 자 판사 재임용에 탈락했다. 그의 재임용 탈락을 놓고 의견이 분분하지만, 사법부의 잘못된 행태를 내부고발한 것이 결정적이었다는 분석이 많다.

― 복직 움직임도 있었지만 결국 변호사 개업을 했는데.
"재임용에 탈락한 이후 일각에서 과도한 처분이었다는 말이 나오면서 (윤관 대법원 체제에서) 복직 움직임이 있었다. 그때 나는 복직을 기다리며 하는 일 없이 도시락 싸들고 (대구의) 용지봉에 오르곤 했다. 마음이 아주 맑은 상태여서 나비나 잠자리를 보고 '나비야 이리 오너라, 잠자리야 이리 오너라' 하면 내게 내려앉았다. 모든 걸 포기한 순수의 세계였다. 이듬해 1월이 되니 '다시 재임용을 받는다 한들 무슨 의미가 있겠느냐'는 생각이 들어 1월 20일쯤 개업했다."

신 교수는 개업 초기 사건 수임이 되지 않아 어려움을 겪었지만 법원 안팎에서 동정 여론이 형성되면서 많은 사건을 맡게 됐다.

변호사를 5년 정도 한 그는 1997년 대구가톨릭대 겸임교수로 초빙된 뒤 전임교수를 거쳐 2006년부터 경북대에서 강의하고 있다.

2014년 8월 22일. 신 교수는 경북대 인터넷 게시판에 동료 교수 B씨의 공무 출장 중 성매매 의혹을 제기했다. 하지만 검찰은 B교수의 성매매 의혹이 사실이 아닌 것으로 판단하고 그를 명예훼손 혐의로 기소했다.

— 4년 전 동료 교수의 성매매 의혹 제기는 요즘 미투 같은데 증거나 정황이 있었는가.

"저는 B 교수랑 같이 중국 출장을 갔다. 그런데 제가 호텔에 자고 있는데…(생략), 다음 날 원화로 환산된 금액을 돌려받으며 좋은 시간을 보냈다는 취지의 말도 들었다. (수사 및 재판과정에서) 호텔에 들어가기 전 들른 술집은 한국식의 룸살롱인데도 단순한 찻집으로 둔갑시키더라."

신 교수는 폭로 이후 명예훼손 등의 혐의로 기소됐고 1심에서 무죄를 선고받았지만, 2016년 2심에선 벌금 500만 원을 선고받았다. 그는 "상고했는데 대법원에서 아직 판단하지 않고 있다"고 전했다.

신 교수는 2016년 3월 로스쿨의 부실한 실무 교육 실상을 비판한 책 『로스쿨 교수를 위한 로스쿨』을 펴냈다가 다시 곤욕을 치러야 했다.

— 국내 로스쿨은 도대체 뭐가 문제인가.
"책은 로스쿨 입학 비리로 화제가 됐지만, 로스쿨의 본질적인 문제는 교육과정이 너무 허술하다고 지적했다. 본질적으로 3년 과정에 이론과 실무를 충실히 제대로 된 법조인을 길러낸다는 전제 자체가 잘못이다. 한국은 대륙법체계에 속한 나라인데 대륙법 특성을 전혀 고려하지 않고 막연히 미국 제도가 좋으니까 해보자 하면서 밀어붙인 그 방자와 오만이 파탄 원인이 됐다. 로스쿨에 들어가기 위해 학부 성적이 얼마나 중요한가. 서민 가정에서 태어난 아이들은 알바를 하지 않을 수 없고, 그러면 로스쿨에 못 들어간다. 있는 집안 자식들만 로스쿨에 들어가는 구조다."

— 학생이나 구성원이 문제인지, 시스템 자체가 부실한 것인지.
"시스템이 문제다. 3년 안에 할 수 없는 걸 하려고 하면서 부실하게 된 것이다. 교육과정이 부실해 변시(변호사시험)에 합격해도 빈약한 실력을 갖춘 변호사가 된다. 여기에서 또 문제가 나온다. 그나마 아버지 할아버지 등 영향력 있는 사람이 있으면 좋은 로펌에서 제대로 된 수업을 받고 훌륭한 법조인의 길을 걸을 수 있지만, 그렇지 못한 집안 자제는 밑바닥만 깔아 준다. 부모에 의해 법조인 장래가 결정되는 건 아주 잘못이다."

— 문재인 정부의 사법개혁은 어떤가.

"문재인 정부는 크게 공수처(고위공직자비리수사처) 신설과 검찰과 경찰 수사권 조정 등을 먼저 한 뒤 사법권 독립을 강화하는 방향으로 나아갈 것으로 관측된다. 문제는 사법개혁을 일관한 가치철학이 느껴지지 않는다는 점이다. 우리가 무엇 때문에 국가적 자원을 투입해 사법개혁을 이룩하려고 하는 것인가에 대한 선연한 그림이 그려지지 않는 것 같다. 사법 책임을 강조하고, 국민 뜻을 존중하며, 법조양성 제도를 바꾸는 개혁을 해야 한다."

— 김명수 대법원장의 사법개혁을 평가한다면.

"세계 법학 주류에서 사법부 독립만 주장하는 나라는 어디에도 없다. 사법부의 독립만이 아닌 책임도 함께 강조한다. '사법의 과도한 독립은 그 구성원들에게 잘못된 특혜를 주고 사회적 수요에 반응하지 않는 독재 기관으로 바꿔 버린다'는 날선 비판도 있다. 사법의 독립을 보장함으로써 공정한 재판을 실현할 수 있다는 낡은 미망에서 벗어나야 한다."

— 사법의 책임과 공정한 재판을 위해선 뭐가 필요한가.

"전반적으로 사법 틀을 바꿔야 한다. 로스쿨부터 시작해 재판 체계도 바꿔야 한다. 지금 재판국민참여제도도 허울밖에 없지 않느냐. 그런 걸 바꾸고 선진 사법 시스템을 하루빨리 갖춰야 한다. 기껏 해 이홍훈 전 대법관을 위원장으로 앉혀 무얼 하겠다고 하는데 우스운 일이다. 세계 법학의 조류에 맞게 공정한 재판을 할 수 있도록 시스템을 만들어야 한다."

내부고발자 신 교수는 1956년 대구에서 10남매 가운데 막내 아들로 태어났고 경북고를 거쳐 1974년 서울대 법대에 입학했다.

— 대학시절은 어땠는지.
"대학시절 법이나 법학이 갖는 기능적 한계를 자각하고 강하게 저항을 했다. 법이라는 건 결국 강자의 이익을 보호해 주는, 도모해 주는 수단에 불과한 것 아니냐고. 법학 공부를 할 수 없었다. '내가 왜 쓰레기 같은 공부를 해야 하느냐'고 괴로워 견딜 수 없었다. 막걸리 마시고 술 취한 상태에서야 겨우 책을 볼 수 있었다. 지금 생각해도 너무나 비참했다."

그는 대학원 시절인 1981년 사법시험에 합격했고, 10년간 판사로 재직한 뒤 변호사를 거쳐 현재 대학에서 강의 중이다. 2010년 대구교육감 후보로 출마했지만 낙선했다.

— 쓴 책도 많던데.
"『키 큰 판사와 키 작은 아이들』(1994년)은 아이들을 얻어 키우며 아이들에게 당부한 것을 기록한 것이고, 『한국의 사법개혁』(2009년)은 사법부의 독립만이 아닌 사법부의 책임을 강조한 책이다."

— 영원한 내부고발자로서 요즘 미투를 어떻게 보는가.

"대학 사회에서도 학점이나 학위를 매개로 불평등하고 일방적인 지배관계를 자주 봤다. 한번은 아끼던 제자가 갑자기 힘을 잃고 방황하는 걸 봤다. 어느 교수에게서 심한 취급을 받았다는 풍문을 언뜻 들었다. 조용히 물어봤지만, 제자는 대답하지 않은 채 굵은 눈물만 떨구더라. 그 잔상이 아직 머릿속에 맴돈다. 미투운동은 인류 사회의 오랜 치부를 청산하는 위대한 문화혁명이다." (세계일보, 2018년 3월 10일)

2018. 3. 17.

하느님에게 모든 것을 맡길 때 우리는 가장 큰 힘을 갖게 된다는 사실, 얼마나 모순된 말인가? 그러나 바로 이것이 신앙의 요체다. 그동안 시련의 시기를 겪으며 고통으로 얼굴이 일그러질 때 오직 하느님이 모두 알아서 해주실 것이라고 믿고 그분에게 의탁했다. 그 길 외에는 내게 달리 현실의 추잡한 오욕을 벗어날 수 없었다. 모두 다 맡겼다고는 할 수 없어도(그 정도는 사실 신앙의 두께에 비례한다) 맡겼다고 의식할 때 내게는 작은 위안들이 주어졌다. 그러나 조금만 달리 보면 그것들은 엄청나게 큰 축복이었다. 고통 속에서 신음하고 있다고 생각했는데, 그 고통의 쓰라림이 아름다운 꽃들을 피워 내고 있었다. 나는 과분한 축복의 스포트라이트 한가운데 있음을 깨달았다.

날개 꺾인 새

2018. 5. 3.

오래간만에 대법원 사건 검색란에 들어가 보았다. 뜻밖에도 5월 15일이 선고일로 잡혀 있었다. 상고로부터 무려 1년 8개월을 넘기까지 선고에 관한 어떤 낌새도 없었다. 갑자기 나타난 선고일 표시였다. 눈앞이 아득해졌다. 내게는 이 사건이 삶의 가장 중요한 부분을 차지한다. 그래서 그 결과에 대한 두려움이 나를 압도했다. 지나간 몇 년간 고통과 분노가 나를 여지없이 지배해 왔다.

컴퓨터 화면을 한참 들여다보고 있었다. 그런 중에 왜 이런 때 하느님을 찾지 않는지 질책하는 목소리가 내부에서 솟아 나왔다. 그 오랜 기간 묵주기도를 하루도 빠지지 않고 올렸다. 하느님이 내 억울함을 돌아보실 것이라고 믿어 왔다. 그 믿음의 자취가 급한 순간에는 이처럼 허망하게 증발하다니.

시간이 지나며 겨우 마음이 가라앉았다. 용기를 내어 상고이유
서와 상고이유보충서를 다시 읽어 보았다. 법률가로서 내가 보기에
도 내 입장을 충분히 변호하는 서면들이었다. 또 논리적으로 2심
판결의 문제점을 잘 지적하고 있었다. 그리고 권순일 대법관이 재
판연구관으로 있으며 이끌어내었다는 직접심리주의, 공판중심주
의에 관한 대법원 판례에 1심 무죄사건을 첫 회 기일에 바로 결심
하여 선고한 이 사건이 꼭 들어맞는다는 확신이 약간의 안도감을
주었다.

하느님 저를 도와주소서! 그러나 오직 하느님의 뜻대로 하소서!

2018. 5. 8.

지난 금요일, 느닷없이 대법원에서 대법관으로 천거되었으니 서류
를 제출해 달라는 통보가 왔다. 홈페이지에는 4일부터 14일까지
천거를 받겠다고 나와 있다. 그 첫날임에도 불구하고 천거에 따른
절차로 서류를 제출해 달라고 서둘러 말했다. 무엇인가 내가 모르
는 긴박한 움직임이 있는 것처럼 여겨졌다. 지난번 감사원장 천거
때에도 나는 전혀 몰랐다. 누가 그렇다고 말하여 인터넷상에서 확
인했을 뿐이다. 아마 정부에서 김선수 변호사와 함께 나를 강하게
천거한 느낌을 받는다.

2018. 5. 12.

비가 내린다. 상념들이 스친다. 15일 대법원 선고 결과를 어떻게 받
아들일 것인가? 과연 상고기각 판결이 나도 담담하게 수용할 수

있을까? 앞으로의 내 인생이 패배와 자조로 가득 차 불만과 불평으로 끝나지 않을 수 있을까?

다른 사람들은 몇 년간의 거친 송사가 내게 안겨준 고통과 절망감을 잘 이해 못한다. 음모의 함정에 나를 빠뜨린 자나 권력과 연계된 세력의 행동은 군사정부나 권위주의 정부 시절 우리 사회의 변혁을 바라는 학생들과 시민운동가들을 고문한 것과 다를 바 없다고 본다. 기본적으로 이 사건은 그들의 눈에 진보 성향으로 비친 한 학자를 어떻게든 괴롭히고 제거하려고 한 것이다. 그 고문 세력이 민주화에 따라 땅에 기어들어가며 새롭게 국정농단세력, 일베 세력 등으로 땅을 뚫고 나왔다. 활동의 시기를 달리할 뿐 그 둘은 바탕을 이루는 성격이 같다. 변화를 거부한다. 변화를 제지하려고 한다. 수단과 방법을 가리지 않고 비열한 목적을 추구한다.

그들은 기득권 세력과 손을 잡았다. 강고한 네트워킹으로 집단의 파워를 키웠다. 특히 대구경북지역에서는 그들에 대항할 순수한 양심세력은 무력하고도 보잘것없다. 그들은 발호하여 전체 사회를 뒤덮었다. 우리 사회를 위하여 바른말을 하는 사람을 때려잡았다. 한번 그들의 눈에 벗어난 이는 가혹하게 추적하여 숨을 쉬고 살 수 없게 만들어야 직성이 풀렸다. 어찌 이런 사람들을 죄는 미워하되 사람은 미워하지 말라는 말에 따라 이해하고 용서할 수 있겠는가? 여전히 그들은 강한 세력을 가지고, 똑같은 일을 반복하고 있는데 말이다. 용서를 한다고 하더라도 그것은 당하는 사람의 입장에서는 명예 회복이 되고 삶이 안도감으로 차 있을 때 가능한 일이 아닐까? 물론 그들의 지극한 어리석음을 생각할 때가 있다. 그들의 성장환경이나 우리 사회의 후진성에 그들의 죄를 일차적으로 돌려야 함을 이해한다. 그러나 그렇다고 해서 우선 내가 당하는 고통의 원인을 제공한 자들에 대한 분노와 미움을 죄다 가시게 하지는 못한다.

상고가 기각되면 조용히 경주에서 농사나 지으며 살자. 그러기 위한 모든 준비를 해놓았다. 집수리를 마쳤고, 밭을 정리해 두었다. 복수와 원한에 사로잡혀 그들을 저주하지 말고, 이것도 하느님의 뜻이려니 생각하며 모든 것을 내려놓자. 파기환송이 되더라도 내 뜻을 앞세우지 말자. 내가 항상 기도해 온 것처럼 하느님의 뜻에 따르자.

2018. 5. 13.

오래간만에 청파동 성당에 미사를 드리러 갔다. 마침 주님승천대축일이었다. "환호소리 가운데 하느님이 오르신다. 나팔소리 가운데에 주님이 오르신다."는 가사의 화답송을 부르는데, 갑자기 눈물이 왈칵 쏟아지려 했다. 지난 몇 년간 오로지 내가 의지하며 살아온 하느님의 거룩함을 새삼스레 깨달았다.

주보에서 아름다운 시 한 편을 발견했다.

그대 삶에 바람 불어 이리저리 휘청거릴지라도
그분이 깊게 뿌리내려 있어 당신 꺾이지 않으리
그대 삶에 파도쳐 이리저리 휩쓸릴지라도
그분이 등불 비춰주고 계셔 당신 길 잃지 않으리

우리의 인생이 고단하고 힘들어

깊은 어둠 속에 갇혀 있다 하더라도

빛이 되어 주시고 눈물 닦아 어깨 내어 주시니

우리 외롭지 않고 쓸쓸하지 않으리

우리 늘 그분과 함께 살아가니

버틸 수 있네, 행복할 수 있네, 사랑할 수 있네 (전승환)

2018. 5. 14.

내일이 선고날이다. 아내와 함께 서울에서 서둘러 경주로 내려왔다. 서울에서 결과를 보기에는 감당할 수 없을 것 같았다. 얼마 전 김상한 부장판사는 나에게 비밀스럽게 메시지를 전하여 왔다. 대법원 판결이 잘 나려면 두 가지의 점을 꼭 주의해야 한다. 첫째 로스쿨에 대한 비판을 하지 말라. 로스쿨 문제는 이 정권의 아킬레스건이다. 내가 그 비판을 멈추지 않으면 정권에서는 아무래도 도움을 주기가 어려울 것이다. 둘째 사법부에 대한 비판을 삼가라.

그러나 나는 그 조언을 무시했다. 설사 나에게 불리한 결과가 초래된다 하더라도 해야 할 말을 하지 않는다는 것은 비겁한 행위라 생각되었다. 또 도저히 학자로서의 자존심이 그렇게 하도록 허락하지 않았다. 나는 평생 그렇게 자신의 이해관계를 따지며 살아오지 않았다는 자부심이 어쩌면 내 정체성의 본질을 구성하는지 모른다.

나는 여전히 왕성하게 로스쿨의 잘못된 점을 지적하는 글을 발표했다. 그리고 현대법학의 조류에서 벗어나, 사법의 책임은 흘려 버린 채 사법의 독립에 집착하는 사법부의 잘못을 질책하여 왔다. 특히 지난번 세계일보 김용출 기자와의 인터뷰 기사는 사법부의 보수층을 격분시켰을 것이다.

로스쿨제도를 비판하고, 김명수 대법원장 체제에서도 여전히 사법의 독립만을 주장하는 행태에 대한 비판을, 최근 칼럼을 통해 하였다.

로스쿨 체제가 빚은 기현상
─ 법학의 몰락

로스쿨과 사법시험, 두 개의 법조양성제도를 둘러싸고 그동안 치열한 논쟁이 전개되어 왔다. 헌법재판소는 2017. 12. 28. 사법시험을 폐지하도록 규정된 변호사법 관련 조항이 헌법을 위반하지 않는다는 결정을 선고하였다. 이로써 국회에 현재 계류 중인 사법시험존치법안이 통과되지 않는 한 사법시험은 조용히 역사의 낡은 창고로 들어가게 되었다.

위 헌법재판소의 결정은 5 대 4로 되었다. 즉 헌법 위반이 아니라는 재판관이 5명, 헌법을 위반한다는 재판관이 4명이다. 헌법을 위반한다는 측에서는 주로 로스쿨의 비싼 학비를 문제 삼아 로스쿨에 진학할 경제적 능력이 부족한 사람들이 입게 되는 불이익을 그 근거로 삼았다.

그런데 위의 소수의견에서도 나타나지 않고 또 사법시험 존치 논쟁에서도 잘 드러나지 않은 중요한 문제가 있다. 그중의 하나가 법학의 급속한 몰락이다. 로스쿨의 설립 취지가 '법학교육을 정상화하고 전문성과 국제 경쟁력을 갖춘 법조인을 양성하며 국가 인력을 적재적소에 효율적으로 배치하기 위한 것'임에 비추어 무척이나 이율배반적인 현상이다.

법학은 그 안에 다양한 분야를 품는다. 헌, 민, 형, 상, 행정, 민사소송, 형사소송법의 7대 기본분야가 있고, 이를 뒷받침하는 격의 기초법학이 있다. 법철학, 법제사, 법사상사 등이 그것이다. 법학을 제대로 공부하기 위해서는 기초법학의 일정한 지식 습득이 필수적이다. 그 외 국제법, 국제거래법, 지적재산권법 등 근현대사회에 와서 비로소 튼튼한 영역을 확보한 법분야가 있다. 로스쿨 시대에 기초법학이나 국제법 등의 과목은 거의 괴멸상태에 빠졌다. 로스쿨이 변호사시험을 위한 도구로 많은 학생들이 인식하면서 변호사시험 과목이 아닌 것은 수강신청 자체를 잘 하지 않기 때문이다. 매 학기 초가 되면 이런 과목들은 수강신청자가 없어 숱하게 폐강된다. 배우려는 학생이 없는데 어찌 그것들이 학문으로서의 존립 기반을 갖겠는가.

기본과목은 또 어떠한가. 로스쿨은 3년 동안의 단기간에 법학이론과 실무능력을 동시에 습득하여 훌륭한 법조인을 양성하는 것을 주된 골자로 하여 설계되었다. 그러나 우리처럼 법학에 있어서 개념을 앞에 놓고 이를 설명해 가는 것이 법학의 핵심인 대륙법체계 국가에서 이렇게 단기간의 법조인 배출과정을 둔 국가는 어디에도 없다. 아주 잘못된 설계이다. 따라서 학생들은 로스쿨에 들어와 허겁지겁 과정을 따라가기에 바쁘다. 상당수의 학생들은 방향조차 찾기 힘들다. 한편 로스쿨 밖의 일반 대학 법학부는 로스쿨 시행 이후 점차 폐쇄의 과정을 밟아왔기 때문에 법학부 출신인 로스쿨 학생은 계속 줄어든다. 그 결과 로스쿨 학창시절 내내 우왕좌왕하며 불행하고 고통스러운 기간을 보내는 학생들이 늘어나고 있다. 로스쿨의 내부보고서를 보면 잘 적시되어 있는 사실이다.

사정이 이러하니 로스쿨 시행 전처럼 방대한 교과서에 따라 체계적인 공부를 해나가는 학생은 없다. 그런 학생은 당연히 낙오할 수밖에 없을 것이다. 그래서 주로 학원 강사급의 사람들이 쓴 얄팍한 분량의 축약서를 바탕으로 하여 속전속결을 노릴 수밖에 없다. 로스쿨 시행 전과 후에 법학의 기본교과서나 연구서적의 판매 권수를 비교해본다면 이는 명확하게 드러난다. 교수가 몇 년간에 걸쳐 심혈을 기울여 교과서를 써봤자 이젠 판로가 거의 막혀 버렸다. 교과서가 그런데 심화연구서는 더 말할 나위가 없다.

법학의 몰락은 로스쿨 시대의 서글픈 현상이다. 또한 머지않은 장래 법학의 학문후속세대가 급격하게 줄어들며, 우리는 법학분야의 낙후국으로 빠르게 전락할 것이다. (주간동아, 1121호)

이제는 사법의 책임을 말해야 할 때
— '사법 독립'과 '사법 불신'

새 정부의 출범이 단순한 정권 교체에 머무는 것이 아니고 우리의 의식에 '새날의 지평'을 여는 듯이 보인다. 문재인 대통령의 소통을 중시하는 소박한 언행을 전경으로 깔고, 개혁의 구체적 손길이 차츰 더 넓은 방면으로 뻗어 나가고 있다.

  신정부의 개혁은 조국 민정수석의 임명으로 우선 검찰 개혁에 향하여지는 듯이 보였으나, 돌연 김형연 인천지법 부장판사를 법무비서관으로 임명함으로써 사법부를 포함하여 사법 전체의 구조개혁을 염두에 두고 있지 않는가 한다. 김 비서관은 최근 사법부에서 논란의 중심이 된 국제법인권법연구회와 대법원 상층부의 갈등에서 중요한 역할을 한 것으로 알려져 있다. 국제인권법연구회는 대법원장에게 사법행정권한이 지나치게 집중되며 사법부가 경직된 체제로 일선 법관들을 무리하게 압박해 왔다는 점을 강조하였다. 이 지적은 만시지탄의 느낌이 있으나 맞는 말이다. 실로 사법부가 층층시하의 조밀한 계층구조로 되어 위에서 밑으로 억누르는 엄청난 힘은 사법부 내에 커다란 폐해를 낳고 있다.

  그런데 사법부의 이러한 지나친 관료화를 지적하여 현행 헌법상 법관 재임명 탈락 1호로 법원에서 쫓겨난 필자의 행위가 까마득하게 24년 전이다. 당시 사법부의 지도부에서 교묘한 거짓말이나 술책으로 언론공작을 함으로써 필자 개인이나 가족들 전체가 겪어야 했던 그 어두운 고통들은 어차피 우리 사회 이런 유형의 일에서 필연적으로 일어나는 것이니 차치하자. 그러나 왜 이렇게 중요한 문제가 그로부터 24년의 기나긴 시간이 소요되어 겨우 공론화의 장에 들어서게 되었는지에 관하여 어떠한 합리적인 설명의 건더기도 찾을 수 없으니 허망의 소용돌이에 휘말려 숨을 쉬기도 힘들다.

나아가, 국제인권법연구회의 활동을 지지, 성원하면서도 그들이 사법의 독립Judicial independence을 강조하며 대법원장에로의 권력 집중이 그에 반한다는 식으로 주장하는 점에는 약간의 이견을 가진다. 대법원장의 권한 약화가 실현되고, 개별 법관에게 더 많은 독립적 권한행사의 가능성이 주어지면 지금 우리의 사법부가 안고 있는 가장 큰 문제점인 '사법 불신'이 해소될 것인가? 그렇지 않다는 불편한 진실에 눈을 거두지 말자. 절대 그렇지 않다!

국민들이 갖는 사법 불신의 핵심은 법원의 재판이 정치권력이나 대법원 법원행정처의 부당한 간섭에서 벗어나지 못했다는 데 있는 것이 아니다. 대부분의 재판에서 법관들은 최선을 다하여 공정한 재판을 실현하려고 땀을 흘린다. 그러나 일부 재판에서는 그렇지 않다. 법관으로서 지녀야 할 최소한의 금도를 일탈하여 하는 재판도 있고, 또 극히 소수의 법관은 재판관으로서의 자질이 현격하게 부족하여 잘못된 재판을 하기도 한다. 국민들은 이를 불신한다.

이런 불공정하고 잘못된 재판을 걸러내려고 함에 있어서 '사법의 독립'은 공허한 구호에 불과하다. 오히려 상반된다. 사법의 과도한 독립이 그 구성원들에게 잘못된 특혜를 주고, 광범한 경제적, 정치적 맥락에서 사법을 차단시키며, 사회적 수요에 반응하지 않는 독재의 기관으로 바꾸어 버린다(C. Santino)는 날선 비판이 있다. 국민들의 사법 불신을 해소하기 위하여서는 '사법의 책임Judicial Accountability'을 확립하지 않으면 안 된다.

재판은 법관의 자의적 편견이나 선입견, 또는 노골적인 부정한 의도에 의한 것이어서는 안 된다. 책임에는 자신의 행동에 상응하는 책무를 진다는 'Responsibility'도 있으나, 공정한 재판을 보장하는 뜻에서의 'Accountability'는 재판을 그 당사자에게 합리적으로 설명할 수 있어야 한다는 의미에서의 책임이다. 이제 우리도 고식적이고 어쩌면 위선적인 '사법의 독립'에 머물지 말고, '사법의 책임'이라는 개념을 받아들여야 한다.

경찰, 검찰, 사법부 전반에 걸쳐 큰 시각으로 내다보며 적폐를 들어내고, 바람직한 개혁작업이 추진되기를 기대한다. 이때 가장 중요한 것은, 일반 국민의 뜻을 잘 헤아려 여기에 바탕을 두고 개혁의 방향을 잡는 것이다. 그것이야말로 새 정부를 탄생시킨 '촛불혁명' 정신의 핵심이 아니겠는가. (주간동아, 1091호)

김 부장의 말은 어느 정도 효용성을 가질 것인가? 내 무분별한 행동을 김 부장은 어떻게 볼 것인가? 과연 김 부장의 말대로 로스쿨을 비판하고, 사법부의 각성을 촉구함을 멈추지 않은 내 행동이 대법원의 판결에 영향을 미칠 것인가? 그렇지 않겠지. 바깥으로 드러난 여러 징표로 보아 그럴 수가 없어. 좌불안석에 쫓기고 답답함이 가슴을 메우고 바깥으로 터져 나올 것만 같다.

2018. 5. 15.

상고기각 판결이 선고되었다. 천길만길 낭떠러지에서 떨어지는 것처럼 멍했다. 참담하다. 어떤 글로써도 내 심정을 표현할 수 없을 것이다. 새벽부터 까치가 울고, 밭에 일하러 가는 나를 따라오면서까지 울었다. 까치라는 한갓 미물도 오늘 들려올 좋은 소식을 예고하는구나 하는 생각을 했다. 아, 아…….

이 사건을 맡은 권순일 대법관은 사법부 내에서 대표적인 보수 성향을 가진 사람으로 일컬어져 불안감을 가져왔다. 하지만 권 대법관의 원만한 처세지향, 시세의 변화에 민감하다고 하는 세평에 미루어 달라진 세상에서 내 사건의 판결에 긍정적 고려를 하는 방향으로 작용할 것을 기대한 것도 사실이다. 더욱이 이 사건의 2심 판결은 권 대법관이 재판연구관 시절 확립했다는 평을 듣는 공판중심주의, 직접심리주의에 관한 판례를 위반한 것이다. 무죄로 난 1심 판결을 첫 회 기일에 바로 결심하여 정반대의 결론을 낸 2심 판결은 그 대법원 판례를 위반한 것이라고 평가할 수밖에 없다. 과연 권 대법관은 어떤 이유를 대면서 상고기각을 한 것인지 무척 궁금하다. 도저히 상고기각의 이유를 제대로 쓸 수 없을 텐데 말이다.

새 정부가 들어서긴 했어도 사법부는 거의 물갈이를 하지 못했다. 정권 출범 후 1년이 지났어도 사법부의 변화는 감지되지 않는다는 말을 많이 한다. 내가 1993년 법관 재임명 탈락된 것도, 당시 김영삼 정부가 들어섰으면서도 '보수의 견고한 성채' 역할을 하던 대법원 내에서, 또 개혁을 거부한 채, 아니 이에 적극적으로 맞서던 김덕주 대법원장에 의한 것이었다.

그러나 상고한 지 1년 9개월이나 사건을 묵혀 왔다는 것은 무엇을 말하는가? 상고기각을 하기 위해서 이토록 많은 시간이 필요했다고는 생각되지 않는다. 아마 나에게 유리한 판결을 선고할 요량이 아니었을까? 그러다 이렇게 뜻밖의 상고기각 판결을 선고한 것은 어쩌면 최근의 사법부 비판이 작용하였을 것이 아닌가 하는 생각이 든다. 변호를 맡은 이수범 변호사도 "어떻게 이런 일이……." 라며 말을 잇지 못했다. 물론 상고심에서 구제되는 것은 그 수가 지극히 한정된 일이긴 해도 이 사건의 상고 이유는 어느 모로 보나 탄탄한 논리에 서 있었다.

과연 하느님은 계시기나 한 것인가? 어찌 이렇게 지난 몇 년간 간구하며 공들인 일, 그리고 오직 진실을 밝혀 달라는 이 일을 모른 척 하시는 것인지. 성큼 그대로 받아들일 수 없고, 또 그런 자신이 안타깝다. 이제 나는 날개 꺾인 새가 되어 버렸다.

그러나 어쩌면 이 결과에 담은 하느님의 뜻이 있을지 모른다. 그것이 언제 어디서 어떤 형태로 나타날는지 모른다. 그것을 알아내기 위해 긴 시간 깊이 탐구해 나가야 할 것이다. 그것은 많은 인내와 이해심, 그리고 신을 향한 조용한 열정이 끊임없이 요구된다. 여하튼 나는 시골에서 농사를 지으며 세상과의 번잡한 인연을 끊고 그 탐구를 해나가야 한다. 날개 꺾인 새는 날려고 해서는 안 된다. 숲속에 숨어 남 눈에 띄지 않게 연명의 수단을 찾는 것이 상책이다.

집사람과 상의한 끝에 곧 교수직 사표를 내려고 한다. 제자들에게 부끄러워서 어떻게 태연히 강의를 하고 다니겠나. 그리고 무엇보다 구질구질하게 살고 싶지 않다. 이 판결이 가진 의미를 폄하하며 변명하려고 들어서는 안 된다. 여러 가지 의구심을 지울 수는 없어도 그대로 받아들이자.

공정사회를 향한 일념

판결 며칠 후 변호사 사무실을 통해 대법원 판결문이 도착했다. 그 내용은 믿기 어려울 정도로 간략했다. 그리고 이상하게도 주심 대법관이 권순일에서 이기택으로 바뀌어 있었다. 알아보니 권순일 대법관이 이 사건을 사건 접수일인 2016년 8월부터 1년 8개월간 쥐고 있다 돌연 2018년 4월 재배당 절차를 걸쳐 이기택 대법관에게 넘겼다. 이 대법관은 한 달도 되기 전에 선고해 버렸다. 언론사 기자가 재배당 이유를 물으니 권순일 대법관이 나와 잘 아는 사이라서 그랬다는 대답이 돌아왔다고 했다. 나는 권 대법관을 잘 알지도 못할뿐더러 단 한 번 만난 기억조차 없다. 언론사 기자가 내 말을 받아 전하니, 대법원에서는 다시 '이 사건에 관하여 기초자료를 수집하고 쟁점을 추출하여 검토하는 과정에서 나타난 여러 사정을 보태어 재배당'하게 되었다는 회답을 보내어 왔다. 처음과 다른 말을 한 것도 괴이쩍었다. 그러나 두 번째의 대답이라는 것도 과연 이런 것이 재판 재배당의 사유가 되는지 이해하기 어려웠다. 또 대법관들 중에는 언론법에 관해 전문적 식견을 갖춘 김재형 대법관이 따로 있으니, 재배당을 한다 해도 그에게 하는 것이 순리다.

보다 근본적인 점을 헤아려 보자. 나는 1년 9개월에 걸쳐 자신에게 씌워진 올가미를 벗어던지기 위해 변호사와 함께 최선을 다했다. 수십 페이지에 달하는 상고이유서와 상고이유보충서에는 왜 2심 판결이 기존에 대법원이 밝혀온 원칙, 즉 증명책임의 분배, 그리고 직접심리주의 및 공판심리주의를 위배하였는가를 논리적으로 밝히고 판례의 치밀한 분석을 행하였다. 그리고 무려 7번에 걸치는 참고자료의 제출을 통해, 2심에서 고소인이 나를 공격한 주된 재료, 즉 내가 경북대 로스쿨의 입학 청탁의 사실을 거짓으로 꾸며내어 자신의 매명을 위해 학교와 동료 교수들을 궁지에 빠뜨렸다는 주장이 나중의 검찰 수사에 의하여 오히려 입학 청탁은 있었던 것으로 인정한 끝에 내가 무혐의를 받았다는 사실, 그리고 2심 판결과는 달리 문제가 된 글을 이메일로 보낸 것은 내가 아니라 총장선거에서 최고득표를 한 다른 교수라는 점이 경북대의 공적 문서에 의해 기록된 사실이 들어 있었다. 무엇보다 정신과 의사 손석한 원장이 사건기록을 정신분석적 기법으로 파악한 끝에 내가 말한 것은 절대 허위일 리가 없다는 내용으로 작성한 의견서를 함께 내었다. 이러한 중요한 사실들에 관하여 판결문에는 일언반구도 없었다. 그냥 2심 판결에 잘못이 없다는 취지의 결론만 나와 있었다. 판결문을 보내온 변호사가 메일에 짧은 촌평을 달았다. "교수님, 정말 대법원 너무하네요. 아마도 우리 주장을 판단할 자신이 없었나 보네요."

이 대법원 판결은 한국의 법원, 그리고 대법원이 국민들을 대하는 시각이 어떠한가를 단적으로 보여주는 예이다. 그리고 지금 법원을 포함하여 한국의 사법 시스템이 얼마나 중병을 앓고 있는지를 여실히 보여준다. 그들은 내가 말하니 따라야 한다는 지독한 전근대적 주관주의에서 벗어나지 못하고 있다. 근대성의 징표라 할 수 있는, 나와 타자를 함께 바라볼 수 있는 객관주의가 그들에게는 아주 결여되어 있다. 오직 나의 눈으로 세상을 바라본다. 사람으로 치면 유치한 의식 수준이다. 어린아이가 떼를 쓰는 모습이다. 자신이 내리는 결론에 어떤 합리적 근거나 논리가 없어도 어거지로 이를 밀어붙인다. 그 결론을 내린 과정에 대해서는 함구하기 일쑤다. 그러면서도 무슨 신성한 의미를 품은 양 미화시킨다. 예수가 불호령으로 타이른 '회칠한 무덤'이 위선과 거짓의 상징으로 그들의 세계 곳곳에 산재한다.

대법원의 업무가 많다면 대법관 증원이나 미국 연방대법원의 이송영장제도처럼 헌법적으로 중요한 가치를 갖는 사건만을 골라서 재판하되 사실심을 충실히 하는 방안 등을 얼마든지 강구할 수 있다. 상고법원이라는 조직이기주의에 가득 찬 제도를 추진하지 말고, 국민의 이익을 최상위 가치에 두고 제도 개혁을 해야 할 것이다.

이러한 제도적 개선책과는 별도로, 적어도 1년 9개월을 끌고, 또 재판의 원칙이나 언론자유에 관한 중요한 쟁점을 다수 포함하는 이 사건을 그런 식으로 허망하게 쓰러뜨려서는 안 된다. 이유다운 이유는 하나도 대지 않은 채 그냥 상대방의 절규를 이유 없다고 하는, 그렇게 해도 된다는, 주관에서 전혀 벗어나지 못하는 그들의 일방통행적 의식이 우리를 절망하게 한다.

그들은 '인간에 대한 최소한의 예의'도 없다. 헌법에서 규정하는 존엄한 인격의 주체인 국민을 대하는 자세가 전혀 없다. 그들은 국민을 깔고 앉아 국민을 호령하는 자신들의 모습에 만족한다. 1년 9개월에 걸친 노심초사와 법적으로 최선을 다한 법적 논리 전개와 설득, 그 속에 녹은 한 인간의 고뇌와 슬픔, 올가미를 벗어나려는 처절한 사투 따위는 창밖으로 스치는 자동차 소리에 지나지 않았다. 사람의 진심을 진지하게 고려하지 않은 채 그냥 이유 없다는 결론 한마디로 까뭉갤 수 있는 그 엄청난 오만, 그것이 어떻게 어떤 경로로 그들의 어깨에 달라붙게 되었을까?

이 사건의 사법절차에서 주역으로 등장한 몇 사람이 있다. 권일문 수사검사, 1심 재판장 서민 판사, 2심 재판장 김상직 부장판사, 그리고 대법원의 권순일, 이기택 대법관 들이다. 그들 중에서 권 검사는 가장 중요한 역할을 하였다. 쌍방의 말이 완전히 엇갈림에도 나에게 대질신문조차 한 번 할 기회를 주지 않았다. 호텔로 돌아오기 전 들른 술집을 성매매가 일반화된 한국식 룸살롱에서 술 한잔 간단히 마시고 나오는 가라오케 바로 조작하였다. 그리고 내게 유리한 진술을 한 사람의 증언을 수사기록에서 뺐다. 자신이 주선한 고소인과 나와의 합의에 관한 기록들 또한 없었다. 그나마 양심은 남아 있어서 기소사실을 알게 된 내가 전화를 하니 "혼자 결정한 것도 아니고……."라며 말을 흐렸고, 수사검사가 의당 써 넣게 되어 있는 공판카드의 구형량 기재를 하지 않았다. 서민 판사는 결심기일에 이 사건 재판과 관련하여 많은 부탁을 들었다고 했다. 아마 당시 대구지방법원장이 불러 유죄 쪽으로 판결해 달라고 하는 말도 듣지 않았을까? 그럼에도 서 판사는 용감하게 무죄판결을 내렸다. 김상직 부장판사도 아마 그런 압력을 받았을 것이다. 이 3인 중 김상직 부장판사는 절대로 진실을 말하지 않을 것이다. 그러나 권 검사와 서 판사는 역사 앞에서, 이 사건이 갖는 의미를 깨닫고 우리 사법제도의 치부를 고백하는 용기를 가질 수 있지 않을까 하는 기대를 해본다. 그리고 이것을 간절히 원한다. 그들은 아직 젊고, 우리 법조계의 기둥으로 커 나갈 수 있는 사람들이다. 그리고 권순일 대법관은 좀더 솔직하게, 왜 이 사건을 그토록 오래도록 잡고 있다가 갑자기 이기택 대법관으로 재배당되게 하여 급속히 판결을 내리게 되었는지 그 진실을 말해 주었으면 한다. 자신이 확립했다는 평을 듣는 공판중심주의, 직접심리주의에 관한 판례에 이 사건 2심 판결이 바로 저촉되는 것은 아닌지, 저촉되기 때문에 차마 자기 손으로 판결문을 쓸 수 없어서 재배당 절차를 밟는 편법을 취해 이유를 생략한 판결을 하도록 한 것이 아닌지에 관한 의문도 해소되었으면 좋겠다. 또 경향신문 기자가 지적한 바처럼 혹시 나를 대법관으로 향하는 길목에서 차단하기 위해 대법원 판결을 이용한 것이라면 이는 사법 농단의 극치이다.

어쩌면 나도 10년이라는 짧지 않은 세월 판사를 하며 많은 오판을 했을 것이다. 그리고 매너리즘에 빠져 사건에 숨어 있는 수많은 사연들을 외면하고 소송의 관계인들을 나와 같은 사람으로 보지 않은 오만도 저질렀을 것이다. 이 우매한 업보가 어찌 나를 가만 놔둘 것인가? 분명 현생의 업장으로 작용해서 내가 이런 고초를 겪는 것이고, 세상 무엇과도 바꿀 수 없이 귀한 아이들에게도 미치고 있구나 하는 자책에서 벗어날 수 없다.

그 업장이 아직 소진하지 않았다. 그렇다. 나부터 땅에 엎드려 숨을 헐떡이며 사죄의 통곡을 크게, 하늘을 울릴 정도로 뱉어내어야 할 것이다. 그러고 나서야 깨끗한 마음으로 하늘을 우러러 볼 수 있을 것이다. '인간에 대한 최소한의 예의'를 잊었던 과거의 업장에서 풀려날 수 있을 것이다.

지난 내 거친 삶을 돌이켜 본다. 사법부의 정풍을 촉구한 글로 인한 법관 재임명 탈락, 끈질긴 사법개혁의 주장, 기득권층의 이익에 일방적으로 유리한 로스쿨을 개혁하고 올바른 법조양성제도를 확립하자는 주장, 이런 과제들이 오랜 기간 내 삶을 지배하였다. 그 근저에 있는 것은 공정사회의 실현이었다. 산업화와 민주화의 역정을 힘겹게 달려온 한국사회가 진정으로 민주주의를 구현하는 공동체로서의 모습을 갖기 위해서는 사회 전반에 걸쳐 기득권 구조를 청산하고 어느 누구에게나 공정한 기회를 부여할 수 있어야 한다. 나는 판사로서, 변호사로서, 그리고 로스쿨 교수로서 그러한 사회를 갈망했다. 때로는 어리석고 때로는 엄청난 실수를 했어도 그 궤를 벗어나지 않으려고 노력했다. 고 전태일 열사와 고 조영래 변호사는 그와 같은 여정에서 큰 인도자가 되어 주었다. 이제 치열한 현장에서 벗어나 시골에서 농사를 지으며 살 작정이나, 그 꿈은 죽기 전까지 늘 가슴에 간직하려 한다.

이 비망록의 작성을 이제 멈추려 한다. 지금은 대단히 혼란된 상태라서 무슨 말을 하기가 어렵다. 오직 지금까지 써온 글들이 무엇보다 내 자식들에게 교훈이 되었으면 하는 심정이다. 그리고 아비가 살았던 삶을 조망하며 아비의 허물을 되풀이하지 않고 살았으면 한다. 그들에 대한 내 모든 애정과 열정으로 이 글들이 살아 움직여 조금이라도 유익한 영향을 끼치기를 바라고 또 바란다.

그리고 이 비참한 경험의 기록이 전해져 내부고발행위로 온갖 어려움을 겪은 수많은 사람들에게 작은 위안이 되기를 바라는 욕심도 있다. 내부고발자가 겪는 고통과 고뇌는 우리 사회 전체가 갖는 치부이다. 또 검찰이나 사법부의 잘못된 판단으로 모든 재산을 잃고 건강마저 해친 채 피맺힌 절규를 하는, 전국에 걸쳐 존재하는 사법피해자들에게도 동병상련의 공감과 함께 잔잔한 위로의 글로 작용했으면 한다. 판사, 변호사, 로스쿨 교수를 거치고, 거기에다 감사원장, 대법관으로 천거가 되고, 대한민국법률대상을 수상한 사람이다. 이런 사람도 전혀 납득할 수 없이 무력하게 수사기관과 법원에 의해 짓밟혀지는 사실에 그들이 작은 위안을 가질 수 있지 않을까 한다. 그들의 불운이 결코 우연하고 개인적인 불행에 그치는 것이 아니라 우리 사회의 구조적 문제점에서 기인하는 것임을 받아들이게 되지 않을까? 그들이 현재의 지독한 아픔을 이겨 나감에 있어서 약간의 힘을 보태 주지 않을까? 나는 진실로 이 땅의 선량한 내부고발자, 사법피해자들을 향하여 그 공감의식을 불태우고 있다. 이 기록은 바로 그들에게 바치는 헌정이기도 하다.

한국의 대학사회는 겉으로는 지성의 전당이라고 불리면서 제어되지 않는 환경 속에서 많은 교수들이 사적 권력화의 길을 걸으며 말로 형용하기 힘든 그릇된 행위를 하는 자들을 품고 있다. 제발 대학사회가 반성의 토대 위에서 올바른 길로 접어들어 명실상부한 지성의 전당이 되기를 간곡히 바란다.

나아가서는 우리의 명예훼손 법제가 헌법상의 언론자유의 보장과 양립할 수 있었으면 하는 바람을 갖는다. 법제가 좀 미흡하더라도 실제 사건의 처리에 있어서 법원과 수사기관이 언론자유의 중요성을 고려한다면 그 결함이 좀 메워질 수 있다. 그러나 이 사건에서처럼 정신분석학적 기법으로 분석한 끝에 절대 허위가 아니라고 내린 판정을 검찰과 법원에서는 허위로 단정하는 우를 범하는 경우가 있다. 법제가 엄할 뿐만 아니라 검찰과 법원의 실무 사례도 언론의 자유에 대한 고려가 미흡하다. 이 글들이 그와 같은 폐단을 노정시켜 우리의 명예훼손 법제와 법적용의 현실을 개선해 가는 데 도움을 줄 수 있었으면 한다.

아, 이런 기대에도 불구하고 개인적으로는 허망한 마음을 벗어나지 못한다. 나는 이제 날개가 꺾인 새라는 사실을 겸손하게 받아들여야 한다. 다만 날개가 꺾인 새라도 부리는 벌릴 수 있다. 이 말을 마지막으로 남기며 나는 자신에게 주어진 마지막 삶의 과정을 준비해야겠다.

밭에 나가 보니 올봄에 심었던 호박이 유난히 잘 자라 군데군데 누런둥이를 만들어 놓았다. 밑에 퇴비를 두둑이 넣고 뿌린 씨앗들이었다. 채소는 한 여름 잘 챙겨 먹었다. 밤, 호두, 대추, 감, 석류 등 온갖 과실이 느슨한 가을바람을 타고 얼굴들을 빼꼼 내민다. 이 모든 것들이 땅과 햇볕으로 생겨났다. 땅은 기꺼이 자신의 몸이 갈라지는 수고를 마다하지 않았다. 그리고 가진 모든 기운을 새로운 생명에 붓는다. 땅은 소박하고 진실하다.

추기.

소위 '사법 농단' 사건을 수사하는 서울중앙지검 특수1부서에서는 2018년 7월 하순쯤 적당한 시기에 나를 부르겠다고 전화상으로 뜻을 전했다. 아직까지 소환은 이루어지지 않았다.

〈끝〉

법조비리 '내부고발자' 대법관 후보 되자 날개 꺾은 대법관들

양승태 전 대법원장이 사법부에 남긴 '블랙리스트' 파동은 단지 과거의 일만은 아니다. 법조계 내부 '침묵의 카르텔'에 맞서 내부고발자의 길을 걸어온 경북대 법학전문대학원 신평 교수가 대법관 후보로 추천되자마자 날개를 접을 위기에 놓이게 됐다. 2014년 경북대 총장 선출 과정에서 불거진 명예훼손 상고사건과 관련하여 대법원이 신 교수에 대해 지난 5월 15일 유죄확정 판결을 선고한 것이다. 주심을 포함해 유죄판결에 합의한 4명의 대법관은 모두 양 전 대법원장이 제청한 인물들이다. 혹시나 했던 기대가 실망으로 바뀐 순간이었다.

신 교수는 오는 8월 3명의 대법관 임명을 위한 후보 추천을 앞두고 2년 가까이 끌던 명예훼손 사건의 선고기일을 잡자 '이제 드디어 대법원이 족쇄를 풀어 주려나 보다'고 생각했다. 실제로 선고기일이 잡힌 후 일주일쯤 지나 대법원 인사담당관으로부터 '대법관 후보로 추천됐으니 공직후보 검증에 필요한 서류를 제출해 달라'는 연락을 받았다. 하지만 서류를 제출하자마자 그에게 돌아온 건 유죄확정 판결문이었다. 대법관 후보로서 공정한 검증과 선택을

[단독]법조비리 '내부고발자' 대법관 후보 되자
날개 꺾은 대법관들

강진구 탐사전문기자 kangjki@kyunghyang.com

💬 43

입력 2018.05.30 06:00

신평 경북대 법학전문대학원 교수

양승태 전 대법원장이 사법부에 남긴 '블랙리스트'파동은 단지 과거의 일만은 아니다.

법조계 내부 '침묵의 카르텔'에 맞서 내부고발자의 길을 걸어온 경북대 법학전문대학원 신평 교수(사진)가 대법관 후보로 추천되자마자 날개를 접을 위기에 놓이게 됐다. 2014년 경북대 총장 선출 과정에서 불거진 명예훼손 상고사건과 관련하여 대법원이 신 교수에 대해 지난 15일 유죄확정 판결을 선고한 것이다.

주심을 포함해 유죄판결에 합의한 4명의 대법관은 모두 양 전 대법원장이 임명한 인물들이다. 혹시나 했던 기대가 실망으로 버뀐 순간이었다.

신 교수는 오는 8월 3명의 대법관 임명을 위한 후보추천을 앞두고 2년 가까이 끌던 명예훼손 사건의 선고기일을 잡자 '이제 드디어 대법원이 족쇄를 풀어주려나 보다'고 생각했다. 실제로 선고기일이 잡힌 후 일주일을 지나 대법원 인사담당관으로부터 '대법관 후보로 추천했으니 공직추보검증에 필요한 서류를 제출해 달라'는 연락을 받았다. 하지만 서류를 제출하자마자 그에게 돌아온 건 유죄확정 판결문이었다. 대법관 후보로서 공정한 검증과 선택을 받는 과정에서 예상되는 '장애물'을 치워준게 아니라 '발목'을 잡은 셈이 됐다.

신 교수는 기대와 다른 선고 결과가 선고되자 '죄송하다'는 말부터 꺼냈다.

공익제보자나 내부고발자에 유독 가혹한 입증책임일을 전가하는 검찰과 법원에 맞서 명예훼손 법제에 의미 있는 변화를 만들어보겠다는 자신과의 약속을 지키지 못했기 때문이다.

"검찰과 사법부의 잘못된 판단으로 모든 재산을 잃고 건강마저 해쳐 버린 채 피맺힌 절규를 하는 사법 피해자들과 내부 고발행위로 온갖 어려움을 겪는 분들에게 작은 희망을 주고자 했으나 뜻대로 되지 않았습니다"

신 교수가 내부고발자와 사법 피해자에 동병상련의 아픔을 얘기할 수 있는 것은 스스로가 '법조 마피아'의 두꺼운 벽 앞에 좌절한 경험을 갖고 있기 때문이다.

그는 1993년 판사시절 '판사실 돈 봉투 수수'관행을 주간지에 폭로했다가 그해 판사 재임용에서 탈락했다. 법복을 벗은 후 대학교수로 재직하면서도 내부조직을 향한 '쓴 소리'는 중단되지 않았다. 2016년 '로스쿨교수를 위한 로스쿨'이라는 책을 통해 로스쿨 부정입학 의혹을 폭로함으로써 전국 법학교수들의 '공적'이 됐다. 판사들과 로스쿨 교수들의 치부를 폭로한 그의 글은 법조계에서는 '신성모독'이나 다름없었다.

현재 김명수 대법원장에 대해서도 그는 "사법부의 과도한 독립은 구성원들에게 잘못된 특혜를 줄 수 있기 때문에 사법부의 독립만이 아닌 책임도 함께 강조돼야 한다"며 날카로운 비판을 해왔다.

경향신문 2018년 5월 30일 기사 전문

받는 과정에서 예상되는 '장애물'을 치워 준 게 아니라 '발목'을 잡은 셈이 됐다.

신 교수는 기대와 다른 선고 결과가 선고되자 '죄송하다'는 말부터 꺼냈다. 공익제보자나 내부고발자에 유독 가혹한 입증책임을 전가하는 검찰과 법원에 맞서 명예훼손 법제에 의미 있는 변화를 만들어 보겠다는 자신과의 약속을 지키지 못했기 때문이다.

"검찰과 사법부의 잘못된 판단으로 모든 재산을 잃고 건강마저 해쳐 버린 채 피 맺힌 절규를 하는 사법피해자들과 내부고발 행위로 온갖 어려움을 겪는 분들에게 작은 희망을 주고자 했으나 뜻대로 되지 않았습니다."

신 교수가 내부고발자와 사법피해자에 동병상련의 아픔을 얘기할 수 있는 것은 스스로가 '법조 마피아'의 두꺼운 벽 앞에 좌절한 경험을 갖고 있기 때문이다. 그는 1993년 판사시절 '판사실 돈봉투 수수' 관행을 주간지에 폭로했다가 그해 판사 재임용에서 탈락했다. 법복을 벗은 후 대학교수로 재직하면서도 내부조직을 향한 '쓴소리'는 중단되지 않았다. 2016년 『로스쿨 교수를 위한 로스쿨』이라는 책을 통해 로스쿨 부정 입학 의혹을 폭로함으로써 전국 법학교수들의 '공적'이 됐다. 판사들과 로스쿨 교수들의 치부를 폭로한 그의 글은 법조계에서는 '신성모독'이나 다름없었다. 현재 김명수 대법원장에 대해서도 그는 "사법부의 과도한 독립은 구성원들에게 잘못된 특혜를 줄 수 있기 때문에 사법부의 독립만이 아닌 책임도 함께 강조돼야 한다"며 날카로운 비판을 해왔다.

이 때문에 법조계는 그를 '돈키호테'나 '이단아' 같은 존재로 바라보지만 시민단체들로부터는 '소금' 같은 존재로 평가를 받는다. 실제로 지난 4일 대법원이 후보 추천을 받자마자 바로 첫날 그는 대법관 후보로 추천됐다는 소식을 들었다. 하지만 그는 대법원이 지난 14일 1차로 41명의 대법관 후보 추천을 마감한 바로 다음날 명예훼손죄로 벌금 500만원의 유죄확정 판결을 선고받았다. '오비이락'일 수 있지만 신 교수 입장에서는 사법부 엘리트 법관들의 자신에 대한 두터운 불신을 다시 한번 절감하는 계기였다. 1993년 판사 재임용 탈락 후 20년 넘게 따라다닌 내부고발자라는 '꼬리표'에 또 하나의 '주홍글씨'가 새겨진 것이다.

법복을 벗은 후 그의 대학교수로서 '역경'은 2014년 8월 학교 게시판에 올린 〈총장은 조용히 물러나시오〉라는 글에서 시작됐다. 임기 만료를 불과 열흘 앞둔 총장이 후임 총장 선출에 간여할 목적으로 단행한 보직 인사의 부당성을 지적하기 위한 것이 글의 주요 내용이었지만 불똥은 엉뚱한 곳으로 튀었다. 인사의 부당성을 보여주기 위해 신임 보직교수 중 한명의 성매매 비리 전력을 한 줄 언급한 것이 화근이었다. 총장을 대신해서 성매매 교수로 지목된 ㄱ교수가 그를 명예훼손으로 고소한 것이다.

신 교수는 검찰 조사에서 "ㄱ교수가 중국 출장 중 룸살롱에서 함께 술을 마신 후 나를 찾아와 '호텔방에 술집 아가씨가 와 있다'며 위엔화를 빌려 갔으므로 성매매를 했다고 인식할 수밖에 없었다"고 주장했다.

하지만 검찰은 '다른 교수들이 성매매 사실을 보고 들은 바가 없다'는 이유로 신 교수의 주장을 허위사실로 판단했다. 또 총장의

경향신문 2018년 5월 30일 기사 전문

신 교수는 2018년 시민단체 소비자연맹에서 제정한 대한민국법률대상을 수상했다. 신교수의 대학시절 은사인 김 철수 서울대 명예교수(오른쪽)가 시상하고 있다.

이 때문에 법조계는 그를 '돈키호테'나 '이단아'같은 존재로 바라보지만 시민단체들로부터는 '소금'같은 존재로 평가를 받는다. 실제로 지난4일 대법원이 후보 추천을 받자마자 바로 첫날 그는 대법관 후보로 추천됐다는 소식을 들었다. 하지만 그는 대법원이 지난14일 1자로 41명의 대법관 후보 추천을 마감한 바로 다음날 명예훼손죄로 벌금500만원의 유죄확정 판결을 선고받았다. '오비이락'일수 있지만 신 교수 입장에서는 사법부 엘리트 법관들의 자신에 대한 두터운 불신을 다시 한 번 절감하는 계기였다. 1993년 판사 재임용 탈락 후 20년 넘게 따라다닌 내부고발자라는 '꼬리표'에 또 하나의 주홍 글씨가 새겨진 것이다.

법복을 벗은 그의 대학교수로서 '역경'은 2014년 8월 학교 게시판에 올린 <총장은 조용히 물러나시오>라는 글에서 시작됐다. 임기만료를 불과 열흘 앞둔 총장이 후임총장 선출에 간여할 목적으로 단행한 보직 인사의 부당성을 지적하기 위한 것이 글의 주요 내용이었지만 불통은 엉뚱한 곳으로 튀었다. 인사의 부당성을 보여주기 위해 신임 보직교수중 한명의 성매매비리 전력을 한줄 언급한 것이 화근이었다. 총장을 대신해 성매매 교수로 지목된 ㄱ교수가 그를 명예훼손으로 고소한 것이다.

신 교수는 검찰조사에서 'ㄱ교수가 중국 출장중 룸살롱에서 함께 술을 마신 후 나를 찾아와 '호텔방에 술집 아가씨가 와 있다'며 위안화를 빌려갔으므로 성매매를 했다고 인식할 수밖에 없었다'고 주장했다.

법원을 법정에 세우다

부당한 인사에 대한 비판은 핑계일 뿐 총장 비판을 빌미로 평소 감정이 좋지 않았던 ㄱ교수를 비방할 목적을 가지고 글을 작성한 것으로 몰고 갔다. 신 교수는 검사에게 거짓말탐지기 조사를 요청했지만 거절당했다. 결국 신 교수는 변호사시험 출제장에 가 있는 동안 명예훼손죄로 기소됐다.

신 교수는 "변호사시험이 끝난 후 전화를 했더니 수사검사가 '나 혼자 결정한 것이 아니다'며 말을 얼버무렸다"며 "그때부터 '배후에 누군가 있겠구나' 하는 생각을 하게 됐다"고 했다.

담당 검사는 당시 자신의 발언에 대해 "주임검사 독단적으로 법리 검토를 한 것이 아니었다는 취지로 말한 것"이라고 해명했다. 신교수가 언론법 전문가로서 수사과정에서 허위사실에 대한 검사의 입증책임을 거론했기 때문에 치밀한 법리 검토가 필요했다는 것이다. 하지만 주임검사의 해명에도 불구하고 신 교수에 대한 기소는 정치적 외압이 작용했을 가능성을 배제하기 어렵다. 실제로 최근 안종범 전 경제수석의 수첩에서 당시 청와대가 경북대 총장 인선에 간여한 정황이 드러나기도 했다. 또 신 교수가 학교 게시판에서 비판의 날을 겨눴던 당시 경북대 총장은 안 전 수석의 고교 선배였다.

신 교수로서는 빠져나오기 힘든 '올가미'에 갇힌 기분이었지만, 2015년 8월 1심은 "비방의 목적을 인정하기 어렵다"며 무죄를 선고했다. 동료 교수들이 "당시 누구라도 목소리를 내고 싶었고 학교를 사랑하는 입장에서 속이 후련했다"며 신 교수가 올린 글의 공익성에 적극적인 공감을 표시했기 때문이다.

경향신문 2018년 5월 30일 기사 전문

하지만 2심 들어 분위기가 반전됐다. 1심이 3차례 증인신문을 열어 허위사실 여부와 비방의 목적을 판단한 반면, 2심은 아무런 증인신문 없이 첫 기일에 바로 변론을 종결했다. 신 교수는 검찰 공소사실의 허점을 지적하기 위해 재판부에 증인 신청을 했지만 거부당했다. 게시판에 올린 글이 삭제된 후 e메일로 해당 글을 전체 교수에게 발송한 사람은 신 교수가 아니라 당시 유력총장 후보였던 김 모 교수였다. 하지만 2심 재판부는 "피고인이 학교 게시판에 글을 올리고 다시 교직원 수백 명에게 e메일로 전송했다"고 판단했다. 비방의 목적을 판단하는 데 있어 잘못된 검찰 기록에 의존해 중요한 사실관계를 명백히 잘못 짚은 것이다.

신 교수는 "법정에서 기록보다는 증인의 모습과 태도를 관찰해 실체적 진실을 발견하는 것이 공판중심주의 기본 원칙임에도 2심은 기록만으로 1심 법정 증인 진술의 신빙성을 부정한 것"이라고 했다.

신 교수는 내부고발자에 대한 가혹한 입증책임 부과도 문제점으로 지적했다. 그는 "1, 2심 모두 '성매매 한 것을 목격하거나 들었다는 다른 교수가 없고 피고인의 일방적인 주장 외에 성매매 사실을 뒷받침할 객관적인 자료가 없다'는 이유를 들어 허위사실로 판단했다"며 "이런 식이라면 피해자 자신이 유일한 목격자가 될 수밖에 없는 '미투'운동은 브레이크가 걸릴 수밖에 없다"고 했다. 한국헌법학회장까지 지낸 법률전문가로서 2심 판결이 그대로 확정되도록 놔둘 수는 없었던 이유다.

그는 '증명책임에 대한 중대한 법리 오해', '비방의 목적에 대한 잘못된 판단', '공판중심주의 원칙 위배' 등을 이유로 상고했다. 원심판결의 부당성을 입증하기 위해 KBS〈추적 60분〉, SBS〈그것이 알고 싶다〉등 진실 규명 프로그램에 다수 출연한 연세정신건강의학과 손석한 원장의 의견서도 대법원에 제출했다.

손 원장은 "거짓말을 하거나 '작화作話' 증세를 보이는 경우 앞뒤가 맞지 않거나 일부 정황이 누락되기 마련인데 피고인 진술을 '작화'로 보기에는 기억이 무척 구체적이고 정확하다"며 "익명의 투서나 소문이 아니라 한정된 조직 내부에서 실명을 내걸고 쓴 글을 비방의 목적이 있다고 보기 어렵다"는 의견도 제시했다.

하지만 신 교수는 대법원의 유죄확정 판결에 또다시 좌절할 수밖에 없었다. 며칠 후 배달된 대법원 판결문은 더 기가 막혔다. 쟁점에 대해 아무런 구체적 판단이 없었고 상고기각 이유는 단 9줄에 불과했다.

"원심이 채택한 증거들에 비추어 살펴보면 1심 무죄판결을 파기하고 유죄를 선고한 것은 정당하고 증명책임 분배, 비방의 목적에 대한 법리를 오해하고 공판중심주의와 직접 심리주의 원칙을 위반한 잘못이 없다."

그는 9줄짜리 대법 판결문에 대해 "대법원이 국민들을 대하는 시각이 어떠한지, 한국 사법 시스템이 얼마나 중병을 앓고 있는지를 여실히 보여준다"며 씁쓸해했다.

신 교수는 "1년 10개월간 올가미를 벗어 던지기 위해 변호사와 함께 수십 쪽에 달하는 상고이유서와 보충이유서를 통해 왜 2신 판결이 잘못됐는지 치밀한 분석을 진행지만, 대법원 판결은 아무

경향신문 2018년 5월 30일 기사 전문

런 합리적 근거나 논리가 없이 '내가 말하니 이것을 따라야 한다'는 식"이라고 했다.

대법원은 공보관실을 통해 "2016년 8월 10일 사건 접수 후 2017년 8월 11일부터 법리 쟁점에 대한 종합적 검토가 시작되었고, 올해 4월 24일 쟁점에 대한 재판부 논의를 거쳐 5월 10일 판결이 선고된 것"이라고 해명했다. 재판부 내부적으로 충분한 법리 검토와 숙고를 거쳐 판결이 이뤄졌다는 것이다. 대법원은 '언론의 자유에도 영향을 줄 수 있는 중대한 사안인데 9줄짜리 판결문은 문제가 있는 것 아니냐'는 질문에 "판결 내용에 대한 국민의 평가에 대해 일일이 답변하는 것은 적절치 않다"고 했다.

하지만 신 교수 주변에서는 "대법원이 결론에 자신이 없었던 모양"이라는 평가가 나온다. 선고를 불과 한 달 반 정도 남겨 놓은 4월 4일 주심이 권순일 대법관에서 이기택 대법관으로 교체된 것도 논란거리다. 대법원은 "권 대법관이 피고인과 예전부터 알던 사이라 재배당을 요구한 것"이라고 해명했다. 하지만 신 교수는 "권 대법관을 개인적으로 알지 못하고 한 번도 만난 적이 없다"고 했다. 그는 "설령 나와 친분이 있다면 처음 배당됐을 때 기피해야지 선고를 앞두고 재배당을 요구한다는 것은 이해하기 어렵다"며 "대법원 내부에 뭔가 말 못할 곡절이 있었던 것 같다"고 했다. 무엇보다 이번 사건에 전혀 간여하지 않던 대법관이 주심으로 온 지 한 달 만에 과연 얼마나 심도 깊은 고민을 거쳐 판결을 했을지 의문이 들 수밖에 없다.

신 교수는 피고인에 과도한 입증책임을 부과하고 비방의 목적에

신광 교수는 2014년 경북대 게시판에 '총장은 조용히 물러나시오'라는 글을 올린 후 명예훼손죄로 기소됐다. 당시 경북대 총장은 청와대 안봉근 경제수석의 고교선배였다. 최근 검찰조사에서 당시 안 수석이 경북대 총장 인선에 간여한 정황이 드러나기도 했다.

신 교수로서는 빠져나오기 힘든 '올가미'에 갇힌 기분이었지만 2015년 8월 1심은 '비방의 목적을 인정하기 어렵다'며 무죄를 선고했다. 동료 교수들이 법정에 나와 '당시 누구라도 목소리를 내고 싶었고 학교를 사랑하는 입장에서 속이 후련했다'며 신 교수가 올린 글의 공익성에 적극적인 공감을 표시했기 때문이다.

하지만 2심 들어 분위기가 반전됐다. 1심이 3차례 증인신문을 열어 허위사실 여부와 비방의 목적을 판단한 반면 2심은 아무런 증인신문 없이 첫 기일에 바로 변론을 종결했다. 신 교수는 검찰 공소사실의 허점을 지적하기 위해 재판부에 증인신청을 했지만 거부당했다. 게시판에 올린 글이 삭제된 후 e메일로 해당 글을 전체 교수에게 발송한 사람은 신 교수가 아니라 당시 유력총장 후보였던 김모 교수였다. 하지만 2심 재판부는 '피고인이 학교 게시판에 글을 올리고 다시 교직원 수백 명에게 e메일로 전송했다'고 판단했다. 비방의 목적을 판단하는데 있어 잘못된 검찰기록에 의존해 중요한 사실관계를 명백히 잘못 짚은 것이다.

신 교수는 "법정에서 기록보다는 증인의 모습과 태도를 관찰해 실체적 진실을 발견하는 것이 공판중심주의 기본 원칙임에도 2심은 기록만으로 1심 법정 증인 진술의 신빙성을 부정한 것"이라고 했다.

신 교수는 내부고발자에 대한 가혹한 입증책임 부과도 문제점으로 지적했다.

그는 "1,2심 모두 '성매매 한 것을 목격하거나 들었다는 다른 교수가 없고 피고인의 일방적인 주장 외에 성매매 사실을 뒷받침할 객관적인 자료가 없다는 이유를 들어 허위사실로 판단했다'며 '이런 식이라면 피해자 자신이 유일한 목격자가 될 수밖에 없는 '미투'운동은 브레이크가 걸릴 수밖에 없다'고 했다.

한국헌법학회장까지 지낸 법률전문가로서 2심판결이 그대로 확정되도록 놔둘 수는 없었던 이유다.

경향신문 2018년 5월 30일 기사 전문

비해 공익적 목적을 너무 좁게 해석한 이번 판결이 내부고발자 보호와 '미투'운동, 언론자유의 위축으로 이어질 것을 우려했다. 그는 "유엔의 시민정치적권리에 관한 규약(ICCPR)은 가장 심각한 명예훼손의 경우에만 형사처벌이 고려될 수 있고 징역형은 절대 허용할 수 없다고 명시하고 있다"며 "한국은 세계적 시각에서 봐도 명예훼손 법제가 지나치게 엄격하고 '미투'운동이 확산되기에 너무 척박한 토양을 갖고 있다"고 지적했다.

그는 이번 학기를 끝으로 대학 강단에서 물러나 농사를 지으면서 이번 사건이 진행되는 동안 작성한 '신앙일기'를 책으로 펴낼 계획이다. 그는 이렇게 반성한다.

"내가 겪고 있는 고초는 판사로 재직하며 적지 않게 저질렀을 오판, 매너리즘에 빠져 사건에 숨어 있는 수많은 사연들을 외면하고 소송 관계인들을 나와 같은 사람으로 보지 않았던 오만의 업보인 것 같다." (강진구 탐사전문기자)

출처 : http://news.khan.co.kr/kh_news/khan_art_view.html?artid=201805300600001